アムド・チベット語文法

海老原志穂

はじめに

　本書は、2008 年に筆者が東京大学大学院人文社会系研究科に提出した博士論文「青海省共和県のチベット語アムド方言」に改訂を加えたものである。博士論文では、できるかぎり詳細かつ包括的な言語記述につとめたが、本書ではアムド・チベット語の特徴をとらえやすく、簡潔に記述することを試みた。そのため、博士論文に含まれていた「語彙」の章の大部分と「言語の位相」、付録として収録した「テキスト」、「なぞなぞ」、「ことわざ」を割愛し、分析の見直しをした上で、音韻・文法特徴を中心とした構成に編みなおした。

　本書が対象としているアムド・チベット語とは、中国青海省の全域（青海省南部の玉樹チベット族自治州を除く）、甘粛省南部の甘南チベット族自治州、同省の北東部に位置する天祝県、そして四川省の北部地域で話されるチベット諸語の一種である。その中でも、青海省、海南チベット族自治州、共和県（伝統的には「チャプチャ」と呼ばれる地域）で話されるアムド・チベット語を扱う。主な調査協力者は共和県ヨンロン村出身のロチ・ギャンツォ氏である。補足的にロチ・ギャンツォ氏の弟であるアラク・ギャイ氏にも一部の調査にご協力いただいた。

　本書で用いるアムド・チベット語のデータは、主に、筆者が 2003 年から2007 年にかけて、現地調査で収集したものである。データは、(i) 語彙表や文法調査票を用いて行ったものと、(ii) 調査協力者がチャプチャの歴史、自身やその親族のライフ・ヒストリー、民話などを一人語りした談話を録音し、書き起こしたもの、(iii) 調査協力者の自然発話を筆者が聞き取って書き起こしたもの、(iv) 調査協力者が作例したものの 4 種類がある。論文中で言及した例は全て再度、調査協力者やその他のアムド・チベット語母語話者にチェックを受けた。アムド・チベット語にもジャンルによる言語特徴の違い

がみられる。本書は日常会話で用いられる一般的な語りを対象としている。歌、ことわざ、なぞなぞなどのジャンルは一般的な語りとは異なる言語特徴をもつため、本書では対象としなかった。

筆者は 2003 年からアムド・チベット語の調査を始め、現在まで断続的に現地調査を行っている。これらの調査は、日本学術振興会科学研究費補助金 基盤研究 (S)「チベット文化圏における言語基層の解明」(2004–2008、代表者 長野泰彦)、日本学術振興会科学研究費補助金 特別研究員奨励費 (DC1)「チベット語アムド方言の文法記述」(2005–2007)、日本学術振興会科学研究費補助金 基盤研究 (C)「チベット語の古層を探る―東北チベット、アムド地方周辺の方言調査を通して―」(2008–2012、代表者 海老原志穂)、日本学術振興会科学研究費補助金 特別研究員奨励費 (PD)「周辺方言及び書写語からみたチベット語の記述的・歴史的研究」(2011–2013)、日本学術振興会科学研究費補助金 若手研究 (B)「東西方言から見たチベット語の基層の研究」(2014–2018、代表者 海老原志穂)によるものである。

本書の執筆は、多くの方々のご指導・ご協力により可能となった。まずなにより、現地または日本での調査に協力してくださった、チベット人の皆様に感謝申し上げる。熱意をもって筆者にアムド・チベット語を教えてくださったメインの調査協力者であるロチ・ギャンツォ氏とアラク・ギャイ氏、そして、そのご親族の他、現地の多くの方々には家族のように接していただき、調査だけでなく現地における生活面でも大変お世話になった。長期間の調査を続けることができたのも、チベット人の皆様の親切心、寛容さ、おおらかさのおかげだと思う。筆者がチベット語、チベット文化にずっと心惹かれてきたのもそのような彼らの心持ちによるところが大きい。また、改稿にあたって、ギャイ・ジャブ先生(青海師範大学)、ジャバ先生(中央民族大学)、ナムタルジャ氏(青海民族大学)、ラシャムジャ氏(中国蔵学研究中心)、ニャンチャクジャ氏らに教えを乞うことができたことは幸いであった。ここに謝意を示したい。

本書の内容は、多くの先生方や友人の皆様との議論や、ご指導がもとになっている。まず、学部、修士課程時代の指導教官である風間伸次郎先生に

は言語研究の楽しさと言語分析の基礎を教わった。博士後期課程在籍時の指導教官である角田太作先生は、博士論文執筆の際に丁寧にご指導をしてくださり、その後も筆者の研究を見守ってくださっている。長野泰彦先生は博士論文の改稿について助言と励ましの言葉をくださった。武内紹人先生には本書執筆に必要な文献をご教示いただいた。澤田英夫先生、池田巧先生には、研究会や論集において、本書の一部について発表、議論する場を提供していただいた。渡辺己先生、山越康裕先生は細心の注意を払って拙稿をご高覧くださり、記述言語学の観点から多くの有益なご助言をくださった。また、夫である荒川慎太郎の助言も有益であった。出版をあきらめかけたことも幾度となくあったが、その時にはいつも今枝由郎先生の「形にしないと意味がない」という言葉が心の支えとなった。今枝先生は常に筆者の博士論文の出版を気にかけてくださった。そして、研究をはじめた当初から筆者をチベット語研究の道に導き、現在にいたるまで指導してくださっている星泉先生の温かい激励、細やかなご指摘、共時と通時両面を見渡す俯瞰的視点からのご助言なくして本書は生まれなかった。星先生のもとで雑誌の編集に関わらせていただいてきたことも、社会にむけて発信をするという経験を積むこととなり、本書改稿に大いに役立った。改めてここに深い感謝を捧げたい。しかし、万が一、本書に誤りがあれば、当然ながらそれは全て筆者の責任である。

　博士論文の提出から10年の時が過ぎた。その間、チベット語難民共通方言や西部チベット語といったアムド・チベット語以外のチベット諸語の調査・研究にも着手した。そのおかげでアムド・チベット語を相対的な目で、より客観的にとらえることができるようになったと自分では思っている。また、文学や牧畜の研究を行う中で、アムド・チベット語が話される文化的土壌の奥深さを知ることとなった。言語記述、音韻・文法研究にとっては「寄り道」ともとられかねないこれらの他分野の研究は、言語への理解度をより深めてくれた。正直に言うと、本書を執筆する間もアムド・チベット語について解釈に困る点がたくさん出てきた。もちろん、その全てが本書の中で解決しているわけではない。しかしながら、15年以上つきあってきたこの言

語に関する現時点での理解を一冊にまとめることができたのは大きな一歩であった。今後も、アムド・チベット語各方言の音韻・文法、歌垣などの各種のジャンル、また、その他のチベット諸語の研究を続けていく土台の準備ができたと感じている。

　本書改稿中の 2017 年 9 月には第一子となる澄人を出産した。息子の誕生と成長は大きな喜びであったが、執筆作業と育児の両立は想像以上に困難なものであった。その間、子育てをサポートしてくれた父貞朗、母静子にも感謝したい。

　最後になったが、本書を上梓することができたのは、ひつじ書房の松本功氏のご快諾とご助言、海老澤絵莉氏の編集者としての丁寧な校正とご配慮のおかげである。お二方には心より感謝している。本書の表紙および、付録 2 で用いたヤクのイラストは漫画家・画家の蔵西氏の手によるものである。筆者の意図をくみとり、リアルかつ繊細な筆致で描かれたイラストにより、アムド・チベット語が話されている土地の雰囲気を伝える素敵な装丁となった。ご自身の連載でご多忙の中、度重なる修正を経て表紙を仕上げてくださった蔵西氏に御礼申し上げたい。

　本書の刊行にあたっては、JSPS 平成 30 年度科学研究費助成事業研究成果公開促進費（課題番号 18HP5081）の交付を受けた。

2019 年初春

海老原志穂

vii

目　次

はじめに	iii
図表一覧	xiv
略号	xix

第1章　アムド・チベット語の概況　　1

1.1	地域、言語系統	1
1.2	方言分類	3
1.3	本書で扱うアムド・チベット語	4
1.4	話者人口	5
1.5	言語使用状況	6
1.6	類型的特徴	7
1.6.1	音韻的特徴	7
1.6.2	形態的、形態音韻的特徴	7
1.6.3	統語的特徴	8
1.6.4	述語に関わる文法範疇	9
1.6.5	言語のスタイル	10
1.6.6	民俗語彙	10
1.7	文字	11
1.8	言語接触	13
1.8.1	漢語からの借用	13
1.8.2	モンゴル語からの借用	14
1.8.3	英語からの借用	14

第2章 音韻 17

2.1	子音音素	17
	2.1.1 破裂音	18
	2.1.2 破擦音	19
	2.1.3 摩擦音	20
	2.1.4 鼻音	21
	2.1.5 流音	21
	2.1.6 半母音	21
2.2	母音音素	22
2.3	音節構造	23
2.4	音結合の規則	24
	2.4.1 音節頭における子音連続	24
	2.4.2 母音と音節末子音の組み合わせ	28
2.5	音声的な諸特徴	30
	2.5.1 音調	30
	2.5.2 吸気音による発話	31
	2.5.3 長母音	31
2.6	形態音韻的な交替・脱落現象	32
	2.6.1 接尾辞・後接語の頭子音交替	32
	2.6.2 存在動詞とコピュラ動詞の語幹の交替・脱落	39
	2.6.3 複合語中の音交替	44
2.7	口語音と読書音	45

第3章 語の構造と品詞分類 47

3.1	自立語、付属語、付属形式	47
	3.1.1 自立語と付属語・付属形式	47
	3.1.2 付属語と付属形式	48

ix

3.2 語と語幹	50
3.3 品詞分類	52
3.3.1 名詞	54
3.3.2 代名詞	56
3.3.3 数詞	64
3.3.4 形容詞	69
3.3.5 動詞	75
3.3.6 副詞	93
3.3.7 間投詞	96
3.3.8 不定助詞	97
3.3.9 格助詞	98
3.3.10 談話助詞	99
3.3.11 助動詞	101
3.3.12 文末助詞	103
3.3.13 接続助詞	105
3.3.14 疑問語	106

第4章 語形成

第4章 語形成	109
4.1 派生接辞	109
4.1.1 名詞類を派生する接辞	109
4.1.2 動詞を派生する接辞	116
4.2 複合	118
4.3 重複	120
4.3.1 状態動詞の重複	121
4.3.2 動作動詞の重複	121

第5章 句 123

5.1 名詞句 123

  5.1.1 修飾部 123

  5.1.2 主要部 130

  5.1.3 格 132

5.2 形容詞句 157

5.3 副詞句 158

  5.3.1 複数の副詞の組み合わせによる副詞句 158

  5.3.2 副詞以外の語に格助詞が接続した副詞句 159

5.4 動詞句 166

  5.4.1 名詞と動詞からなる動詞句 166

  5.4.2 動詞連続からなる動詞句 169

  5.4.3 動詞と動詞の間に接続助詞が挿入された動詞句 172

5.5 助動詞句 174

  5.5.1 助動詞と助動詞からなる助動詞句 174

  5.5.2 複合助動詞句 175

  5.5.3 助動詞と複合助動詞句による助動詞句 177

  5.5.4 複合助動詞句と複合助動詞句または助動詞による助動詞句 180

第6章 単文 183

6.1 基本語順 183

6.2 平叙文 / 肯定文 186

6.3 命令文 187

6.4 疑問文 190

  6.4.1 疑問語疑問文 191

  6.4.2 真偽疑問文 197

  6.4.3 選択疑問文 204

	6.4.4　修辞疑問文	205
6.5	否定文	205
	6.5.1　否定接頭辞を用いた否定	206
	6.5.2　否定動詞を用いた否定	207
	6.5.3　複合助動詞句の否定	208
	6.5.4　動詞連続の否定	208

第7章　文法範疇 211

7.1	ヴォイス	211
	7.1.1　使役の基本的表現	211
	7.1.2　自動詞の使役文	212
	7.1.3　他動詞の使役文	213
	7.1.4　無意志動詞の使役文	214
	7.1.5　使役の否定形	216
	7.1.6　二重使役	219
7.2	アスペクト	220
	7.2.1　未完了	222
	7.2.2　完了	231
7.3	証拠性（エヴィデンシャリティ）	241
	7.3.1　定着知	243
	7.3.2　現場観察	246
	7.3.3　結果観察	249
	7.3.4　状態観察	251
	7.3.5　推量	257
7.4	ウチ/ソト	259
	7.4.1　コピュラ動詞	260
	7.4.2　コピュラ動詞を含む複合助動詞句とその短縮形	268
	7.4.3　ウチ/ソトと証拠性の共起制限	270

7.5	モダリティ	270
	7.5.1　必要、義務	271
	7.5.2　許容	271
	7.5.3　確信	272
	7.5.4　文末助詞によるモダリティ	278
7.6	方向	283

第8章　複文　293

8.1	名詞節	294
	8.1.1　名詞節中の動詞の活用形	294
	8.1.2　名詞節の統語的機能	298
8.2	名詞修飾節	299
8.3	副詞節	302
	8.3.1　条件	303
	8.3.2　譲歩	308
	8.3.3　逆接	310
	8.3.4　動作連続・付帯状況	312
	8.3.5　動作連続・否定の状態	315
	8.3.6　目的・否定の状態	316
	8.3.7　生起後・生起中	319
	8.3.8　直前	320
	8.3.9　限界	321
	8.3.10　生起前	321
	8.3.11　直後	322
	8.3.12　引用	323
	8.3.13　思考の補節	324
8.4	節連続	326
8.5	従属節の包含関係	326

xiii

第9章　敬語　329

9.1　敬語の使用対象　329
9.2　敬語を表す方法　331
　9.2.1　単語の交替　331
　9.2.2　語形成　331
　9.2.3　婉曲表現　334
9.3　敬語の品詞　334
　9.3.1　名詞　334
　9.3.2　動詞　338

付録1　接尾辞・後接語の頭子音交替一覧　343

1　接尾辞の頭子音交替　343
2　後接語の頭子音交替　344

付録2　ヤクに関する語彙　349

1　体全体の毛色に関わる表現　349
2　角の有無・形状に関わる表現　350

付録3　アムド・チベット語に関する先行研究　353

1　音声・音韻　353
2　文法　353
3　辞書・語彙集　354
4　談話資料　355
5　学習用の教科書　355

　参考文献　357
　索引　363

図表一覧

表一覧

表 1	「形容詞と名詞の語順」と「副詞と動詞の語順」の類型	9
表 2	チベット文字の基字 30 文字	11
表 3	子音音素	18
表 4	nC1, hC1 の組み合わせ	25
表 5	母音と音節末子音の組み合わせ	28
表 6	名詞化接辞 -Dzo「〜すること」の交替	33
表 7	動詞語尾 -Gə「状態・属性（観察知）」の交替	35
表 8	談話助詞 ＝Ra「〜と、〜も」の音韻変化	36
表 9	接続助詞 ＝Ni「動作連続・付帯状況」の交替	38
表 10	存在動詞とコピュラ動詞語幹末の /l/ の出現環境	39
表 11	コピュラ動詞 rel の頭子音の交替	43
表 12	読書音と口語音の対応関係	45
表 13	品詞分類	53
表 14	人称代名詞（普通語形）	57
表 15	人称代名詞（敬語形）	58
表 16	指示代名詞	58
表 17	指示代名詞の 3 つの用法	58
表 18	形容詞派生接辞と形容詞の例	71
表 19	重複によって派生される形容詞	72
表 20	動詞の種類	75
表 21	コピュラ動詞とその派生形式	76
表 22	存在動詞とその派生形式	77
表 23	自動詞・他動詞の形態的な対応	78

表 24	意志動詞と無意志動詞の意味的な対応	79
表 25	状態動詞と形容詞の対応	80
表 26	動詞の活用パターン（未完了＝完了＝命令）	88
表 27	動詞の活用パターン（未完了＝完了≠命令）	88
表 28	動詞の活用パターン（完了≠未完了＝命令）	89
表 29	動詞の活用パターン（未完了≠完了＝命令）	89
表 30	動詞の活用パターン（未完了≠完了≠命令）	89
表 31	動詞の活用の音韻的な交替パターン	90
表 32	動物の鳴き声	95
表 33	間投詞一覧	96
表 34	格標示一覧	99
表 35	与格助詞 ＝Ca の交替	99
表 36	談話助詞一覧	100
表 37	助動詞一覧	102
表 38	文末助詞一覧	103
表 39	接続助詞一覧	105
表 40	疑問語一覧	106
表 41	疑問語の格標示	107
表 42	格標示一覧	132
表 43	普通語形の 1 人称代名詞の格標示	133
表 44	普通語形の 2 人称代名詞の格標示	133
表 45	普通語形の 3 人称代名詞の格標示	134
表 46	指示代名詞の格標示	134
表 47	動詞句（軽動詞以外のもの）	167
表 48	動詞句（軽動詞）	168
表 49	V1 が未完了形の場合の動詞連続	170
表 50	V1 が完了形の場合の動詞連続	171
表 51	「V1＝Ni V2」となる V2	172
表 52	助動詞と助動詞の組み合わせによる助動詞句	174

表 53	複合助動詞句一覧	176
表 54	助動詞と複合助動詞句の組み合わせによる助動詞句	177
表 55	複合助動詞句と複合助動詞句の組み合わせによる助動詞句	180
表 56	疑問文末助詞一覧	197
表 57	コピュラ動詞と存在動詞の肯定形・否定形	207
表 58	アスペクトの分類	221
表 59	未完了を表す形式一覧	222
表 60	完了を表す形式一覧	232
表 61	証拠性を表す形式一覧	242
表 62	ウチとソトのコピュラ動詞とそれらの派生形式	260
表 63	複合助動詞句とその短縮形におけるウチ / ソト	268
表 64	モダリティを表す各形式一覧	270
表 65	文末助詞一覧	278
表 66	接続助詞一覧	302
表 67	敬語派生接頭辞と派生される敬語名詞	332
表 68	敬語と普通語の対応（身体部位）	335
表 69	敬語と普通語の対応（持ち物）	336
表 70	敬語と普通語の対応（親族）	336
表 71	敬語と普通語の対応（排泄物）	337
表 72	敬語と普通語の対応（身体現象）	337
表 73	敬語と普通語の対応（心理現象）	337
表 74	敬語と普通語の対応（作品）	337
表 75	敬語と普通語の対応（その他）	338
表 76	動詞の尊敬語と普通語の対応	339
表 77	謙譲語動詞と普通語の対応	340
表 78	名詞化接辞 -Dzo「〜すること」の交替	343
表 79	動詞語尾 -Gə「状態・属性（観察知）」の交替	343
表 80	動詞語尾 -Ca「定着知」の交替	344
表 81	与格助詞 ＝Ca の交替	344

表 82　談話助詞　＝Ra「〜と、〜も」の交替　　　　　　　　344

表 83　助動詞　＝Sʰoŋ「完遂」の交替　　　　　　　　344

表 84　助動詞　＝Go「進行・習慣（定着知）」の交替　　　　　345

表 85　助動詞　＝Zək「結果観察」の交替　　　　　　　345

表 86　接続助詞　＝Ni「動作連続・付帯状況」の交替　　　　345

表 87　接続助詞　＝Na「動作連続・否定の状態」の交替　　　345

表 88　接続助詞　＝Roŋ「譲歩」の交替　　　　　　　345

表 89　接続助詞　＝Gə「目的・否定の状態」の交替　　　　346

表 90　接続助詞　＝Ra「逆接」の交替　　　　　　　346

表 91　接続助詞　＝Ritʰatsʰo（短縮形　＝Ri）「生起後・生起中」の
　　　　交替　　　　　　　　346

表 92　接続助詞　＝Roŋkoŋŋa「直後」の交替　　　　　346

表 93　文末助詞　＝Ba「同意要求、推量」の交替　　　　346

表 94　文末助詞　＝Go「念押し」の交替　　　　　　　347

表 95　文末助詞　＝Ra「強意」の交替　　　　　　　347

表 96　文末助詞　＝Ga「発話者が観察した事態についての疑問」
　　　　の交替　　　　　　　347

表 97　ヤクの体全体の毛色の基本色の表現　　　　　350

図一覧

図 1　アムド・チベット語が話される地域　　　　　　　2

図 2　アムド・チベット語の名詞句構造　　　　　　　124

図 3　ヤクの毛色　　　　　　　351

図 4　角の有無の表現　　　　　　　352

図 5　角の形状の表現　　　　　　　352

略号

xix

1 略号一覧

-	接辞境界 (- の前後いずれかが接辞)
=	接語境界 (= の後が接語)
|	音節境界
+	複合境界
[.../...]	環境異音
[...~...]	自由異音
~	重複
*	非文
?	不自然な発話、単独では意味が不明な形態素
↗	上昇調のイントネーション
→	平板調のイントネーション
1	1 人称
2	2 人称
3	3 人称
A	他動詞の主語
ABL	起格
ABS	絶対格
AC	名詞修飾節
ACMP	完遂
ADJ	形容詞
ADJVLZ	形容詞化接辞
ADV	副詞
ADVS	逆接

AFF	確言
AFF.O	確言（ソト）
AFF.Q	確言の疑問
AFF.S	確言（ウチ）
ANT	先行
AUX	助動詞
C	子音
Ch.	漢語からの借用語
CHR	勧誘
CONC	譲歩
COND	条件
COP	コピュラ動詞
COP.O	コピュラ動詞（ソト）
COP.S	コピュラ動詞（ウチ）
DAT	与格
DE	現場観察
DEM	指示代名詞
DU	双数
E	拡大核項
EGO	定着知
EGO.Q	定着知の疑問
EMP	念押し
ERG	能格
EV	観察知
EV.Q	観察知の疑問
EXCL	除外
EXST	存在動詞
F	女性形
FIL	フィラー

FUT	未完了・非継続
FUT.O	未完了・非継続（ソト）
FUT.S	未完了・非継続（ウチ）
G	わたり音
GEN	属格
HN	（名詞句の）主要部
HON	尊敬語
HUM	謙譲語
IE	結果観察
IMP	命令形
INCL	包括
INDF	不定助詞
INFM	情報提供
INTJ	間投詞
IPF	未完了形
LOC	場所格
LOG	ロゴフォリック
M	男性形
N	名詞
NEG	否定
NMLZ	名詞化接辞
NUM	数詞、序数詞を表す接尾辞
O	他動詞の（直接）目的語
ONM	オノマトペ
PF	完了形
PL	複数
PLN	地名
PP	談話標識
PROG	進行・習慣

PROG.EGO	進行・習慣（定着知）
PROG.EV	進行・習慣（観察知）
PSN	人名
PST	後行
PUR	目的
Q	疑問
QUOT	引用
RSN	理由
S	自動詞の主語
SEQ	継起
SFP	文末助詞
SG	単数
SUF	接尾辞
TAGQ	同意要求
TERM	到格
TIME	生起後、生起中
V	母音、動詞
Vi	自動詞
Vt	他動詞

2 略号中の動詞の活用形の表記

　動作動詞は未完了形（IPF）、完了形（PF）、命令形（IMP）の活用があるが、3つが形態的に区別される動詞は一部であり、これらの活用の全て、または一部が同形である動詞も存在する。本書の略号中では、形態から活用形が特定できる場合には各活用形の略号を示し、特定できない場合には活用形は示さない。

3 略号中の複合助動詞句の表記

　複合助動詞句は、接辞とコピュラ動詞、または、接辞・接語と存在動詞の

組み合わせで構成されるものである。複合助動詞句は全体で、アスペクトやモダリティ、証拠性、ウチ／ソトといった特定の文法的な意味を表す一方で、形態的には接辞・接語とコピュラ動詞・存在動詞にわけられるため、グロス中では［　］で囲って示す。

　実際の例を示す。(i) の例文中で［　］で囲まれている箇所が複合助動詞句である。［　］の外側右下に複合助動詞句全体の意味・機能を示した。たとえば、(i) の例では、-dʑi re という複合助動詞句に、［-NMLZ COP.O］FUT.O という略号があてられている。この複合助動詞句は名詞化接辞 (-NMLZ) とソトのコピュラ動詞 (COP.O) から構成され、全体で「未完了・非継続（ソト）」(FUT.O) を表す。

(i)　　kʰərga　　　joŋ-dʑi　　　　　re.
　　　　3SG.M　　　来る［-NMLZ　　　　COP.O］FUT.O
　　　「彼は来るだろう」

　(ii) の例では、-gə jo という複合助動詞句に［-SUF EXST］PROG.EGO という略号があてられている。この複合助動詞句は接尾辞 (-SUF) と存在動詞 (EXST) から構成され、全体で「進行・習慣（定着知）」(PROG.EGO) を表すことが示されている。

(ii)　　ŋi　　　　　sama　　　　li-gə　　　　　　jo.
　　　　1SG.ERG　　食事　　　　つくる［-SUF　　　EXST］PROG.EGO
　　　「私は食事をつくっている」

　(iii) の例は、=go-kə という複合助動詞句に［=PROG.EGO-EV］PROG.EV という略号があてられている。=go は (ii) の例で使われている、「進行・習慣（定着知）」を表す複合助動詞句 -gə jol の短縮形である。これに、「観察知」を表す動詞語尾 -kə (-EV) が後続して、全体で「進行・習慣（観察知）」(PROG.EV) を表す。

(iii)　sonam＝kə　　　lihka　　li＝go-kə.
　　　PSN＝ERG　　　仕事　　する［＝PROG.EGO-EV］PROG.EV

　　　「ソナムは仕事をしている」

4　例文中の選択肢の表記

　例文中で、複数の表現を選択肢として示す場合がある。その場合、選択肢としてあげた表現の全体を ｛　｝ でくくり、各選択肢を ／ で区切って、｛A/B｝ のように表記する。例を (iv) に示す。

(iv)　kʰəga　　　ɬoma　　｛jən＝nɖitʰatsʰo/ * reʈ＝ʈitʰatsʰo｝　　ŋa
　　　3SG.M　　　学生　　COP.S＝TIME/COP.O＝TIME　　　　　1SG

　　　gegen　　　re.
　　　教師　　　　COP.O

　　　「彼が学生だった時、私は教師だった」

5　談話テキスト

　本書に示された例文のうち、談話テキストから引用した例文に関しては、談話テキストの番号を付す。番号と談話テキストのタイトルの対応は以下のとおりである。

　テキストの番号がない例文は、文法調査票、自然発話、または作例によって得られたものである。以下に示すテキストはいずれも筆者が現地で収集し、書きおこしを行ったものであり、いずれも公刊はされていない。

【TX1】カムド・ラマの話（ライフ・ヒストリー）

【TX2】賢い大臣（民話）

【TX3】王様の息子と大臣の息子（民話）

【TX4】ロチ・ギャンツォの自伝（ライフ・ヒストリー）

【TX5】ドウィ・ヒェーラプ・ギャンツォの詩についての説明

第1章 アムド・チベット語の概況

　本書は、中国青海省海南チベット族自治州共和県（伝統的には「チャプチャ」と呼ばれる地域）で話されているアムド・チベット語の共時的な音韻、文法の記述を行う。この章では、まずアムド・チベット語の話されている地域、話者、言語使用状況、類型的特徴の概要、文字、言語接触といった言語の概況について述べる。

1.1　地域、言語系統

　アムド・チベット語はチベット諸語（Tibetic languages）の一種であり、中国青海省の全域（青海省南部の玉樹チベット族自治州を除く）、甘粛省南部の甘南チベット族自治州、同省の北東部に位置する天祝県、そして四川省の阿壩チベット族チャン族自治州の一部の県および甘孜チベット族自治州の一部の県で話される。アムド・チベット語が話される地域を包括して、「アムド地域」と呼ぶ。

　総体としてのチベット諸語は、古チベット語に由来する言語群を指す（Tournadre 2014）。地理的には中国の他、インド、ブータン、ネパール、パキスタン、ミャンマーでも話されている。系統的にはシナ・チベット語族、チベット・ビルマ語派、ヒマラヤ語支に属する。

　チベット諸語は、チベット文語を通じた統一性などから、伝統的に「チベット語」という1つの言語であるとされ、西部古方言、西部改新的方言、南部方言、中央方言、カム方言、アムド方言（本書で扱うアムド・チベット

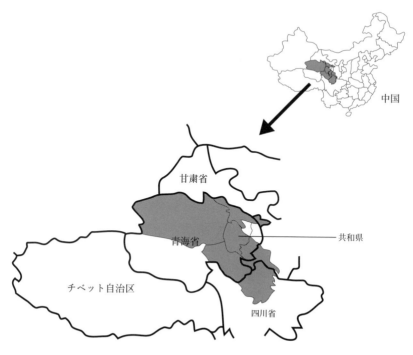

図1 アムド・チベット語が話される地域

語を指す)の6方言に(西1986)、またはカム方言を2つにわけて7方言に(Bielmeier in preparation)に分類できると考えられてきた。しかし、各チベット語(伝統的な分類では「方言」)の話者が相互に意思疎通ができないという事実や、研究の進展によって言語間の差異が明らかにされてきたことなどをうけ、主に言語学者によって「チベット語」の代わりに「チベット諸語」という呼称が使用されるようになっている(Tournadre 2014 他)。Tournadre (2014: 118)はチベット諸語の中に50以上の言語があると主張しており、アムド・チベット語はそのうちの1つとされている。

各チベット語間では、多くの場合、意思疎通に困難が生じている。中国国内であっても、中央チベット語とアムド・チベット語の差異は大きく、コミュニケーションにはある程度の困難が伴う(Denwood 1999: 22)。しかしながら、チベット語の口語における共通語はいまだに形成されていない。中

央チベット語のラサ方言は、チベット諸語の中では最も威信が高く、チベット語方言中の共通語として最も重要であるとされている（Denwood 1999: 22）。ただし、チベット人であればみなラサ方言が話せるというわけではなく、特にアムド地域ではラサ方言が話せる者は非常に少ない。中国国内の異なる地域のチベット語話者同士が会話する際に、漢語（中国語）を用いることも少なくない。

1.2　方言分類

アムド・チベット語は地域的には広範囲で話されているものの、方言間の差異は比較的小さいとされる（格桑居冕・格桑央京 2002: 173）。方言間の差異の大きいカム・チベット語と比べると、その特徴は顕著である。しかし、もちろんアムド・チベット語の中でも方言差はみられる。アムド・チベット語の方言分類は農耕か牧畜かという生業によって分類される。

アムド地域のチベット人は、伝統的に、農民、牧畜民、半農半牧民のうちのいずれかのアイデンティティーをもっている。農民とは、比較的標高の低い地域に住み、農耕を主に営む人々である。牧畜民とは、比較的標高の高い地域に住み、牧畜を主に営む人々である。半農半牧民とは、農民と牧畜民の中間的な特徴をもち、農耕と牧畜どちらも営んでいる人々である。これらの生業によって使用言語にも大きな違いがみられることから、「農区方言」と「牧区方言」、そしてその中間的な「半農半牧方言」という分類が中国の研究者の間で伝統的に行われてきた（瞿靄堂 1996、格桑居冕・格桑央京 2002他）。アムド地域のチベット人の間でも同様の方言区分がされている。一般的には、牧区方言はチベット文語と近いため、農区方言と比べて威信が高い。

言語学的には、「農区方言」と「牧区方言」、そしてその中間的な「半農半牧方言」の間には主に音韻的な違いがみられる。研究者による指摘としては、Hermanns（1952: 193）が「牧畜民の言葉は古態的な（アルカイックな）言葉であり、非常に古い特徴をよく保持している」（訳は筆者による）と述べ

ている。さらに、他の研究者によって各方言の言語学的特徴が指摘されてきた。格桑居冕・格桑央京 (2002: 174) は、農区方言は一般に、音節頭で30–40種類の子音連続の組み合わせをもち、複数ある下位方言の中でも最も組み合わせの少ない下位方言では、20程度であると述べている。一方、牧区方言は70–80種類の子音連続の組み合わせを有し、多いものは100種類の組み合わせを超える子音連続があるという指摘している。牧区方言のほうが明らかに多くの子音連続の種類を有することがわかる[1]。

「農区方言」、「牧区方言」、「半農半牧方言」を話す地域は、ある程度まとまって分布しているが、農区方言を話す地域の中に牧区方言を話す村が点在するなど、ミクロな目でみると入り組んだ分布をしている。さらに、近年では人の移動や接触が多くなったために、言語の状況も変化しつつある。生まれが牧畜民の家庭であっても、都市部の学校に通ったり、都市部で仕事を得たりする機会が増えるなど、従来の生活スタイルにも大きな変化が生じており、これが言語特徴にも影響を与えている。自身が牧畜民か農民か、半農半牧民かというアイデンティティーと、話しているアムド・チベット語の方言的属性の間にずれがみられる場合も多い。

1.3　本書で扱うアムド・チベット語

本書の主な調査協力者であるロチ・ギャンツォ氏 (男性、1936–2008) は、海南チベット族自治州共和県 (伝統的な地名としては「チャプチャ」) のヨンロン村出身である。ロチ・ギャンツォ氏の話す言語の特徴について語るには共和県 (チャプチャ) の歴史的背景について説明をする必要がある。以下、共和県地方誌編纂委員会 (編) (1991: 469) の記述をもとに簡単に説明を行う。

現在の共和県はもともと、チベットとモンゴルの牧畜民の土地であった。1723年にロブサン・ダンジンというモンゴル王族が武装蜂起し、清朝によって鎮圧され、辺境統治政策が改変されて、モンゴル人の牧地とチベット人の牧地に分割が行われた。青海省が馬歩芳を中心とするムスリム軍閥に統治されていた中華民国時代 (1912–1949) に、黄南チベット族自治州循化県、同仁

県、化隆県から共和県へとチベット人の移住政策が施行され、移住してきた人々は定住して農民となった。このような経緯により、牧畜民と農民の両方が共存するという共和県の現在の状況が形成された。

　そのため、言語的にも共和県では牧区方言と農区方言が話されている (Tsering Samdrup and Suzuki 2017: 58 参照)。本書の調査協力者であるロチ・ギャンツォ氏の出身であるヨンロン村は牧畜民の村であり、ロチ・ギャンツォ氏自身も牧畜民のアイデンティティーをもっている。しかし、同氏は幼少期に農民出身の養父 (カムド・ラマ) の養子となったため、彼の話すアムド・チベット語は牧区方言と農区方言の中間的な特徴をもっている。音韻的には、Cham tshang pad ma lhun grub (2009: 144–145) を基準とすると、半農半牧方言にあてはまる。音韻の説明では、ロチ・ギャンツォ氏の弟であるアラク・ギャイ氏の発話を一部比較に用いているが、アラク・ギャイ氏の発話はより牧区方言的特徴をもっている。文法的には、牧区方言と農区方言には大きな違いはみられないが、一部に違いがみられることがある。ロチ・ギャンツォ氏の発話には部分的に牧区方言と農区方言両方の特徴が混在して現れることがある (たとえば、能格・属格助詞に牧区方言と農区方言それぞれに特徴的な形式が現れる)。本書では共時的な言語の体系をとらえるべく、ロチ・ギャンツォ氏の発話を正確に記述し、農区方言、牧区方言特有の現象がみられる場合には。その都度説明を付すこととする。牧区方言の特徴は周毛草 (2003)、Haller (2004)、海老原 (2010) を、農区方言の特徴はダムディンジョマ (2012, 2014, 2017) を参考とした。

1.4　話者人口

　アムド・チベット語は、主にアムド地域のチベット人によって話される言語であるが、モンゴル系諸民族、回族など他の民族の中にもアムド・チベット語を母語とする人たちが少数ながら存在する。アムド・チベット語の話者人口に関する正確な数字は統計上には現れないため、文献によって数値が異なる。最も少ない数値では 80 万人 (瞿靄堂 1996: 114)、その他、113 万人強

（南嘉才譲 1997: 65)、180 万人（SIL Ethnologue）とばらつきがある。

1.5 言語使用状況

　現在、村落部に住むチベット人はチベット語単言語使用者が多い。特に就学前の子供や外出の機会の少ない女性、老人などの多くはチベット語単言語使用者である。一方、都市部では漢語とチベット語両方を使用する 2 言語使用者が多く、若年層には、チベット文字の読み書きができない者、さらにはチベット語を話せない者もいる。チベット語があまりできないチベット人同士の会話には漢語が用いられている。小中学校では一般に漢語で教育が行われている。そのような小中学校に通うチベット人の子供の間では、家庭内においても漢語を用いることが多く、両親や祖父母に話しかける場合にのみチベット語を用いているという状況がみられる。Tsunoda (2005: 73–74) は、バイリンガリズムという移行期を経て、言語の交替が起こるという見解を述べている。現在のアムド・チベット語は、都市部ではまさに今、この移行期にあると言ってよいだろう。今後、特に都市部を中心にチベット語から漢語への移行がさらに進んでいくことが予測される。

　中国国内における学校には、漢語によって教育がなされる学校と、少数民族言語による教育が行われている民族学校とがある。すなわち、この 2 種類の学校の間で、大きく言語の使用状況が異なる。青海省の少数民族の中では、チベット人の割合が最も高い。したがって、青海省の民族学校では、チベット語（チベット文語およびアムド・チベット語）による民族教育が比較的盛んである。しかしながら、近年、青海省では漢語とチベット語を含む少数民族言語の「バイリンガル教育」が推進されており、今後は民族学校においても漢語の使用割合が高まることが予想される。

　また、青海省のテレビ局とラジオ局ではアムド・チベット語の放送が行われている。ただし、テレビ、ラジオなどのメディアで使用されるアムド・チベット語は、日常生活で使用されるアムド・チベット語とは少々異なり、独特の抑揚をつけて発音される。アナウンサーは牧区方言話者が比較的多いよ

うである。メディアにおけるアムド・チベット語の使用状況については、Jeffrey（2012）が詳しいので参照されたい。

1.6　類型的特徴

　アムド・チベット語の類型的な特徴を、音韻、形態、統語、述語に関わる文法範疇、言語のスタイル、民俗語彙の順で述べる。音韻的な特徴は他のチベット諸語と異なる点もあるが、それ以外の特徴については他のチベット諸語の特徴ともおおよそ一致する。

1.6.1　音韻的特徴

　シナ・チベット語族の言語の多くは声調をもつが、アムド・チベット語は声調をもたない[2]。その一方で、子音連続を豊富にもつという特徴がある。§1.2でも述べたように、子音連続の種類は方言によって異なり、農区方言より牧区方言のほうが種類が多い傾向にある。無声調で子音連続が豊富であるというこの特徴は、チベット諸語の中では、アムド・チベット語と西部のチベット語にみられる。チベット文字の構成方法（§1.7参照）から、古チベット語も声調をもたず、子音連続が豊富であったと考えられており、古チベット語の音韻的特徴がチベット語使用地域の東西周辺部に残っていると解釈することができる。

1.6.2　形態的、形態音韻的特徴

　語形成に関わる形態的手段としては接辞法（接尾辞、接頭辞による）、複合法、重複法がある。また、他の語との関係を示す手段（屈折）は一般に従属部に接尾辞や後接語を接続させたり、語幹の母音や子音を交替させることによって示す。同じくシナ・チベット語族に含まれる漢語は孤立語的性格が強いが、それに対してチベット語は接辞法による派生が発達していたり、文法関係を接辞添加によって表したりするなど、膠着性が比較的強いといえる。接辞と接語の一部は異形態をもち、形態音韻的な交替現象を示す。動詞

はコピュラ動詞、存在動詞、状態動詞、動作動詞の4つにわかれる。いずれの動詞も人称、性、数、格との一致をもたない。また定形と不定形という区別もない。これらの動詞が述語となる際には、各種の動詞語尾、助動詞、複合助動詞句、文末助詞を付加することで、アスペクト、証拠性（エヴィデンシャリティ）、ウチ／ソト、モダリティを表しわけることが多い。コピュラ動詞には、発話者が事態を自分と関係が深いものとして述べるか述べないかを表す、ウチとソトの対立がある（§1.6.4, §7.4参照）。動作動詞は未完了、完了、命令によって活用する（これらの活用形が同形の場合もある）。その他の動詞は活用しない。

1.6.3　統語的特徴

　アムド・チベット語の自動詞文の語順はSV、他動詞文の語順はAOVを基本とする[3]。主に後置詞句を用いる言語である。格標示は、能格・絶対格型を基本とする[4]。自動詞文を(1)に、他動詞文を(2)に示す。ちなみに能格の分裂現象[5]はみられない。

(1)　kʰəga　　　　　joŋ-dzi　　　　　re.
　　　3SG.M.ABS　　来る［-NMLZ　　　COP.O］FUT.O

　　　「彼は来るだろう」

(2)　kʰəgi　　　　　htak　　　　sot-tci　　　　　re.
　　　3SG.M.ERG　　虎.ABS　　殺す.IPF［-NMLZ　COP.O］FUT.O

　　　「彼は虎を殺すだろう」

　名詞修飾では、形容詞は名詞の後に（N ADJ）、動詞修飾では副詞は動詞の前に置かれる（ADV V）。それぞれの例を(3)(4)に示す。

(3)　metok　　　hmar-o.
　　　花　　　　赤い-ADJVLZ

　　　「赤い花」

(4) li tcʰok.
　　　もちろん　　　してもよい

　　　「もちろんしてもよい」

　チベット語の語順を、アジアの言語全体の中で考察した Hashimoto（1984:
36）は、アルタイ諸語[6]、漢語（北方）、チベット語、漢語（南方）、南アジア
諸語の基本語順を考察し、チベット語が北方型の言語（アルタイ諸語、漢語
（北方））と南方型の言語（漢語群（南方）、南アジア諸語）の中間的な語順を示
していることを指摘した。すなわち、チベット語の形容詞と名詞の語順は、
南アジア諸語や漢語（南方）と一致しており、副詞と動詞の語順は、アルタ
イ諸語や漢語（北方）と一致している。表1は、Hashimoto（1984）の主張を
筆者が整理したものである。

表1　「形容詞と名詞の語順」と「副詞と動詞の語順」の類型

	形容詞と名詞の語順	副詞と動詞の語順
アルタイ諸語	ADJ　N	ADV　V
漢語（北方）	ADJ　N	ADV　V
チベット語	N　ADJ	ADV　V
漢語（南方）	N　ADJ	V　ADV
南アジア諸語	N　ADJ	V　ADV

　Hashimoto（1984: 36）は「チベット語は、地理的な位置をちょうど反映し
て、漢語の南北の方言グループの間にくる」と述べている（訳は筆者によ
る）。さらに、地理的な位置関係と語順の類型の間に相関関係があるのでは
ないかという興味深い示唆をしている。

1.6.4　述語に関わる文法範疇

　アムド・チベット語の動詞が述語となる場合、動詞語尾（§7.2, §7.3 参
照）や助動詞（§3.3.11 参照）、複合助動詞句（§5.5.2 参照）などを伴い、述
語を構成することがある。述語中では、動詞語尾や助動詞、複合助動詞句、

文末助詞によって、アスペクト、証拠性、ウチ／ソト、モダリティなどの文法範疇が表示される。ウチ／ソトは、当事者が「自分と関係が深いもの（＝ウチ）」として述べるか、「自分と関係が深くないもの（＝ソト）」として述べるかを表す、認識のモダリティの一種であり、チベット諸語に特有の文法特徴である[7]。コピュラ動詞とコピュラ動詞を用いた複合助動詞句（§5.5.2 参照）にウチ／ソトの 2 種類がある。

1.6.5　言語のスタイル

　男女による言語のスタイルの差はほぼみられない。親族名称の「弟」（男性からみた弟は nu、女性からみた弟は ŋoŋwo）、「妹」（男性からみた妹は ʂaŋmo、女性からみた妹は nəmo）に関してのみ、発話者のジェンダーによって異なる単語が用いられる。

　本書は、日常的に用いる談話の音韻・文法を記述したものであるが、ことわざ、なぞなぞ、歌など各種の口承芸能は、各文（または節）の音節数がそろえられたり、文末表現がより簡略化されていたり、メタファーが多用されるといった独特の言語特徴がみられる。

　口語音と読書音というスタイルの違いもみられる。これらの違いについては、§2.7 で述べる。

1.6.6　民俗語彙

　アムド地域では、伝統的に、農耕、牧畜が生業として営まれている。牧畜民や半農半牧民はヤクをはじめ、羊、馬、ヤギなどの家畜を飼い、それらの家畜の肉、乳、毛、皮、糞、またその労働力を利用して生活してきた。ヤクを含めた家畜に関する語彙や、牧畜民が居住しているテントの種類、部位に関する語彙などは、彼らの生業文化を反映した、アムド・チベット語における民俗語彙であると考えることができる。

　家畜は、具体的には、年齢、雌雄の他、毛色、模様の位置、角の有無や形状、体の大きさ、群れの中での役割、性格などで呼びわけられる。一般的には、色と角の有無を組み合わせた表現で呼ばれるが、それ以外の複数の

特徴も組み合わせた表現で呼ばれることもある。これらの詳細な記述は、青海省黄南チベット族自治州ツェコ県メシュルで話される下位方言について海老原（2018）に詳細な記述がある。

　本書では、付録2において、ヤクの毛色と角の有無や形状に関する語彙を示す。

1.7　文字

　チベット語の表記にはチベット文字が用いられる。チベット文字は、系統的にはブラーフミー文字を祖とするインド系文字の一種である。チベット文字には基本の文字（基字）が30あり、これらを単独で、あるいはいくつかの要素を組み合わせて1音節を構成する。チベット文字の基字は、それ単独では母音の /a/ を伴って発音される。基字30文字とその発音を表2に示す。各文字は、単独の場合と組み合わされた場合とで発音が異なることがあるが、表2では単独で発音された時のアムド・チベット語における発音のみを示す。

表2　チベット文字の基字30文字

カ行（軟口蓋）	ཀ	ཁ	ག	ང
	/ka/	/kʰa/	/ka/	/ŋa/
チャ行（歯茎硬口蓋）	ཙ	ཚ	ཛ	ཉ
	/tɕa/	/tɕʰa/	/tɕa/	/ŋa/
タ行（歯茎）	ཏ	ཐ	ད	ན
	/ta/	/tʰa/	/ta/	/na/
パ行（両唇）	པ	ཕ	བ	མ
	/pa/	/ha, pʰa/ [8]	/wa/	/ma/

ツァ行（歯茎他）	ཙ	ཚ	ཛ	ཞ
	/tsa/	/tsʰa/	/ndza/	/ʁa/
その他 （接近音、摩擦音など）	ཝ	ཟ	འ	ཡ
	/ɕa/	/sa/	/a/	/ja/
	ར	ལ	ཤ	ཥ
	/ra/	/la/	/ça/	/sʰa/
	ཧ	ཨ		
	/ha/	/a/		

　母音記号は4つある（ི /-ə/, ུ /-ə/, ེ /-e/, ོ /-o/）。中央チベット語ラサ方言などでは、ི は [-i]、ུ は [-u] と発音されるが、アムド・チベット語では、ི と ུ の発音はともに /-ə/ となる。母音記号をつける位置は、ི /-ə/、ེ /-e/、ོ /-o/ は基字の上、ུ /-ə/ は基字の下である。母音記号をつけない場合、その音は /a/ の母音を伴って発音する。

　複数の要素を組み合わせて1音節を表す例には、たとえば、以下のようなものがある。

བསྒྲིགས 「配列する、まとめる」
(bsgrigs)
/dək/

　この例において、སྒྲ というかたまりの真ん中の ག を「基字」と呼ぶ。基字の前の བ を「前置字」、基字の上の ས を「上接字」、基字の下についている ྲ の部分（ར が変形したもの）を「下接字」、基字の右の文字 ག を「後置字」と呼ぶ。その右の ས を「再後置字」と呼ぶ。

　上述の བསྒྲིགས /dək/「配列する、まとめる」の例は、前置字、上接字、下接字、後置字、再後置字、母音記号全てが組み合わさった例であるが、このような複雑な組み合わせの例は少ない。

チベット語の口語と文語の間には大きな乖離がみられる。アムド・チベット語をチベット文字で表記することはほとんどないが、例外として、口語の教科書、小説の会話部分などで表記されることがある。これは、アムド・チベット語だけでなく、他のチベット諸語にも共通する特徴である。

1.8　言語接触

アムド地域は、アムド・チベット語、漢語の他に、モンゴル語、モングォル（土族）語、シラ・ユグル（東部裕固）語、ボウナン（保安）語などのモンゴル系の言語、チュルク系のサラール語、サリク・ユグル（西部裕固）語も話されている多言語使用地域である。アムド地域のチベット語が周辺の言語との接触で影響を受けた例としては、漢語やモンゴル語との接触がある。特に漢語からの借用語が非常に多い。以下では漢語、モンゴル語、英語からの借用の状況を簡単に述べる。アムド地域の言語接触については、Dwyer (1995)、Slater (2003)、Janhunen et al. (2008) などの研究も参照されたい。

1.8.1　漢語からの借用

アムド・チベット語には「中央チベット語に比べ、漢語からの借用語が多い」と格桑居冕・格桑央京（2002: 184）が指摘している。これは、アムド地域が漢族の居住地区に近いという地理的、歴史的な要因によるという。また、農区方言には牧区方言よりも漢語からの借用語が多くみられることも同書には述べられている。アムド・チベット語は、長い間、漢語と接触してきたため、借用された年代の幅はかなり広いものと思われる。相当古い時代に借用されたため、借用語として意識されていない語彙もあり、さらに近年は新しい物や概念を表す借用語が急速に増えつつある。名詞としては食品、乗り物、電化製品、行政単位、役職名などに多く見受けられる[9]。

チベット語には固有の数詞も存在するが、日付、時間、金額、電話番号を述べる場合には、漢語の数詞を頻繁に用いる。その場合、チベット語の数詞と漢語の数詞が混在することは通常はない。

以上の例の他に、漢語の語彙の各要素をチベット語に翻訳して借用した翻訳借用 [10] もみられる。

漢語から動詞を借用する場合は、その語彙を単独では用いず、アムド・チベット語の「する」を表す動詞 /jel/ を続けて動詞句（§5.4.1 参照）として用いる [11]。

1.8.2　モンゴル語からの借用

モンゴル語からの語彙は地名に多く残っている。これは、モンゴル人による青海省支配の歴史と関係がある。モンゴル語由来の地名は、海南チベット族自治州の共和県の村名にも残っている（共和県地方誌編纂委員会（編）1991: 558–568）。その他、馬具やラクダ、ゲル（モンゴル式の移動式住居）に関わる語彙にモンゴル語からの借用語がみられる [12]。

1.8.3　英語からの借用

英語からの借用と考えられる語彙は非常に少ない。/ndzarpen/「日本」、/amerəka/「アメリカ」などの国名にいくつかみられる。

注

1　Cham tshang pad ma lhun grub (2009: 144–145) は、9 つの音韻的な分類基準を立て、アムド・チベット語を「農区方言」、「半農半牧方言」、「古態的牧区方言」、「改新的牧区方言」の 4 つに分類している。王双成 (2012: 40–52) は、音韻、動詞の形態変化、話者の意識などを含めた 18 の詳細な基準を設定し、「半農半牧方言」は分類に入れず、「北部牧区方言」、「北部農区方言」、「南部牧区方言」、「南部農区方言」の 4 つに分類している。

2　ただし、アムド・チベット語マチェン方言に関しては、鼻音の初頭子音にのみ音韻的な声調が認められるという報告がある（王双成 2011）。

3　本書では、Dixon (1972) にならい、自動詞の主語を S、他動詞の主語を A と表記する。

4　この節中の例文では絶対格を ABS と標記する。以降、出てくる例文においては、格標示の説明をする場合以外では ABS の表記を省略する。

第1章　アムド・チベット語の概況　15

5　動詞の種類やテンス・アスペクト、主語の特性などにより、能格・絶対格と主格・対格の格標示パターンが使いわけられる現象。

6　チュルク語族、モンゴル語族、ツングース語族の言語が含まれる。日本語族、朝鮮語族が含まれることもある。

7　本書において「ウチ / ソト」と呼んでいるものは、チベット諸語に関する先行研究では、「内的 / 外的」（武内 1978、武内 1990、武内・高橋 2016 他）、「自称モード / 他称モード」（星 2003、星 2010 他）、conjunct/disjunct（Delancey 1990 他）、egophoric/non-egophoric（Tournadre and Sangda Dorje 2003 他）などの名称で呼ばれているものにあたる。なお、ウチ / ソトに相当する概念については、白井（2006）が網羅的にまとめているため、詳しくは同研究を参照していただきたい。

8　ʔ は多くの場合は /ha/ で発音されるが、特に読書音（§2.7）中で /pʰa/ で発音されることがある。

9　/tsoŋ/「葱」（漢語「葱」）、/fəntiao/「はるさめ」（漢語「粉条」）、/tʰe/「車」（漢語「车」）、/piŋɕaŋ/「冷蔵庫」（漢語「冰箱」）、/ʂen/「省」（漢語「省」）、/ḍək/「州」（漢語「州」）、/ɕen/「県」（漢語「县」）、/ʂətɕi/ または /fətɕi/「書記」（漢語「书记」）など。

10　/tɕʰaŋ hmar-o/（酒 赤い -ADJVLZ）「ワイン」（漢語「红酒」）、/sʰem + tɕʰoŋ/（心 + 小さい）「注意」（漢語「小心」）、/ɕa hkon/（帽子 着せる）「罪を着せる」（漢語「戴帽子」）など。

11　/tʰəi jel/「取り消しする」（漢語「退」する）、/laŋfei jel/「無駄遣いする」（漢語「浪費」する）など。

12　Nyangchakja（2016）の巻末の語彙リストも参照されたい。

第2章　音韻

　本章では、アムド・チベット語の各分節音素とその音声的実現、音節構造、音素と音素の組み合わせ、音声的にみられる現象、形態音韻的な交替・脱落現象、口語音と読書音というスタイルの違いについて述べる。なお、中央チベット語やカム・チベット語とは異なり、アムド・チベット語は声調をもたない。その代わりに豊富な子音連続をもつことが特徴である。これらの音韻特徴はチベット文語と対応するものであり、さらに、西部チベット語（ラダック方言、バルティ方言）などとも共通し、チベット語圏の周辺部に書写語を通じた共通性がみられることを意味している（Takeuchi 2013 参照）。

2.1　子音音素

　子音には 38 の音素を設定できる。§2.3 で後述するが、表 3 に示す全ての子音音素は音節頭子音となりうる。以下、［　］内の / は、異なる環境で現れる環境異音、〜は同じ環境でどちらもともに現れうる自由異音を示すのに用いる。［　］内では単独で音節頭子音として現れる場合の音声のみを示す。

表3　子音音素

	両唇／唇歯	歯茎	そり舌	歯茎／硬口蓋	硬口蓋	軟口蓋	口蓋垂	声門
破裂音	p[p] b[ɦb/b] pʰ[pʰ]	t[t] d[ɦd/d] tʰ[tʰ]	ʈ[ʈ] ɖ[ɦɖ/ɖ] ʈʰ[ʈʰ]			k[k] g[ɦg/g~ɣ] kʰ[kʰ]		
破擦音		ts[ts] dz[ɦdz/dz] tsʰ[tsʰ]		tɕ[tɕ] dʑ[ɦdʑ/dʑ] tɕʰ[tɕʰ]				
摩擦音	f[f]	s[s~ɦs] z[ɦz/z] sʰ[sʰ]	ʂ[ʂ]	ɕ[ɕ] ʑ[ɦʑ/ʑ]	ç[ɕ͡χ]		x[χ/χʷ] ʁ[ʁ/ʁ~ ɦʁʷ/ʁʷ]	h[h]
鼻音	m[m]	n[n]		ɳ[ɳ]		ŋ[ŋ]		
流音		l[l] r[ɺ/ɻ]						
側面摩擦音		ɬ[ɬ]						
半母音	w[w]					j[j]		

　以下、各子音が音節頭子音として現れる場合の音声的実現の例を示す。子音連続（C₂C₁G）中の音声については§2.4.1で、音節末の音声については§2.4.2で説明する。

2.1.1　破裂音

　破裂音には無声無気音、無声有気音、そして有声音の3つの対立がある。無声無気音の系列は、語頭位置では、若干有声音のように聞こえることがあ

第2章　音韻　19

る。ただし、/p/ が有声音のように聞こえる例はいまのところみつかっていない。

　有声音は、語頭位置では軽く短い有声声門摩擦音 [ɦ] を伴った音で発話する。語中では有声声門摩擦音ははっきりとは現れない。単語によっては、/g/ は母音間で [ɣ] で実現することがある。

/p/: /pa/ [pʌ]「キス」、/pola/ [polʌ]「ラサ風のチベット服（チュパ）」、/kopa/ [gopʌ]「方法」

/b/: /bi/ [ɦbi]「隠す」、/bawa/ [ɦbʌwʌ]「蛙」、/samba/ [sʌmbʌ]「心」

/pʰ/: /pʰo/ [pʰo]「男性、雄」、/pʰər/ [pʰəɹ]「飛ぶ」、/dapʰok/ [ɦdʌpʰoʁ]「月給」

/t/: /ta/ [tʌ]「今」、/ty/ [ty]「時」、/ɕato/ [ɕʌto]「帽子」

/d/: /da/ [ɦdʌ]「合図」、/do/ [ɦdo]「石」、/kʰada/ [kʰʌdʌ]「話」

/tʰ/: /tʰa/ [tʰʌ]「灰」、/tʰək/ [tʰəχ]「触る」、/tatʰaŋ/ [tʌtʰʌŋ]「今回」

/ʈ/: /ʈo/ [ʈo]「踊り」、/ʈama/ [ʈʌmʌ]「窓」、/hŋʌʈo/ [ɦŋʌʈo]「午前」

/ɖ/: /ɖo/ [ɦɖo]「羽」、/ɖa/ [ɦɖʌ]「音」、/ʈadək/ [ɖʌdəʁ]「準備」

/ʈʰ/: /ʈʰa/ [ʈʰʌ]「細い」、/ʈʰə/ [ʈʰə]「万」、/kʰaʈʰək/ [kʰʌʈʰəʁ]「デマ」

/k/: /ka/ [kʌ]「柱」、/ko/ [ko]「わかる」、/rikər/ [rikər]「帆布製の白いテント」

/g/: /ga/ [ɦgʌ]「好く」、/gi/ [ɦgi]「老ける」、/ləgə/ [ləɣə]「子羊」

/kʰ/: /kʰa/ [kʰʌ]「口」、/kʰu/ [kʰɯɯ]「病む」、/dzekʰep/ [ɦdzɛkʰɛb]「国」

2.1.2　破擦音

　破擦音にも無声無気音、無声有気音、有声音の 3 系列がある。無声無気音の系列は、語頭位置では若干有声音のように聞こえることがある。ただし、/ts/ が有声音のように聞こえる例はいまのところみつかっていない。有声音は語頭位置では、軽く短い有声声門摩擦音 [ɦ] を伴った音で発音する。語中においては有声声門摩擦音ははっきりとは現れない。

/ts/: /tsa/ [tsʌ]「錆」、/tsi/ [tsi]「煮る（完了形）」、/lotsawa/ [lotsʌwʌ]「翻訳者」

/dz/: /dza/ [ɦdzʌ]「月（month）」、/dzama/ [ɦdzʌmʌ]「壺」、/tɕʰəmdzol/ [tɕʰəmdzol]

「貯水池、ダム」

/tsʰ/: /tsʰa/ [tsʰʌ]「熱」、/tsʰe/ [tsʰɛ]「日にち」、/totsʰək/ [totsʰəʁ]「今年」

/tɕ/: /tɕa/ [tɕʌ]「茶」、/tɕə/ [tɕə]「10」、/gətɕə/ [gətɕə]「90」

/dʑ/: /dʑa/ [ɦdʑʌ]「(日が) 暮れる」、/dʑi/ [ɦdʑi]「財産」、/hkedʑen/ [ʰkɛdʑɛn]
「首飾り」

/tɕʰ/: /tɕʰa/ [tɕʰʌ]「対」、/tɕʰə/ [tɕʰə]「水」、/laktɕʰa/ [lʌktɕʰʌ]「道具」

2.1.3 摩擦音

摩擦音のうち、歯茎音のみ、無声無気音、無声有気音、そして有声音の3
系列をもつ。/s/ は [s] の他に、[ʰs] という自由異音がある。側面摩擦音 /ɬ/
[ɬ] は無声音のみで、対応する有声音は存在しない。/ʁ/ は母音 /i/ の前では
円唇化を伴った [ʰʁʷ] で、/a/, /o/, /ə/ の前では [ʰʁ] で実現する。その他の母
音の前で現れる例は今のところみつかっていない。/x/ は母音 /a/, /i/, /e/ の
前では円唇化を伴った [χʷ] で、/o/ の前では [χ] で実現する。その他の母音
の前で現れる例は今のところみつかっていない。/ç/ [çχ] は、[ç] と [χ] の
同時調音として実現する。/f/ は借用語に多くみられるが、固有語の例も存
在する。

摩擦音の有声音は語頭位置では、軽く短い有声声門摩擦音 [ɦ] を伴った音
で発音する。語中においては有声声門摩擦音ははっきりとは現れない。

/f/: /fako/ [fʌko]「フランス」[1]、/fama/ [fʌmʌ]「すごい人」[2]、/fəgen/ [fəgɛn]
「兄」

/s/: /sa/ [sʌ]「食べる (未完了形)」、/səm/ [səm]「3」、/pʰosar/ [pʰosʌr]「青年」

/z/: /zaŋ/ [ɦzʌŋ]「良い」、/zen/ [ɦzʌn]「裂裟」、/əzo/ [əzo]「我々 (1 人称複数
代名詞包括形)」

/sʰ/: /sʰa/ [sʰʌ]「土地、場所」、/sʰə/ [sʰə]「誰」、/losʰer/ [losʰɛɹ]「旧正月」

/ɬ/: /ɬa/ [ɬʌ]「神」、/ɬop/ [ɬop]「学ぶ」、/jəɬa/ [jəɬʌ]「土地神」

/ʂ/: /ʂa/ [ʂʌ]「良い」、/ʂem/ [ʂɛm]「かわうそ」、/dzaʂaŋ/ [ɦdzʌʂʌŋ]「街」

/ɕ/: /ɕa/ [ɕʌ]「鳥」、/ɕo/ [ɕo]「ヨーグルト」、/hmaɕa/ [ɦmʌɕʌ]「孔雀」

/z/: /zə/ [ʱzɪ]「4」、/zen/ [ʱzɛn]「他」、/azaŋ/ [ʌzʌŋ]「母の兄弟」

/ç/: /ça/ [ɕχʌ]「肉」、/çə/ [ɕχə]「死ぬ」、/hmaçə/ [ʱmʌɕχə]「傷跡」

/ʁ/: /ʁa/ [ʱʁʌ]「狐」、/ʁə/ [ʱʁə]「泡」、/liʁaŋ/ [liʁʌŋ]「縁」、/ʁi/ [ʱʁʷi]「(中央チベットの)ウー地方」

/x/: /xawo/ [χʷʌwo]「英雄」、/xi/ [χʷi]「例」、/xonbo/ [χonbo]「官僚、高官、領主、長」、/xendzor/ [χʷɛndzor]「経済」

/h/: /ha/ [hʌ]「父」、/hop/ [hob]「うどん」、/mahi/ [mahi]「水牛」

2.1.4　鼻音

　破裂音や摩擦音では有声音は等しく語頭で有声声門摩擦音を伴うが、鼻音では語頭において有声声門摩擦音を伴うか否かの対立がある。その対立は音素 /h/ を認めることで区別する（/h/ と他の子音との結合に関しては §2.4.1 参照）。

/m/: /ma/ [mʌ]「ほら！(間投詞)」、/mo/ [mo]「占い」、/tɕoma/ [dʑomʌ]「トマ芋」[3]

/n/: /ni/ [ni]「大麦」、/nor/ [nor]「ウシ属の総称」[4]、/hŋənak/ [ʱŋənʌk]「垢」

/ŋ/: /ŋa/ [ŋʌ]「魚」、/ŋo/ [ŋo]「買う (未完了形)」、/ŋemŋoŋ/ [ŋɛmŋoŋ]「経験」

/ŋ/: /ŋa/ [ŋʌ]「私」、/ŋo/ [ŋo]「顔」、/goŋa/ [ʱgoŋʌ]「卵」

2.1.5　流音

　/r/ は語頭では、前に軽く発音する母音[ə]を伴った[ªɹ]で、語中では[ɹ]で実現する。

/l/: /la/ [lʌ]「山の斜面」、/li/ [li]「つくる」、/lolon/ [lolon]「年寄り」

/r/: /ra/ [ªɹʌ]「ヤギ」、/ru/ [ªɹɯβ]「腐る」、/kara/ [kʌɹʌ]「砂糖」

2.1.6　半母音

　半母音には、/w/ と /j/ の 2 種類がある。

/w/: /wa/ [wʌ]「羊毛」、/wol/ [wol]「チベット」、/tsʰowa/ [tsʰowʌ]「生活」

/j/: /ja/ [jʌ]「はい」、/jel/ [jɛl]「する（未完了形）」、/hajaŋ/ [hʌjʌŋ]「アルミ」

2.2 母音音素

母音には 7 つの音素を設定できる。音韻的には長母音、鼻母音などは存在しない。

/i/ [i] /y/ [y]　　　　/u/ [ɯß~ɯu]

　/e/ [ɛ]　　　　/ə/ [ə/ɪ]　　　　　　/o/ [o]

　　　　　　　　　　　　　　　　　　　/a/ [ʌ]

各母音の例と音声的な実現を以下に示す。/i/ [i] と /y/ [y] は円唇性によって対立している。/u/ [ɯß~ɯu] は同じ環境でどちらも現れうる自由異音である。/u/ [ɯß~ɯu] は、[ɯ] を調音した後に唇をすぼめて調音する。円唇性はあまりきつくなくてもよい。[ɯß] のように、最後に摩擦性を伴うこともある。このように、音声的には [ɯß~ɯu] として実現するが、音韻的には 1 つの母音として解釈する [5]。ただし、他の母音に比べて長く発音するわけではない。/ə/ は硬口蓋音に後続する場合に [ɪ] で現れることがある。/o/ は語末に出現する場合に [oʊ] になることがある。円唇広母音 /a/ は [ʌ] で表記しているが、実際に発音する時の音声は、[ʌ] よりも少し中舌よりの母音である。

/i/ [i]：/lihka/ [lihka]「仕事」、/hpi/ [ʰpi]「お香」、/zi/ [zi]「植物油」

/y/ [y]：/tytɕʰen/ [tytɕʰɛn]「祭」、/ly/ [ly]「残る」、/ɕy/ [ɕy]「申し上げる」

/u/ [ɯß~ɯu]：/hŋu/ [ʱŋɯß]「銀」、/lu/ [lɯß]「猫」、/hlu/ [ʱlɯß]「馬鹿」

/e/ [ɛ]：/metok/ [mɛtok]「花」、/hnem/ [ʱnɛm]「空」、/rere/ [ɹɛɹɛ]「各々」

/ə/ [ə/ɪ]：/sʰə/ [sʰə]「誰」、/wə/ [wə]「男、息子」、/htɕən/ [ʰtɕɪn]「小便」

/o/ [o~oʊ]：/lo/ [lo]「年」、/sʰo/ [sʰo~sʰoʊ]「歯」、/oma/ [omʌ]「牛乳」

/a/［ʌ］：/akʰə/［ʌkʰə］「僧侶、父方のおじ」、/ama/［ʌmʌ］「母」、/la/［lʌ］「山の斜面」

2.3　音節構造

　音節構造は、「(C₂)(C₁)(G)V(C₃)」のように表すことができる。語頭、語中ともに同様である。C は子音、G はわたり音、V は母音を表す。音節には「主母音」が必須である。(　)内は音節形成にとっての非必須要素である。C₁ は音節初頭子音が１つであることを、C₂C₁ は音節初頭子音が連続して現れることを、C₁G は音節初頭子音の後ろにわたり音が現れることを表す。C₂C₁G という連続も可能である。C₃ は音節末子音である。声調はみられない。

　開音節の音節末に現れる母音は７つの母音全てが可能である。/e/, /a/, /ə/, /o/ 以外の母音の後に末子音が現れることはない。主母音の前には、子音が最大で３つまで現れることができる。これを「音節頭子音(連続)」と呼ぶ。C₁V の時の C₁ には全ての子音が立つことができる。すなわち、音節頭子音が１つのみの音節の場合、その単独の音節頭子音は C₁ である。主母音の後には、子音が１つだけ後続することができる。これを「末子音」と呼ぶ。末子音に立てる子音には /p/, /k/, /m/, /n/, /ŋ/, /l/, /r/ の７つがある。

　音節頭子音連続には、C₂C₁ と C₁G、C₂C₁G の３種類がある。いずれの場合でも、C₁ が必須であるため、「(C₂)(C₁)(G)V(C₃)」と表記している。子音連続の第一要素 C₂ として現れる子音は /n/, /h/ のみである。子音連続の第３要素 G は半母音 /w/, /j/ のみが可能である。これらの子音の組み合わせのうち、実際にあるのは、/nC₁/, /hC₁/, /C₁w/,/(C₂)C₁j/ という子音連続だけである。ただし、音節頭の３子音連続としては、/hpj/ という連続しかみつかっていない。

　(5)に音節構造の模式図を示し、その下に各音節構造の例を提示する。

(5)　(C$_2$) (C$_1$) (G)　　　V　　　(C$_3$)

　　　音節頭子音（連続）　　主母音　末子音

V	/ə/	「〜か？（疑問接頭辞）」
VC$_3$	/ok/	「下」
C$_1$V	/ŋə/	「人」
C$_1$VC$_3$	/lok/	「倒れる」
C$_2$C$_1$V	/hɲi/	「狂う（完了形）」
C$_2$C$_1$VC$_3$	/htɕək/	「1」
C$_1$GV	/kwa/	「命令」
C$_2$C$_1$GV	/hpji/	「猿」

2.4　音結合の規則

　音結合の規則については、音節頭における子音連続（§2.4.1）と、母音と末子音の組み合わせ（§2.4.2）について述べる。

2.4.1　音節頭における子音連続

　音節頭の子音連続には、4パターンの2子音連続（nC$_1$, hC$_1$, C$_1$w, C$_1$j）と、3子音連続（ただし、hpjのみ）が可能である。

　nC$_1$, hC$_1$ における組み合わせを表4に示す。表4の横軸がC$_1$、縦軸がC$_2$を表し、＋はその組み合わせが存在することを示している。

　nC$_1$ のC$_1$ は有声破裂音あるいは無声有気破裂音に限定され、hC$_1$ のC$_1$ は無声無気破裂音あるいは無声無気破擦音、鼻音、流音、半母音に限定されるため、両者は相補分布をなしているといえる。

第 2 章　音韻　25

表 4　nC₁, hC₁ の組み合わせ

	p	b	pʰ	t	d	tʰ	ʈ	ɖ	ʈʰ	k	g	kʰ
n		+	+		+	+		+	+		+	+
h	+			+			+			+		

	tɕ	dʑ	tɕʰ	ts	dz	tsʰ	m	n	ɳ	ŋ	l	j
n		+	+		+	+						
h	+			+			+	+	+	+	+	+

　C₁w には /kw/, /kʰw/ の組み合わせのみ、C₁j には /pj/, /kj/, /kʰj/, /wj/ の組み合わせのみがある。3 子音連続には /hpj/ のみがみつかっている。

　以下では音節頭子音連続を、[1] nC₁, [2] hC₁, [3] C₁w, [4] (C₂) C₁j に分類し、それぞれの例をあげる。

[1] nC₁

　nC₁ の場合、C₁ には、破裂音、破擦音が可能である。

　nC₁ の /n/ は、[ᵐ], [ⁿ], [ᶯ], [ᵑ] で実現する。これらの音声は全て、C₁ の調音点に同化して現れる環境異音であると解釈できるため、音素としては /n/ のみを認めている。

/nb/ [ᵐb] : /nbə/ [ᵐbə]「虫」、/nd/ [ⁿd] : /nda/ [ⁿdʌ]「矢」、/nɖ/ [ᶯɖ] : /nɖa/ [ᶯɖʌ]「似ている」、/ng/ [ᵑg] : /ngo/ [ᵑgo]「頭」、/ndz/ [ⁿdz] : /ndza/ [ⁿdzʌ]「似合う」、/nɖʐ/ [ᶯdʐ] : /nɖʐa/ [ᶯdʐʌ]「虹」

　次に、nC₁ の /n/ に有気音が後続する組み合わせを示す。/n/ に有気音が後続する子音連続は、話者によって出現環境が異なる。主な調査協力者である、ロチ・ギャンツォ氏の発話では語頭には現れず、複合語（§4.2 参照）中の後部要素頭や、派生接辞の境界、その他結合度の高い慣用句内の語境界のみで現れる。一方、ロチ・ギャンツォ氏の弟であるアラク・ギャイ氏の発話

では語頭でも現れる。したがって、以下では語頭に関してはアラク・ギャイ氏の発音を、その他の環境についてはロチ・ギャンツォ氏、アラク・ギャイ氏２人の発音を示す。/n/ の音価は、語頭では非常に微弱な無声の鼻音であるが、語中または句中では語頭の場合と比べてはっきりとした鼻音で発音される。

[1–1] 語頭（アラク・ギャイ氏の発音）

/npʰ/ [ᵚpʰ]：/npʰər/ [ᵚpʰər]「飛ぶ」、/ntʰ/ [ᶯtʰ]：/ntʰa/ [ᶯtʰʌ]「端」、/ntʰ/ [ᶯtʰ]：/ntʰoŋ/ [ᶯtʰoŋ]「生まれる（敬語形）」、/nkʰ/ [ᵑkʰ]：/nkʰorlo/ [ᵑkʰoɹlo]「輪、タイヤ」、/ntsʰ/ [ᶯtsʰ]：/ntsʰo/ [ᶯtsʰo]「湖」、/ntɕʰ/ [ᶯtɕʰ]：/ntɕʰaŋ/ [ᶯtɕʰʌŋ]「硬直する」

[1–2] 複合語中の後部要素頭、派生接辞の境界や結合度の高い慣用句中の語境界（ロチ・ギャンツォ氏、アラク・ギャイ氏の発音）

ロチ・ギャンツォ氏の場合、複合語中では必ず鼻音が現れるが、派生接辞や結合度の高い慣用句中の語境界では鼻音が脱落することもある。/ma-npʰər/（NEG-飛ぶ）[mampʰər~mapʰər]「飛ぶな」などで鼻音の出現にゆれが見られる。アラク・ギャイ氏の発音ではこのようなゆれはみられず、いずれも鼻音が現れる。

/npʰ/ [mpʰ]：/ma-npʰər/（NEG-飛ぶ）[mampʰər~mapʰər]「飛ぶな」

/ntʰ/ [ntʰ]：/sʰa + ntʰa/（土地＋端）[sʰantʰa]「辺境」

/ntʰ/ [ŋtʰ]：/ndiŋ ntʰo = ni/（DEM 残り = ABL）[ndiŋtʰoni~ditʰoni]「そして」

/nkʰ/ [ŋkʰ]：/mi + nkʰor/（火＋車）[miŋkʰor]「汽車」、/ma-nkʰor/（NEG-回る）[maŋkʰor~makʰor]「うろつくな」

/ntsʰ/ [ntsʰ]：/dza + ntsʰo/（大きい＋湖）[ⁿdzʌntsʰo]「大海」、/ɕek ntsʰa/（手.HON 拝礼する）[ɕɛkntsʰʌ~ɕɛktsʰʌ]「拝礼する」

/ntɕʰ/ [ntɕʰ]：/tɕʰə + ntɕʰek/（水＋冷たい）[tɕʰəntɕʰɛk]「冷水」、/ma-ntɕʰa/（NEG-嘲笑する）[mʌntɕʰʌ~mʌtɕʰʌ]「嘲笑するな」

第 2 章 音韻　27

[2] hC₁

　hC₁ の場合、C₁ には、破裂音、破擦音、鼻音、流音、半母音が可能である。C₂ の位置に現れる /h/ は、/n/ と同様に、語頭では軽く短く実現する。

　/h/ は、後続の C₁ が無声音の場合には無声音［ʰ］で実現する。後続の C₁ が有声音の場合には有声音［ɦ］で実現する。

/h/ が無声音［ʰ］で実現する場合

/hp/［ʰp］: /hpi/［ʰpi］「お香」、/ht/［ʰt］: /hta/［ʰtʌ］「馬」、/ht̠/［ʰt̠］: /ht̠ə/［ʰt̠ə］「（ヤクなどの）初乳」、/hk/［ʰk］: /hka/［ʰkʌ］「難しい」、/hts/［ʰts］: /htsa/［ʰtsʌ］「草」、/htɕ/［ʰtɕ］: /htɕa/［ʰtɕʌ］「髪」

/h/ が有声音［ɦ］で実現する場合

/hm/［ɦm］: /hmi/［ɦmi］「ほくろ」、/hn/［ɦn］: /hna/［ɦnʌ］「鼻」、/hȵ/［ɦȵ］: /hȵi/［ɦȵi］「2」、/hŋ/［ɦŋ］: /hŋu/［ɦŋɯß］「銀」、/hl/［ɦl］: /hlo/［ɦlo］「智慧」、/hj/［ɦj］: /hjek/［ɦjɛk］「雄ヤク」

[3] C₁w

　C₁w の場合、/w/ は C₁ を円唇化する。/w/ は軟口蓋破裂音 /k/, /kʰ/ に後続する例のみがみつかっている。

/kw/［kʷ］: /kwa/［kʷʌ］「命令」、/kwi/［kʷi］「サテンの布」
/kʰw/［kʰʷ］: /kʰwama/［kʰʷʌmʌ］「腎臓」、/kʰwi/［kʰʷi］「精通している」

[4]（C₂）C₁j

　（C₂）C₁j において、/j/ は /k/, /kʰ/, /w/、そして、子音連続 /hp/ に後続する例のみがみつかっている。後続する母音は /i/ のみが可能なようである。/j/ の音価には［j］,［z］,［ɕ］がみられる。/kj/, /kʰj/, /wj/, /hpj/ はそれぞれ、/k/, /kʰ/, /w/, /hp/ と対立する（例は各例の後ろの括弧内に cf. として示す）。

/kj/: /kji/［ĝji~ĝzi］「ニラ」(cf. /＝ki/「(能格・属格助詞)」)

/kʰj/: /kʰji/［kʰji~kʰzi~kʰɕi］「(矢が的に)命中する」(cf. /kʰi/「私が、私の」[6])

/wj/: /wji/［wji~wzi］「生まれたばかりの子牛」(cf. /wi/「呼ぶ(完了形)」)

/hpj/: /hpji/［ʰpji~ʰpzi］「猿」(cf. /hpi/「お香」)

2.4.2 母音と音節末子音の組み合わせ

　音節末には /p/, /k/, /m/, /n/, /ŋ/, /l/, /r/ の 7 つの子音のうちのいずれか 1 つが立つことができる。7 つの母音(§2.2 参照)のうち /e, a, o, ə/ 以外には音節末子音は後続しない。表 5 に母音と音節末子音の組み合わせを示した。―はその組み合わせが存在しないことを意味する。チベット文字表記[7]と比較すると、音韻表記における /-n/ の前の /e/ と /a/ は /e/ に、/-ŋ/ の前の /e/ と /a/ は /a/ に、/o/ と /ə/ は /o/ に、/-l/ の前の /e/ と /a/ は /e/ に、それぞれ合流していると解釈できる。

表 5　母音と音節末子音の組み合わせ

母音＼末子音	/-p/	/-k/	/-m/	/-n/	/-ŋ/	/-l/	/-r/
/e/	/ep/	/ek/	/em/	/en/	―	/el/	/er/
/a/	/ap/	/ak/	/am/	―	/aŋ/	―	/ar/
/o/	/op/	/ok/	/om/	/on/	/oŋ/	/ol/	/or/
/ə/	/əp/	/ək/	/əm/	/ən/		/əl/	/ər/

　音節末に現れる /p/ と /k/ は、それぞれ、無声音で実現する場合と有声音で実現する場合がある。/p/ は無声音［p~ɸ］と有声音［b~β］で実現する場合がある。これらの音声は自由異音であると思われるが、語末では摩擦音［ɸ, β］で、語中では破裂音［p, b］で実現することが多いようである。/k/ は無声音［k~χ］と有声音［g~ʁ］で実現する場合がある。音節末の /p/, /k/ の異音の例では、調査時に実際に現れた音声を表記している。そのため、それ以外の異音の出現が不可能であるということを意味しているわけではない。どのような環境で有声音または無声音で実現するかについてはよくわかっていない。音声表記では、調査時に発話された音声通りに表記している。口蓋垂音

第2章　音韻　29

［χ, ʁ］は、前の母音が /o/ または /ə/ の場合に現れることがある。これらの音節末における破裂音には無声音と有声音の音韻的対立がない。よって、音韻的には、それぞれ /p/, /k/ であると解釈している。以下に、各音節末子音と母音の組み合わせの例を示す。

/-p/

/ep/: /nbep/ ［ᵐbɛβ］「落ちる、降る（未完了形）」、/kʰep/ ［kʰɛβ］「針」

/ap/: /rapkʰa/ ［ˀɹʌpkʰʌ］「岸」、/wap/ ［wʌβ］「落ちる、降る（完了形）」

/op/: /tʰop/ ［tʰoβ］「得る」、/ɬop/ ［ɬop~ɬoβ］「学ぶ」

/əp/: /sʰəp/ ［sʰəɸ］「消す」、/nəp/ ［nəβ］「西」

/-k/

/ek/: /hjek/ ［ɦjɛk］「雄ヤク」、/tɕʰek/ ［tɕʰek］「冷たい」

/ak/: /lak/ ［lʌk］「手」、/hŋənak/ ［ɦŋənʌk］「垢」

/ok/: /metok/ ［mɛtok］「花」、/dapʰok/ ［ɦdʌpʰoʁ~ɦdʌpʰok］「月給」

/ək/: /ʈaḍək/ ［ḍʌḍəʁ］「準備」、/tʰək/ ［tʰəχ］「触る」

/-m/

/em/: /ṣem/ ［ṣɛm］「かわうそ」、/hnem/ ［ɦnɛm］「空」

/am/: /samba/ ［sʌmbʌ］「心」、/kʰamba/ ［kʰamba］「カム地域（東チベット）の人」

/om/: /htsom/ ［ʰtsom］「文章」、/dom/ ［ɦdom］「結ぶ、しばる（未完了形）」

/əm/: /səm/ ［səm］「3」、/nbəm/ ［ᵐbəm］「十万」

/-n/

　硬口蓋の子音に /ən/ が後続する場合には、/ən/ は［ɪn］で実現することが多い。

/en/: /tʰen/ ［tʰɛn］「引っ張る」、/ken/ ［gɛn］「あれ」

/on/: /tʰon/ ［tʰon］「到着する」、/hkon/ ［ʰkon］「着せる」

/ən/: /hʈən/ [ʰʈən]「雲」、/htɕən/ [ʰtɕɪn]「尿」

/-ŋ/

/aŋ/: /naŋ/ [nʌŋ]「中、内」、/maŋ/ [mʌŋ]「多い」

/oŋ/: /ŋoŋ/ [ŋoŋ]「少ない」、/hloŋ/ [ɦloŋ]「風」

/-l/

/el/: /jel/ [jɛl]「する（未完了形）」、/tɕhel/ [tɕhɛl]「切れる」

/ol/: /wol/ [wol]「チベット」、/tɕhəmdzol/ [tɕhəmdzol]「貯水池、ダム」

/əl/: /wəl/ [wəl]「出る（完了形）」、/dəlhtsə/ [ɦdəlhtsə]「甘露」

/-r/

　/-r/ は、[ɹ~r]で発音される。語末ではこれらの音声は自由変異であり、強調してはっきりと発話する時などは[r]で発音される。語中では[ɹ]で発音される。

/er/: /loshher/ [loshɛɹ]「旧正月」、/hter/ [ʰtɛɹ]「与える（未完了形）」

/ar/: /hmar/ [ʰmʌɹ]「赤い」、/htarga/ [ʰtʌɹgʌ]「クルミ」

/or/: /nor/ [noɹ]「ウシ属の総称」、/khorlo/ [khoɹlo]「輪」

/ər/: /phər/ [phəɹ]「飛ぶ」、/rikər/ [rikəɹ]「白い帆布製のテント」

2.5　音声的な諸特徴

2.5.1　音調

　チベット語中央方言をはじめとしたチベット諸語の多くは声調言語である。それに対してアムド・チベット語には声調は認められない。ただし、アムド・チベット語では弁別的ではない音調がある程度決まっている。多音節語の場合、音節数に関わらず、2音節目だけが高く実現する。以下では、2音節語、3音節語、4音節語の例とその音調を示す。

2 音節語：	a̅ma「母」、gormo「お金」
3 音節語：	pota̅la「ポタラ」、a̅ha̅ma「ろくでなし、ろくでなしの」
4 音節語：	c̅amalaptsi「蝶々」

2.5.2 吸気音による発話

/x/［χ］のみを単独で、吸気音で発音する場合がある。この音の機能はよくわかっていない。あいづちや肯定の返事、緊張した時、なにか考えている時などに発話する。アムド・チベット語母語話者は吸気音で発音していることを意識していない場合が多い。この他に、コピュラ動詞の /jən/（ウチのコピュラ動詞）、/rel/（ソトのコピュラ動詞）「〜である」や、間投詞の /ole/、/ja/「はい、そう」などの短い発話を吸気音で発音することもある。これらの表現も呼気で発話する場合と吸気で発話する場合とで特に意味の違いはないようである。

吸気音による発話については、中央チベット語ラサ方言にも報告がある。ラサ方言における吸気音による発話は「一般に高位の人（特に活仏[8]、政府の高官・貴族など）」に敬意を表すのに用いるという（北村 1974: 81）。しかし、アムド・チベット語における吸気音による発話は、目上の者に限定されるわけではなく、対等または目下の者にも用いることができる。この吸気音による発話は、この地域のチベット人のみならず、漢語を母語とする漢人や回族の発話にもみられる。よって、アムド・チベット語のみの言語特徴ではなく、地域的な特徴と考えるべきかもしれない。

2.5.3 長母音

間投詞（［1］）、人名による呼びかけ（［2］）などで母音を長く調音する例がみつかった。しかし、母音は、音韻的には長短による対立はないため、長母音は音声的な特徴であると解釈できる。

[1] 間投詞の例

(6)　/aro/［aroːːː］
　　　INTJ

　　　「おーい」

(7)　ja［jaːːː］,　　ta［taːːː］,　　　　hnahtem＝zək　　çol
　　　INTJ　　　　INTJ　　　　　　昔話＝INDF　　　話す.IMP

　　　zi＝go-kə.
　　　言う［＝PROG.EGO-EV］PROG.EV

　　　「やあ、それでは、『昔話を話してくれ』と言っている（だから、話を
　　　しよう）」

[2] 人名による呼びかけの例

(8)　ndəkmotsʰo［ŋdəgmotsʰoːːː］
　　　PSN

　　　「ドゥクモツォ」（「ドゥクモツォ」という名の女性を呼んでいる）

2.6　形態音韻的な交替・脱落現象

　接尾辞や後接語、コピュラ動詞の頭子音の交替現象、コピュラ動詞や存在
動詞の末子音の交替・脱落、複合語中の音交替がみられる。複合語内部の音
交替は語彙的に決まっていると思われる。

2.6.1　接尾辞・後接語の頭子音交替

　接尾辞や後接語の一部は複数の異形態をもち、直前の語幹または語の語末
音によって、異形態が現れる。具体的には接尾辞、後接語の頭子音が交替を
起こす。交替のパターンには、［1］/tɕ/-/dz/ の交替、［2］/k/-/g/ の交替、
［3］/r/-/ʈ/-/nɖ/ の交替、［4］直前の語幹または語の語末音への同化、の 4
つがある。交替する接尾辞、後接語の数は比較的多いため、以下では 1 例
ずつのみ紹介する。各接尾辞、後接語ごとに交替のルールが多少異なること

第 2 章　音韻　33

がある。以下で例をあげた接尾辞、後接語以外の交替に関しては、巻末（付
録1「接尾辞・後接語の頭子音交替一覧」）にまとめてあるので参照していた
だきたい。

　異形態をもつ接尾辞や後接語については代表形を設定する。この代表形は
形態音素表記であるため、音節頭子音を大文字で表記する。例文中では、実
現形を音素表記で示す。表中に「/t/（← /l/）」とあるのは、直前の語幹また
は語の語末音 /l/ が、与えられた環境において /t/ に交替して現れることを
表す。

[1] /tɕ/-/dʑ/ の交替

　/tɕ/-/dʑ/ の交替については、名詞化接辞 -Dzo「〜すること」の例をあげ
る。語幹末尾が /l/ の場合、-Dzo は /-tɕo/ で現れる。その際、語幹末尾の
/l/ は /t/ になる。語幹末尾が /p/, /k/, /m/, /n/, /ŋ/, /r/ または母音の場合、
-Dzo は /-dʑo/ で現れる。

表6　名詞化接辞 -Dzo「〜すること」の交替

直前の語幹または語の語末音	実現形	例
/t/（← /l/）	/-tɕo/	(9)
/p/, /k/, /m/, /n/, /ŋ/, /r/, 母音	/-dʑo/	(10) - (16)

(9)　ɕet-tɕo
　　話す -NMLZ

　　「話すこと」[9]

(10)　hep-dzo
　　行く / 来る .HON-NMLZ

　　「いらっしゃること」

(11)　ndək-dzo
　　居る .IPF-NMLZ

　　「いること」

（12）ndem-dzo
選ぶ.IPF-NMLZ

「選ぶこと」

（13）jən-dzo
COP.S-NMLZ

「そうあるべきこと」

（14）tʰoŋ-dzo
飲む -NMLZ

「飲むこと」

（15）hter-dzo
与える.IPF-NMLZ

「与えること」

（16）sa-dzo
食べる.IPF-NMLZ

「食べること」

[2] /k/-/g/ の交替

　/k/-/g/ の交替については、「状態・属性（観察知）」を表す動詞接尾辞 -Gə の例をあげる。-Gə は無声音はじまりの /-kə/（または /-ki/）、有声音はじまりの /-gə/（または /-gi/）を異形態としてもつ。母音 /ə/ と /i/ の違いは自由変異である。

　語幹末尾が /p/, /k/, /l/ のいずれかで終わる場合、-Gə は無声音はじまりの /-kə/（または /-ki/）で現れる。語幹末尾が /p/ で終わる場合に /-kə/（または /-ki/）が後続すると、語幹末の /p/ が /k/ に逆行同化する（表 7 中では「/k/（← /p/）」として示す）。語幹末尾が /l/ で終わる場合に /-kə/（または /-ki/）が後続すると、語幹末尾の /l/ は /k/ に逆行同化する（表 7 中では「/k/（← /l/）」として示す）。

　語幹末尾が /m/, /n/, /ŋ/, /r/ または母音で終わる場合には、-Gə は /-gə/（または /-gi/）で現れる。

第 2 章　音韻　35

表 7　動詞語尾 -Gə「状態・属性（観察知）」の交替

直前の語幹または語の語末音	実現形	例
/k/ (← /p/), /k/, /k/ (← /l/)	/-kə/, /-ki/	(17)–(19)
/m/, /n/, /ŋ/, /r/, 母音	/-gə/, /-gi/	(20)–(24)

(17)　nbek-kə
　　　降る.IPF-EV

　　　「降る」[10]

(18)　htsok-kə
　　　汚い-EV

　　　「汚い」

(19)　jok-kə
　　　EXST-EV

　　　「ある」[11]

(20)　hkom-gə
　　　喉が乾く-EV

　　　「喉が乾く」

(21)　ŋen-gə
　　　してもよい-EV

　　　「してもよい」

(22)　maŋ-gə
　　　多い-EV

　　　「多い」

(23)　hter-gə
　　　与える.IPF-EV

　　　「与える」

(24)　ṣa-gə
　　　良い-EV

　　　「良い」

[3] /r/-/ʈ/-/nɖ/ の交替

/r/-/ʈ/-/nɖ/ の交替については、談話助詞 =Ra「〜と、〜も」の例をあげる。=Ra には /=ra/, /=ʈa/, /=nɖa/ という 3 つの異形態がある。

直前の語幹または語の語末音が /n/, /l/, /r/ 以外である場合、すなわち、/p/, /k/, /m/, /ŋ/、母音の場合には、/=ra/ が後続する。直前の語幹または語の語末音が /l/, /r/ である場合、/=ʈa/ または /=ra/ で実現する。/=ʈa/ の場合、末尾の /l/, /r/ は後続する /=ʈa/ の頭子音により逆行同化し、/ʈ/ に交替する（表 8 中では「/ʈ/（← /l/）」、「/ʈ/（← /r/）」として示す）。この交替は、発話速度が速い場合にみられる。ゆっくり話した場合には、直前の語幹または語の語末音の /l/ が交替を起こさず、かつ /=ra/ が後続する。

直前の語幹または語の語末音が /n/ の場合、/=nɖa/ または /=ra/ が後続する。特に、発話速度が速い場合に /=nɖa/ に交替することが多い。

表 8　談話助詞 =Ra「〜と、〜も」の音韻変化

直前の語幹または語の語末音	実現形	例
/p/, /k/, /m/, /n/, /ŋ/, /l/, /r/, 母音	/=ra/	(25) – (30)
/ʈ/（← /l/）, /ʈ/（← /r/）	/=ʈa/	(31) (32)
/n/	/=nɖa/	(33)

(25)　tonɖəp=ra　　　ŋa
　　　PSN=PP　　　1SG

　　　「トンドゥプと私」

(26)　htɕək=ra
　　　1=PP

　　　「1 つと / 1 つも」

(27)　sonam=ra
　　　PSN=PP

　　　「ソナムと / ソナムも」

(28)　htakʈʰa-zaŋ=ra
　　　PSN-HON=PP

第 2 章　音韻　37

「タクチャ様と / タクチャ様も」

(29)　ɕatcʰoŋ　　gonpa＝ra　　　dihtsa　gonpa
　　　PLN　　　　寺＝PP　　　　　PLN　　寺

「シャチョン寺とディツァ寺」

(30)　nahtɕel＝ra
　　　誓い合った親友＝PP

「誓い合った親友と / 誓い合った親友も」

(31)　naphtɕeʈ＝ʈa
　　　誓い合った親友＝PP

「誓い合った親友と / 誓い合った親友も」 **12**

(32)　meʈ＝ʈa　　tcʰəra
　　　バター＝PP　チーズ

「バターとチーズ」 **13**

(33)　gegen＝nɖa　　　　ɬoma
　　　教師＝PP　　　　　学生

「教師と学生」

[4] 直前の語幹または語の語末音への同化

　直前の語幹または語の語末音への同化を起こすものについては、「動作連続・付帯状況」を表す接続助詞 ＝Ni の例をあげる。＝Ni には /＝ni/, /＝ŋi/, /＝i/ という 3 つの異形態がある。

　直前の語幹または語の語末音が /n/ の場合は /＝ni/, /ŋ/ の場合は /＝ŋi/、それ以外の環境では /＝i/ で現れる。/＝i/ として現れる場合、直前の語幹または語の語末音の /p/ は /w/ に交替する（表 9 中では「/w/ (← /p/)」として示す）。

表 9　接続助詞 ＝Ni「動作連続・付帯状況」の交替

直前の語幹または語の語末音	実現形	例
/n/	/ ＝ni/	(34)
/ŋ/	/ ＝ŋi/	(35)
/k/, /m/, /l/, /r/, /w/ (← /p/), 母音	/ ＝i/	(36) – (41)

(34)　tʰon＝ni,
　　　到着する＝SEQ

　　　「到着して…」

(35)　sʰoŋ＝ŋi,
　　　行く.PF＝SEQ

　　　「行って…」

(36)　dzək＝i,
　　　走る＝SEQ

　　　「走って…」

(37)　dem＝i,
　　　結ぶ.PF＝SEQ

　　　「結んで…」

(38)　tɕʰer＝i,
　　　運ぶ＝SEQ

　　　「運んで…」

(39)　tɕʰel＝i,
　　　連れて行く＝SEQ

　　　「連れて行って…」

(40)　ndəw＝i,
　　　完成する＝SEQ

　　　「完成して…」[14]

(41)　hti＝i,
　　　見る.PF＝SEQ

「見て…」

2.6.2　存在動詞とコピュラ動詞の語幹の交替・脱落

　存在動詞の肯定形 jol「ある、いる」と否定形 mel「ない、いない」、そして、コピュラ動詞のソトの形式（§7.4.1 参照）の rel「～である」の末尾の /l/ は、発話する場合としない場合がある。現れたとしても /l/ ではなく、後続の要素に逆行同化して現れることもある。表 10 では、jol と rel の出現環境を、[1]「動詞語尾 -Ca、接続助詞 ＝Na, ＝Ni が後続する場合」、[2]「[1] を除く接尾辞・後接語のうち、鼻音はじまりでないものが後続する場合」、[3]「文末、または、接尾辞や後接語を伴わずに文中で現れる場合、鼻音はじまりの接尾辞・後接語が後続する場合」、の 3 つに分類し、jol と rel における /l/ の現れをまとめた。

表 10　存在動詞とコピュラ動詞語幹末の /l/ の出現環境

出現環境	語末の /l/ の現れ	例
[1] 動詞語尾 -Ca、接続助詞 ＝Na, ＝Ni が後続する場合	/l/ は [1] で現れる	(42)–(44)
[2] [1] を除く接尾辞・後接語のうち、鼻音はじまりでないものが後続する場合	/l/ は後続する要素の頭子音に同化して現れる	(45)–(47)
[3] 文末、または、接尾辞や後接語を伴わずに文中で現れる場合、鼻音はじまりの接尾辞・後接語が後続する場合	/l/ は現れない	(48)–(54)

　以下、[1]–[3] の各環境における説明と例文を示す。ちなみにこの交替現象は、存在動詞、コピュラ動詞だけでなく、語幹が /l/ 終わりの動詞一般に起こる。

[1] 動詞語尾 -Ca、接続助詞 ＝Na, ＝Ni が後続する場合

　存在動詞の jol「ある、いる」とコピュラ動詞の rel に、動詞語尾 -Ca「定着知」（§7.3.1 参照）や接続助詞 ＝Ni「動作連続・付帯状況」（§8.3.4 参

照）、＝Na「動作連続・否定の状態」（§8.3.5 参照）が後続する場合、jol, rel
の語末の /l/ が現れる。その場合、動詞語尾 -Ca や接続助詞 ＝Ni, ＝Na は
それぞれ、子音を伴わない形で現れる。具体的には、動詞語尾 -Ca と接続
助詞 ＝Na は /a/ で、接続助詞 ＝Ni は /i/ で現れる。jol, rel の語末の /l/ と
これらの母音との間にはポーズが入らず、音声的に 1 音節をなして、[la]，
[li] と発話される。

(42) kopa **mel**-a.
方法 EXST.NEG-EGO

「方法がない」

(43) **rel**-a ze?
COP.O-EGO 言う

「（そう）だろう？」

(44) **jol**＝i,
EXST＝SEQ

「あって…」

[2] [1]を除く接尾辞・後接語のうち、鼻音はじまりでないものが後続する場合

名詞化接辞の -Dzo「～すること」、動詞語尾 -Gə、助動詞の ＝toŋ「完
遂（求心的）」、＝taŋ「完遂（求心的）」、＝Sʰoŋ「完遂（遠心的）」、＝tʰa「現
場観察」、＝Zək「結果観察」、複合助動詞句の -Dzi jən（短縮形 -Dzi）「未
完了・非継続（ウチ）」、-Dzi rel「未完了・非継続（ソト）」、-Gə jok-kə（短縮
形 ＝Go-kə）「進行・習慣（ソト）」、接続助詞の ＝Ra「逆接」、＝Roŋ「譲
歩」、＝Ritʰatsʰo（短縮形 ＝Ri）「生起後・生起中」、＝Roŋkoŋŋa「直後」の
前の位置では、存在動詞 jol やコピュラ動詞の rel の語末の /l/ は、後続の要
素の頭子音に同化して現れる。

(45) teraŋ **met**-tɕo.
今日 EXST.NEG-NMLZ

「今日はいないということ」

(46) **jok**-kə.

　　　EXST-EV

　　　「ある」

(47) mapʰufaŋ　　**joʈ**＝ʈitʰatsʰo、

　　　PSN　　　　EXST＝TIME

　　　「馬歩芳 15 がいる時…」

[3] 文末、または、接尾辞や後接語を伴わずに文中で現れる場合、鼻音はじまりの接尾辞・接語が後続する場合

　自然発話では、存在動詞の肯定形 jol「ある、いる」と否定形 mel「ない、いない」、そして、コピュラ動詞の rel が文末に現れる場合には、語末の /l/ は現れない。

(48) ndə＝na　　　　　　　**jo**.

　　　DEM＝LOC　　　　　 EXST

　　　「ここにある」

(49) xon-bo　　　tɕʰi-po＝zək　　　　**re**.

　　　長 -NMLZ　　大きい -ADJVLZ＝INDF　COP.O

　　　「大領主だった」

　接尾辞や後接語を伴わずに文中で現れる場合（例は (50)(51)）、存在動詞とコピュラ動詞の語末の /l/ は現れない。

(50) tɕʰəzək　　　**re**　　　ze＝na,

　　　何　　　　　COP.O　　言う＝COND

　　　「何かというと…」

(51) hki　　　**jo**　　　**me**　　　　　raŋ＝kə＝jaŋ　　　ɕi-gə.

　　　盗む .PF　EXST　EXST.NEG　　　自分＝ERG＝PP　　知る -EV

「盗んでいるかいないかは自分でも知っている」

　鼻音 /n/ はじまりの接尾辞、後接語、たとえば、名詞化接辞の -no, -ni
（§4.1.1 ［13］）、助動詞の ＝ndzo「完遂」（§3.3.11, §7.2.2 ［3］）、複合助
動詞句の -nə jən（短縮形 ＝ni）「確信（ウチ）」、-nə rel「確信（ソト）」（いず
れも §7.5.3）、接続助詞の ＝na「条件」（§8.3.1）、＝nara「譲歩」（§8.3.2）
がある。

(52) dzəntsʰen **jo**-no
　　　理由　　　　EXST-NMLZ

　　　「理由があること」

(53) ndzo + sʰo　　　**me**-no　　　　　　　　tontak
　　　行く.IPF＋場所　EXST.NEG-NMLZ　　　　事情

　　　「行く場所がないという事情」

(54) hŋaŋ＝na　　　　hjek　　**me**-ni＝zək
　　　下痢する＝COND　おなら　EXST.NEG-NMLZ＝INDF

　　　kaŋ＝na　　　　jok-kə?
　　　どこ＝LOC　　　EXST-EV

　　　「下痢をしたら、おならが出ないということがあろうか（あるわけがな
　　　い）」【TX2】

　コピュラ動詞 rel については語末の /l/ に関する交替の他に、形態音韻的
な規則にもとづいて頭子音の交替が起こる。rel には、/rel/ の他に、/ʈel/,
/nɖel/ という異形態がある。先行する語の末尾が何であっても /rel/ は出現
可能である。ただし、先行する語の末尾が /l/ の場合、/ʈel/ で現れることが
ある。その際、先行する語の末子音 /l/ は /ʈel/ の頭子音 /ʈ/ に逆行同化する。
先行する語の末尾が /n/ の場合、rel は /nɖel/ で現れることがある。これら
の交替は必ず起きるわけではなく、発話速度が速い場合にみられる傾向があ
る。

第 2 章　音韻　43

表 11　コピュラ動詞 rel の頭子音の交替

前接する要素の末尾	実現形	例
/p/, /k/, /m/, /n/, /ŋ/, /r/, /l/, 母音	/rel/	(55) – (62)
/ʈ/ (← /l/)	/ʈel/	(63)
/n/	/nɖel/	(64)

(55)　tonɖəp　　**re.**
　　　PSN　　　COP.O

　　　「トンドゥプだ」

(56)　tɕʰəzək　　**reʔ**
　　　何　　　　COP.O

　　　「何か？」

(57)　sonam　　**re.**
　　　PSN　　　COP.O

　　　「ソナムだ」

(58)　sʰaŋtɕʰen-zaŋ　　　**re.**
　　　PSN-HON　　　　　COP.O

　　　「サンチェン様だ」

(59)　hnamtʰar　**re.**
　　　PSN　　　COP.O

　　　「ナムタルだ」

(60)　oma　　**re.**
　　　ミルク　　COP.O

　　　「ミルクだ」

(61)　nahtɕel　　　　　**re.**
　　　誓い合った親友　　COP.O

　　　「誓い合った親友だ」

(62)　dzəntsʰen　**re.**
　　　理由　　　COP.O

「理由だ」

(63) nahtɕeʈ　　　　　**ʈe**.
　　　誓い合った親友　　　COP.O

　　　「誓い合った親友だ」

(64) dzəntsʰen　　**nɖe**.
　　　理由　　　　　COP.O

　　　「理由だ」

2.6.3　複合語中の音交替

　複合（§4.2 参照）における音交替は、接尾辞や後接語、コピュラ動詞、存在動詞とは違い、環境によって予測できず、語彙によって決まっているようである。具体的には、複合語中の後部要素の頭子音が有声化する場合がある。(65)–(67) に実際に複合語として発音した場合の形（実現形）と各要素を別々に発音した場合の形（基底形）を示す。数詞の htɕək「1」が複合語中で tsʰək または ɕək に交替することがある。これについては §3.3.3［1］で述べる。

　　　実現形　　　　　　　基底形

(65) tɕʰə + zaŋ　　<　　tɕʰə + ɕaŋ
　　　水＋畑　　　　　　　水＋畑

　　　「田んぼ」

(66) ʁa + za　　　<　　ʁa + ɕa
　　　狐＋帽子　　　　　　狐＋帽子

　　　「狐の皮の帽子」

(67) hkok + za　　<　　hkok + sa
　　　隠れる＋食べる.IPF　隠れる＋食べる.IPF

　　　「隠れて食べること」

2.7　口語音と読書音

　以上、本書では口語音の特徴を述べてきたが、チベット語には朗読の際に
用いる特殊なスタイル（以下、これを読書音と呼ぶ）が存在する。チベット
諸語において口語音と読書音とが異なることについては、Sun（1986: 184）、
Denwood（1999: 38–39）、鈴木（2007: 10）、ダムディンジョマ（2012, 2014,
2017）などでも指摘されている。読書音は実際にチベット文字で書かれた文
章を見ながら音読する時のみならず、文章を見ない時にも現れうる。

　チベット語の母語話者は、読書音を規範的であると認識する傾向がある。
よって、調査の際にも、調査協力者が規範的に発話しようとするあまり、読
書音が現れることがある。本書執筆のための調査では、口語の発音を収集す
る必要性から、調査時にはその都度、口語の発音をするよう調査協力者に伝
えた。調査の際に読書音が現れたと筆者が判断した場合には、調査協力者に
たずね、読書音なのか口語音なのかを確認した。読書音と口語音の具体的な
違いについては、ダムディンジョマ（2012, 2014, 2017）にも例が対照してあ
げられている。表 12 では、筆者が確認した例の一部を示した。

表 12　読書音と口語音の対応関係

読書音			口語音		
/pʰ/	/pʰep/	［pʰɛp］「いらっしゃる」	/h/	/hep/	［hɛp］「いらっしゃる」
	/pʰama/	［pʰʌmʌ］「父母」		/hama/	［hʌmʌ］「父母」
/p/	/pema/	［pɛmʌ］「蓮の花」	/w/	/wenma/	［wɛnmʌ］「蓮の花」
/m/	/mi/	［mi］「火」	/ɲ/	/ɲi/	［ɲi］「火」
/d/	/dawa/	［dʌwʌ］「月（moon）」	/dz/	/dzawa/	［dzʌwʌ］「月（moon）」
/hl/	/hlaŋhpa/	［ɬʌŋʰpʌ］「蒸気」	/ɬ/	/ɬaŋhpa/	［ɬʌŋʰpʌ］「蒸気」

注

1　漢語の「法国」からの借用語。

2　漢語青海方言の「法馬」/faˈ⁴⁴²¹maˈ⁵³/（李栄（主編）1994: 38）からの借用語。

3 バラ科キジムシロ属の植物の地下茎。食用にする。

4 ウシや、ヤク、ヤクとウシの混合種であるゾの総称。ヤクは、三千メートル以上の高地に生息する長毛の牛。学名は Bos grunniens。

5 [ɯβ] は [ɯu] とも発音するため、母音の後ろに子音が連続したものと解釈することはできない。また、/nu/ [nɯβ]「弟」と /nəp/ [nəβ]「西」の例のように、/əp/ とも対立する。

6 ロゴフォリックな1人称代名詞の単数・男性形の能格・属格形。詳しくは §3.3.2 参照。

7 チベット文字表記では、/en/ と /an/、/eŋ/ と /aŋ/、/oŋ/ と /əŋ/、/el/ と /al/ は区別されている。

8 「高僧の生まれ変わり、化身」を指す。

9 /cet/ は語幹である動詞 /cel/「話す」の末子音 /l/ が /t/ に交替したものである。

10 /nbek/ は語幹である動詞 /nbep/「降る」の末子音 /p/ が /k/ に交替したものである。

11 /jok/ は語幹である動詞 /jol/「ある」の末子音 /l/ が /k/ に交替したものである。

12 /naptcet/ は名詞 /naptcel/「誓い合った親友」の末子音 /l/ が /t/ に交替したものである。

13 /met/ は名詞 /mer/「バター」の末子音 /r/ が /t/ に交替したものである。

14 /ndəw/ は語幹である動詞 /ndəp/「完成する」の末子音 /p/ が /w/ に交替したものである。

15 中華民国時代に青海省を統治していたムスリム軍閥のリーダー。

第 3 章　語の構造と品詞分類

　本章では、まず、自立語、付属語、付属形式の分類基準について説明し、その後、語の構造と品詞分類、各品詞の形態的・統語的特徴を述べる。

3.1　自立語、付属語、付属形式

　アムド・チベット語の形態素は、自立語、付属語（後接語）、付属形式（接辞）の 3 つに分類することができる。

3.1.1　自立語と付属語・付属形式

　自立語、付属語、付属形式は、まず、単独で発話可能か（単独で文をつくることが可能か）どうかという観点から、自立語と付属語・付属形式にわけることができる。自立語は単独で発話可能であるが、付属語、付属形式は単独で発話することが不可能である。自立語が単独で文をつくる例を (68) – (73) に示す。

(68)　ama!

　　　母

　　　「お母さん！」（呼びかけ、名詞の例）

(69)　ndi.

　　　DEM

　　　「これ（がほしい）」（代名詞の例）

(70) tɕʰoŋ-wo.

小さい -ADJVLZ

「小さいの（がほしい）」（形容詞の例）

(71) htɕək.

1

「1つ（ほしい）」（数詞の例）

(72) sʰoŋ.

行く .IMP

「行け」（動詞の例）

(73) rema.

早く

「早く」（副詞の例）

3.1.2　付属語と付属形式

　自立語が単独で文をつくることが可能なのに対し、付属語、付属形式はホストとして自立語を必要とする。ただし、付属語は付属形式よりもホストへの従属度が低い。

　付属語にはホストに後続する後接語[1]のみがみつかっている。付属語は単独で発話できない要素であるが、同じく付属的な形態素である接辞とは音調の面において異なる。以下、1音節のホスト、2音節のホスト、3音節のホストそれぞれに付属語または付属形式が後続した場合の音調を示す。1音節のホストに後続する場合、接辞が語幹とともに1語の音調（§2.5.1参照）をなすのに対し（例は(76)(77)）、付属語はホストとともに1語の音調をなすことはなく、ホストより低い音調で現れる（例は(74)(75)）。2音節以上のホストに後続する場合にはこのような違いは現れず、ともに1語の音調をなす（例は(78)–(83)）。

第 3 章　語の構造と品詞分類　49

【1 音節のホストに付属語または付属形式が後続した場合の音調】

(74)　η̊ə＝gə
　　　人＝GEN

　　　「人の」

(75)　η̊ə＝zək
　　　人＝INDF

　　　「1 人の人」

(76)　ɕet-tɕo
　　　話す -NMLZ

　　　「話すこと」

(77)　hmen-ba
　　　薬 -NMLZ

　　　「医者」

【2 音節のホストに付属語と付属形式が後続した場合の音調】

(78)　gonpa＝gə
　　　寺＝GEN

　　　「寺の」

(79)　gonpa＝zək
　　　寺＝INDF

　　　「一軒の寺」

(80)　ando-wa
　　　PLN-NMLZ

　　　「アムド人」

【3 音節のホストに付属語と付属形式が後続した場合の音調】

(81)　potala＝gə
　　　PSN＝GEN

　　　「ポタラの」

（82）　ando-wa＝zək
　　　　PLN-NMLZ＝INDF

　　　　「1 人のアムド人」

（83）　ando-wa-tɕo
　　　　PLN-NMLZ-PL

　　　　「アムド人たち」

3.2　語と語幹

　語が自立語と付属語にわけられることは §3.1 で述べたとおりである。ア
ムド・チベット語では、ほとんどの語幹が自立語となりうる。語幹とは、自
立語を形成する要素のうち、形態的な操作が加えられうるものについて述べ
る場合に用いる。語幹によっては母音交替や子音交替が起こることもある。
語とは、形態的な操作をすでに加えられて実現されたものについて述べるの
に用いる。

　自立語をその構造から分類すると、語幹のみで構成される単純語の他、派
生語、複合語、重複語にわけることができる。それぞれの構造を (84) に示
す。［　］の中に語の構造を示す。

（84）　自立語の構造

　　　　a. 単純語　［語幹］

　　　　b. 派生語　［語幹-接辞（-接辞）］、［接辞-語幹（-接辞）（-接辞）］

　　　　c. 複合語　［語幹＋語幹（＋語幹）（＋語幹）］

　　　　d. 重複語　［語幹~語幹（-語幹）］

　たとえば、(85)–(87) の例は、名詞化接辞によって派生された名詞の例で
ある。これらの名詞の接辞を除いた部分 (hmen「薬」、me「ない」、jonden
「教養」) は単独でも 1 つの語として使用できる。派生などの操作を受ける場
合にはこれらを語幹と呼ぶ。語幹のうち、(85)(87) 中の単独で名詞となる

第 3 章　語の構造と品詞分類　51

hmen「薬」、jonden「教養」のようなものを名詞語幹、（86）中の単独で動詞
となる me「ない」のようなものを動詞語幹と呼ぶ。（88）は形容詞派生接辞
によって派生された形容詞の例である。ndʑam という「やわらかい」こと
を示す状態動詞が形容詞の語幹となっている。

（85）　hmen-ba
　　　　薬 -NMLZ

　　　　「医者」

（86）　me-po
　　　　EXST.NEG-NMLZ

　　　　「貧乏人」

（87）　jonden-tɕen
　　　　教養 -NMLZ

　　　　「教養人」

（88）　ndʑam-bo
　　　　やわらかい -ADJVLZ

　　　　「やわらかい」

　（89）（90）は複合語の例である。複合語を構成する各要素は単独でも 1 語
となることができる。複合語、重複語はともに、構成要素単独で発音する際
の音調とは異なり、1 語としての音調をなす（§2.5.1 参照）。（89）（90）中の
sʰo「歯」、hmen「薬」、maŋ「多い」、ŋoŋ「少ない」はそれぞれ単独で名
詞、動詞としても用いられるが、複合語の構成要素となる場合には語幹と呼
ばれる。

（89）　sʰo＋hmen
　　　　歯＋薬

　　　　「歯みがき粉」

（90）　maŋ＋ŋoŋ
　　　多い＋少ない

　　　「多さ」

　　（91）（92）は重複語の例である。ŋoŋ「少ない」、hep「いらっしゃる」はともに単独では動詞であるが、重複語の構成要素となる場合には語幹と呼ばれる。

（91）　sama　　　　　ŋoŋ-ŋoŋ
　　　食事　　　　　少ない-RDP

　　　「少ない食事」

（92）　kʰoŋ＝ta　　　　ɬasʰa＝a　　　　hep-hep　　　　　　re.
　　　3SG.HON＝PP　　PLN＝DAT　　行く / 来る .HON-RDP　　COP.O

　　　「あの方はラサにわざわざいらっしゃった」[2]

3.3　品詞分類

　表 13 にアムド・チベット語の品詞分類を示す。語は、名詞、代名詞、数詞、形容詞、動詞、副詞、間投詞、不定助詞、格助詞、談話助詞、助動詞、文末助詞、接続助詞に分類される。名詞、代名詞、数詞、形容詞は格標示が可能であるという特徴をもつため、名詞類としてまとめる。名詞類と動詞は形態的な操作を受けうる「変化詞」である。それ以外の品詞である副詞、間投詞、不定助詞、格助詞、談話助詞、助動詞、文末助詞、接続助詞は形態的な操作を受けない「不変化詞」である。

　自立語か付属語かという観点からみると、名詞類と動詞、副詞、間投詞が自立語であり、不定助詞、格助詞、談話助詞、助動詞、文末助詞、接続助詞が付属語である。

　代名詞、不定助詞、格助詞、談話助詞、助動詞、文末助詞、接続助詞は、それぞれの品詞に属する語彙数が少ない閉じた体系である。

第 3 章　語の構造と品詞分類　53

表 13　品詞分類

変化詞	名詞類：名詞、代名詞、数詞、形容詞 動詞	自立語
不変化詞	副詞、間投詞	
	不定助詞、格助詞、談話助詞、助動詞、文末助詞、接続助詞	付属語

以下に各品詞の特徴を箇条書きする。

・名詞類は、格標示が可能であるが、否定接頭辞や疑問接頭辞をとることができない。

・名詞は、名詞類の中でも特定、一定のものを指示する。また、コピュラ動詞の補語、存在動詞の主語（存在主体）どちらにもなることができる。

・代名詞は、名詞類のうち、特定、一定のものを指示せず、場面によって指示対象が異なるものである。コピュラ動詞の補語、存在動詞の主語（存在主体）どちらにもなることができる。

・数詞は、名詞類のうち、数を表すものである。名詞を修飾する他、コピュラ動詞の補語、存在動詞の主語（存在主体）どちらにもなることができる。

・形容詞は、状態動詞からの派生、または重複によって形成される。つまり、状態動詞を語幹とする。形容詞は意味的には、状態や様態を表す。コピュラ動詞の補語になることができるという点で名詞と共通している。しかし、存在動詞の主語（存在主体）になれない点で名詞と異なる。

・動詞は、否定接頭辞や疑問接頭辞を付加することが可能である。一部の動詞は活用をもつ。

・副詞は、格標示されず、また動詞がとりうる接辞や付属語をとらず、いかなる形態操作も受けない。述語や文全体を修飾する働きをもつ。

・間投詞は、格標示されず、また動詞がとりうる接辞や付属語をとら

ず、いかなる形態操作も受けない。

・不定助詞は、名詞類をホストとして現れる後接語であり、=zək という1形態素のみがこれにあたる。

・格助詞は、名詞類をホストとして現れる後接語であり、格を標示する。

・談話助詞は、名詞類、副詞をホストとして現れる後接語であり、ホストとなる名詞類、副詞を取り立てたり、対比するという機能をもつ。

・助動詞は、動詞をホストとして現れる後接語であり、アスペクト、証拠性、ウチ / ソト、モダリティなどの文法範疇を表す機能をもつ。

・文末助詞は、文末の動詞をホストとして現れる後接語であり、文全体の事態に関わる、または、対人的なモダリティを付加する機能をもつ。

・接続助詞は、動詞をホストとして現れる後接語であり、副詞節（従属節）をつくり、主節に対する論理的関係や時間的関係を表す機能をもつ。

3.3.1　名詞

　名詞は、他の名詞類と同様に格標示（§3.3.9、§5.1.3 参照）が可能である。代名詞（§3.3.2 参照）とは異なり、名詞には文法的な性、数という文法範疇は存在しない。名詞はコピュラ動詞の補語、存在動詞の主語（存在主体）どちらにもなることができる。存在動詞の主語になることができない形容詞（§3.3.4 参照）とはこの点において区別される。意味的には普通語名詞と敬語名詞、普通名詞と固有名詞といった下位分類が可能である。このうち、敬語名詞を含む敬語については§9で詳しく扱う。

[1] 名詞の語構成

　名詞には2音節語が最も多い。3音節以上の語には派生語や複合語が多いが、単純語の例もみられる。

第 3 章　語の構造と品詞分類　55

(93)　a. 1 音節語 : lo「年」、htsa「草」、hnem「空」、naŋ「中」

　　　b. 2 音節語 : sama「食べ物、食事」、tɕʰarwa「雨」、hkoŋŋa「足」、awa
　　　　「お父さん」、sa-dʑi（食べる .IPF-NMLZ）「食べ物」、hmen-ba（薬
　　　　-NMLZ）「医者」、mi＋nkʰor（火＋輪）「汽車」

　　　c. 3 音節語 : potala「ポタラ（宮殿）」、ndzambəhlaŋ「世界」、ando-wa
　　　　（PLN-NMLZ）「アムド人」、jonden-tɕen（教養 -NMLZ）「教養人」、
　　　　do＋kara（石＋糖）「氷砂糖」

　　　d. 4 音節以上の語 : ɕamalaptsi「蝶々」、ando-wa-tɕo（PLN-NMLZ-PL）
　　　　「アムド人たち」、ɕima＋kara（砂＋糖）「砂糖」

[2] 名詞の統語的機能

　名詞は統語的には動詞の項になることができる。(94) は名詞が自動詞の
主語として用いられている例である。自動詞の主語は格助詞を伴わない絶対
格で現れる。(95) は他動詞の主語、目的語になる例である。他動詞の主語
は能格助詞を伴って能格で、目的語は絶対格で現れる。その他の項となる場
合は、それぞれ格助詞をとる（§3.3.9 参照）。以下の 2 例（例は (94)(95)）
では説明の便宜のため、絶対格を「ABS」と表記する。格について説明す
る例文以外では「ABS」の表記は行わない。

(94)　**dordʑe**　　　joŋ＝zək.
　　　PSN.ABS　　　来る＝IE
　　　「ドルジェが来た」

(95)　**dordʑe＝kə**　　　**sama**　　　sa-dʑi　　　　　　　re.
　　　PSN＝ERG　　　　食事 .ABS　　食べる .IPF[-NMLZ　COP.O]FUT.O
　　　「ドルジェは食事をとる」

　次に、名詞がコピュラ動詞の補語、存在動詞の主語（存在主体）になる例
を示す。(96) はコピュラ動詞の補語となる例、(97) は存在動詞の存在主体
となる例である。

(96) hkarma **gegen** re.
PSN 教師 COP.O

「カルマは先生だ」

(97) **kʰoŋwa** ando＝na jo.
家 PLN＝LOC EXST

「家はアムドにある」

　名詞の中でも「時」を表す名詞は、絶対格形で副詞的な用法ももつ。たとえば、teraŋ「今日」、kʰahtsaŋ「昨日」、ŋaḍo「午前」、ʈidza「昼」、ciḍo「午後」、hŋentcʰel「以前」、hentcʰel「以後」、ŋəma「日」などがその例である。例文を (98) (99) に示す。

(98) **kʰahtsaŋ** tcʰi tcʰəzək ji＝taŋ-nə
昨日 .ABS 2SG.ERG 何 .ABS する .PF＝ACMP［-NMLZ

re?
COP.O］AFF.O

「昨日、あなたは何をしたのだ？」

(99) **hŋentcʰel** gonpa＝ki ndəʁoŋ
以前 .ABS 寺＝GEN 集会堂 .ABS

zaŋ＝go＝ritʰatso, (略)
建てる .HON＝PROG.EGO＝TIME

「以前、寺の集会堂をお建てになった時…」

3.3.2　代名詞

　代名詞には、人称代名詞、指示代名詞、疑問代名詞の 3 種類がある。疑問代名詞については、品詞を超えた語類として、§3.3.14 で述べる。

　名詞同様、格標示を伴って動詞の項となる。以下、各代名詞について個別に説明する。

第 3 章 語の構造と品詞分類 57

[1] 人称代名詞

人称代名詞には、普通語形と敬語形の 2 系列がある。いずれも、1 人称、2 人称、3 人称の 3 つの人称があり、それぞれ単数形、双数形（双数接辞 -ŋika）、複数形（複数接辞 -tɕʰo, -tɕo³ または -zo）がある。

3 人称単数、双数のみに性（男性 M、女性 F）の区別がある。

1 人称双数と複数には除外形と包括形の 2 系列がある。除外形は聞き手が含まれない場合に、包括形は聞き手が含まれる場合に用いられる。1 人称複数は、除外形と包括形ともにそれぞれ 2 つの語形があるが（表 14 参照）、両者に機能的差異はないようである。

普通語形の代名詞を表 14 に示す。表 14 中に示した (r) は、省略可能な /r/ の存在を示している。たとえば、kʰə(r)ga「彼」の場合は、/kʰərga/ [kʰərga] と発音しても /kʰəga/[kʰəga] と発音してもよい。

人称代名詞には格標示が可能である（表 43– 表 45 を参照）。

表 14　人称代名詞（普通語形）

人称	単数		双数		複数	
1	ŋa		ŋə-ŋika（除外）	ə-ŋika（包括）	ŋə-tɕʰo, ŋə-zo（除外）	ə-tɕʰo, ə-zo（包括）
2	tɕʰo		tɕʰi-ŋika		tɕʰi-tɕʰo	
3	男性	女性	男性	女性	kʰə-tɕʰo	
	kʰə(r)ga	mə(r)ga	kʰə-ŋika	mə(r)ge-ŋika		

この他、普通語形の 1 人称単数・複数のみに引用節（間接話法）専用の人称代名詞がある。これはロゴフォリック（logophoric、グロスでは LOG と示す）な代名詞と言われるものであり、引用節で発話者や発話者を含む集団を指示するのに用いられる⁴。単数にのみ性の区別があり、単数男性形が kʰo、単数女性形が mo である。複数形には性の区別はなく kʰoŋ で表す⁵。

2 人称と 3 人称には敬語形の人称代名詞が存在する（表 15 参照）。それぞれ、単数形、双数形、複数形がある。1 人称には敬語形が存在しない。普通

語形とは異なり、3人称でも男性形、女性形の区別はない。2人称双数 tcʰe (1) -ŋika、複数 tcʰe (1) -tcʰo の (1) は、省略可能な [1] の存在を示している。

表 15　人称代名詞（敬語形）

	単数	双数	複数
2人称	tcʰel	tcʰe (1) -ŋika	tcʰe (1) -tcʰo
3人称	kʰoŋ	kʰoŋ-ŋika	kʰoŋ-tcʰo

[2] 指示代名詞

　指示代名詞は、近称、中称、遠称の3系列がある（表16参照）。指示代名詞は代名詞と異なり、性、数の区別はない。

　指示代名詞の格標示は、近称と中称の与格形の場合のみ語幹の母音が交替して nde、te となる他は、名詞の格標示と同様である。遠称の与格形は語幹の母音交替は起こさず、格助詞を伴い ken＝na となる（表46を参照）。

表 16　指示代名詞

近称	中称	遠称
ndə, ndi	tə, ti	ken, ka

　指示代名詞には、現場指示用法、文脈指示用法、想起用法の3つの用法がある。表17に示すように、それぞれの用法によって使用される指示代名詞の種類が異なる。

表 17　指示代名詞の3つの用法

	現場指示用法	文脈指示用法	想起用法
近称	＋	＋	－
中称	＋	＋	－
遠称	＋	－	＋

　指示代名詞は、発話現場や文脈上で、ヒト、モノ、コト、場所、時を指示する機能をもつだけでなく、他の名詞を修飾する際に、その名詞が定であることを表すという機能も担っている。アムド・チベット語には不定を表す専

用のマーカーである不定助詞は存在するが、定を表す専用のマーカーはない。その役割を指示代名詞が兼ねていると思われる。定を表す用法については、[2–2]文脈指示用法において述べる。指示代名詞の説明の中では、例文における各指示代名詞の略号に、近称は（近）、中称は（中）、遠称は（遠）と記す。

[2–1] 現場指示用法

　現場指示用法とは、発話現場において観察・知覚できるものを指示する用法である。近称、中称、遠称の3系列を用いる。現場指示用法における指示代名詞の使用は、発話者の範囲（発話者の側）に聞き手が含まれるか否かによって大きく異なる。

[2–1–1] 発話者の範囲に聞き手が含まれる場合

　発話者の範囲に聞き手が含まれる場合には、（100）のように、聞き手から距離が離れる順に、近称、中称、遠称の指示代名詞を使いわける。

（100）（発話者と聞き手に近い斜面、少し離れた斜面、離れた斜面を指し、）

la	ndi,	la	ti,
斜面	DEM（近）	斜面	DEM（中）

la	ken.
斜面	DEM（遠）

　「この斜面、その斜面、あの斜面」

[2–1–2] 発話者の範囲に聞き手が含まれない場合

　発話者の範囲に聞き手が含まれない場合には、近称は、発話者に近いヒト、モノ、場所などを指示する。中称は、聞き手に近いヒト、モノ、場所などを指示する。（101）は、発話者と聞き手が机に向かい合って座り、発話者が自分の側にある卵を指して行った発話である。（102）は、聞き手のいる場所を中称で指示している。遠称は発話者と聞き手どちらからも離れたヒト、

モノ、場所などを指示するのに用いられる(例は(103))。

(101) **ndi**＝na　　　　　goŋa　　jo.
　　　DEM(近)＝LOC　　卵　　　EXST

　　　「ここに卵がある」

(102) **te**　　　　　　　tɕək　　joŋ-dzi.
　　　DEM.DAT(中)　　少し　　来る -FUT.S

　　　「そこ(＝聞き手のいる場所)にちょっと行くよ」

(103) **ken**＝na　　　　ŋə＝zək　　　jok-kə.
　　　DEM(遠)＝LOC　　人＝INDF　　EXST-EV

　　　「あそこに人がいる」

[2–2]文脈指示用法

　文脈指示用法には、近称、中称の2系列を用いる。文脈指示用法における近称、中称はともに、指示機能をもつと同時に、名詞を修飾する際には被修飾名詞が定であることを表す。

　近称は、これから話す内容や前の文脈を指示する。つまり、後方指示と前方指示の両方の用法がある。特に、発話者または引用節の本来の主語にとって心理的に近い文脈を指示する。

　一方、中称は、前の文脈を指示する前方指示の用法でのみ用いられる。近称の場合と違い、発話者または引用節の本来の主語にとって心理的に近い事態を表すわけではない。

　以下では、[2–2–1]これから話す内容や談話全体を指示する場合(後方指示用法)、[2–2–2]前の文脈を指示する場合(前方指示用法)、[2–2–3]定を表す場合、について説明を行い、例文を示す。

[2–2–1]これから話す内容や談話全体を指示する場合(後方指示用法)

　発話者がこれから話すつもりの内容や談話全体を指示する場合には近称が用いられる。たとえば、(104)の ndi は、「これから話す内容」を指示する

第 3 章　語の構造と品詞分類　　61

後方指示の用法である。

(104) dowiçerapdzantsʰo＝ki　　　　jar＝a　　　　　hkər-no＝ki
　　　 PSN＝ERG　　　　　　　　　　上＝DAT　　　　送る -NMLZ＝GEN

　　　 htsom　　katʰaŋ＝ki　　tagi　　htsom＝zək　　ŋi＝ta
　　　 文章　　折り句＝GEN　FIL　　文章＝INDF　　1SG.ERG＝PP

　　　 ndi　　　　naŋ＝ni　　　çet-tçi　　　　jən.
　　　 DEM（近）　　中＝ABL　　話す[-NMLZ　　COP.S]FUT.S

　　　 「ドウィ・ヒェーラプ・ギャンツォが送った折り句については、私が
　　　 この（話の）中で話そう」【TX5】

[2-2-2] 前の文脈を指示する場合（前方指示用法）

　　近称、中称ともに、前の文脈を受ける機能をもつ。近称は、直前の文脈を
受けたり、心理的な近さを表したりする例もあるが、実際のテキスト中で
は、文脈指示用法における中称と近称をどのように使いわけているのかがわ
かりにくいことも多い。(105) の例では、「シャトゥプ・マロ」、「カチェン・
カホ」、「タクラ・メンバル」などの大臣の名前を順番に述べた後、最後の文
の近称 ndi で直前に出てきた大臣たちの名前を指示している。

(105) waŋ＝ki　　　　　　çaʈəphmaro　　　jok-kə.
　　　 PSN＝GEN　　　　　PSN　　　　　　EXST-EV

　　　 「ワンのシャトゥプ・マロがいた」

　　　 waŋ＝ki　　　　　　katçʰenkʰaço　　jok-kə. （中略）
　　　 PSN＝GEN　　　　　PSN　　　　　　EXST-EV

　　　 「ワンのカチェン・カホがいた」

　　　 ti　　　　　ʈʰo＝ni　　　waŋ＝ki　　　tagi　　əzo
　　　 DEM（中）　後＝ABL　　PSN＝GEN　　FIL　　FIL

　　　 htaklamenbar　　jok-kə.
　　　 PSN　　　　　　　EXST-EV

「そして、ワンのタクラ・メンバルがいた」

ndi	jeke	tagi	waŋ'ama=ki	hlon=taktak	re.
DEM（近）	みな	FIL	PSN=GEN	大臣=PP	COP.O

「これらはみな、ワンアマの大臣ばかりだった」

[2-2-3] 定を表す場合

　アムド・チベット語では、「ホストとなる名詞が不定であることを示す」不定助詞が存在するものの、定を表す専用のマーカーはない。代わりに、近称、中称の指示代名詞が被修飾名詞の定を表す役割を果たしているものと思われる（例は(106)(a)）。その証拠として、アムド・チベット語では、不定助詞と指示代名詞の両方で同時に名詞を修飾することができない（例は(106)(b)）。なお、アムド・チベット語では定/不定の標示は義務的ではない。

(106) (a) ŋə　　tə
　　　　人　　DEM

　　　「その人」

　　(b) *ŋə=zək　　tə
　　　　人=INDF　　DEM

　文脈指示用法の近称、中称ともに、すでに談話に導入済みの要素を指示したり、文脈から特定できる要素を指示するという機能がある。(107)に示す、物語の冒頭の例では、不定助詞と指示代名詞は、不定と定としても対応する役割を担っている。一文目の dzawo「王様」は不定助詞 =zek が付加されているのに対し、次の文中の dzawo は中称の指示代名詞 ti に後続され、不定助詞と指示代名詞が、定と不定の標識として対応する役割を担っている。「大臣」が最初に言及される時には hlonbo=zək と不定助詞が付加されているが、2回目に言及される時には、hlonbo ti=dokko ti「その大臣」というように、中称の指示代名詞 ti を伴って現れ、1行目の「ティメという大

第 3 章　語の構造と品詞分類　63

臣」を受けて定を表している。

(107) hnataŋma＝zək＝a　dzawo＝**zək**　　jot＝tsək.　　　dzawo
　　　昔＝INDF＝DAT　王様＝INDF　　　EXST＝IE　　　王様

　　　ti（略）　　hlonbo　tagi　　ʈime
　　　DEM（中）　大臣　　FIL　　PSN

　　　zi-ni　　　　ti-mo　　　　　　hlonbo＝**zək**　　jot＝tsək.
　　　言う-NMLZ　　DEM（中）-NMLZ　　大臣＝INDF　　　EXST＝IE

　　　hlonbo　　**ti**＝dokko　　　**ti**（略）　　　hlonbo　kʰiwa
　　　大臣　　　DEM（中）＝PP　　DEM（中）　　大臣　　学者

　　　ti-mo＝zək　　　　　jən＝zək.
　　　DEM（中）-NMLZ＝INDF　　COP.S＝IE

「昔々、王様がいた。その王様には（略）ティメという大臣がいた。その大臣は（略）そのような知識豊富な大臣だった」【TX2】

[2-3] 想起用法

　想起用法とは、発話中に思い浮かばない単語の代替として用いられる場合の指示代名詞の用法である。遠称のみが用いられる。(108) では、発話者が dəlhtsə「甘露」という単語を最初思い出せず、1 文目では遠称の指示代名詞 ken を代替として用い、思い出した後に、2 文目で dəlhtsə「甘露」と言い直している例である。

(108) **ken**　　　　　mə-nbek-ki.　　　　　dəlhtsə
　　　DEM（遠）　　　NEG- 湧く .IPF-EV　　　甘露

　　　mə-nbek-ki.
　　　NEG- 湧く .IPF-EV

「あれが湧かない。甘露が湧かない」

[3] 代名詞の統語的機能

　指示代名詞は文中の主語（例は（109））や目的語（例は（110））になりうる
他、さらに、（111）のように名詞（句）に後続し、先行する名詞を修飾するこ
ともできる。指示代名詞による名詞修飾に関しては、§5.1.1 [4] で扱う。

(109) **ken**＝kə　　　　　ŋa＝a　　　　　doŋ＝tʰa.
　　　 DEM（遠）＝ERG　　1SG＝DAT　　殴る＝DE

　　　「あの人が私を殴った」

(110) ŋi　　　　　　**ndi**　　　　　　hter.
　　　 1SG.ERG　　DEM（近）　　　与える.IPF

　　　「私はこれをあげよう」

(111) kʰoŋwa　　　**ti**
　　　 家　　　　　DEM（中）

　　　「その家」

3.3.3　数詞

　数詞は名詞類のうち、数を表すものである。

　アムド・チベット語の数詞は十進法である。数詞には基数詞と序数詞があ
る。疑問数詞というものもあるが、これについては §3.3.14 で述べる。

[1] 基数詞

　0 から 10 までの基数詞は、tʰək「0」、htɕək「1」、hŋi「2」、səm「3」、zə
「4」、hŋa「5」、tək「6」、dən「7」、dzel「8」、gə「9」、tɕə「10」である。
名詞と同様に格標示が可能である。

　「1」と「2」には度量衡を表す単位とともに使う特別な数詞がある（kaŋ
「1」、to「2」）。これらは、長さ、嵩、重さ、広さ、器などの単位に後続する
場合にのみ用いる（dzama kaŋ（斤 1）「1 斤」）など。

　「1」を表す数詞は単独では htɕək であるが、複合語になった場合に tsʰək
または ɕək という形に交替する場合がある。年月などの表現にみられる。lo

第 3 章　語の構造と品詞分類　65

「年」、dza「月」、ŋən「日 (day)」の後には tsʰək が現れる。tsʰe「日 (date)」の後には cək が現れる。dza＋tsʰək（月＋1）「一月」、lo＋tsʰək（年＋1）「1年」、ŋən＋tsʰək-ko（日＋1-NMLZ）「丸一日、一日中」、tsʰe＋cək（日＋1）「ついたち」などの例がある。

　11 以降は tcə＋htcək（10＋1）「11」、tcə＋ʈək（10＋6）「16」のように「10＋基数詞」という複合語で表す。15 の場合のみ、tcə が tco に交替し、tco＋hŋa「15」と発話する。

　10 の倍数は以下のようになる。100 までの 10 の倍数、すなわち、10, 20, 30, 40, 50, 60, 70, 80, 90, 100 には「ちょうど」を意味する tʰamba を続けて言うこともある[6]。

ŋəcə「20」, sʰəmtcə「30」, zəptcə「40」, hŋaptcə「50」,
ʈəktcə「60」, dəntcə「70」, dzatcə「80」, gətcə「90」, dza「100」

　21 から 99 までのうち、一の位が 0 でない数には、一の位の数詞の語頭に、以下に示すように、十増えるごとに異なった 1 音節が接続する。百以上の位が加わった場合も同様である。この 1 音節の音節頭子音は、21–29 以外はそれぞれ 3, 4, 5, 6, 7, 8, 9 の基数詞の音節頭子音と音声的に類似している[7]。

十の位	付加する 1 音節	例
20	htsa	ŋəcə htsa-htcək「21」
30	sʰo	sʰəmtcə sʰo-hŋi「32」
40	ce	zəptcə ce-səm「43」
50	ŋa	hŋaptcə ŋa-zə「54」
60	re	ʈəktcə re-hŋa「65」
70	ton	dəntcə ton-ʈək「76」
80	dza	dzatcə dza-dən「87」
90	ko	gətcə ko-səm「93」

以上のような例では、十の位の数詞を発話しないことも可能である。たとえば、ŋəçə htsa-htɕək「21」は htsa-htɕək「21」、dəntɕə ton-ʈək「76」は ton-ʈək と言っても意味は変わらない。

100 以上の数を表す場合、100 の位の後に並列を表す談話助詞の ＝ra「～と、～も」を付加する。dza＝ra htɕək（100＝PP 1）「101」などがその例である。

千以上の位は htoŋ「千」、ʈhə「万」、nbəm「十万」、shaja「百万」、ɕiwa「千万」、toŋɕər「億」、ternbəm「十億」である。人や物の数を表す場合には、その名詞（句）の後に数詞を置く。たとえば、ŋə htɕək（人 1）で「1 人」となる。

[2] 序数詞

1 から 10 までの序数詞を以下に示す。序数詞は 1 以外の基数詞に序数詞化する接辞（-NUM）-pa, -ba, -wa, -wo を付加した形で表す。どの接辞がどの数詞に後続するかは語彙ごとに決まっている。1 のみ toŋ-wo という、基数詞とは関係のない形をとる。

toŋ-wo「第 1」, hɲi-wa「第 2」, səm-ba「第 3」, zə-wa「第 4」, hŋa-wa「第 5」, ʈək-kwa「第 6」, dən-pa「第 7」, dze-pa「第 8」, gə-wa「第 9」, tɕə-wa「第 10」

序数詞は名詞の後に置くことで、名詞修飾をすることができる。たとえば、wə səm-ba（息子 3-NUM）で「3 番目の息子」となる。

[3] 数量詞的な名詞

シナ・チベット語族の言語の多くは豊富な数量詞をもつが、アムド・チベット語では数量詞という品詞は認められない。ただし、数量詞的に用いられる一連の名詞が存在する。[3–1]度量衡の単位、[3–2]「～回（目）」を表す名詞、[3–3]順位を表す名詞、[3–4]「～本」を表す名詞、の 4 種類がある。

第3章　語の構造と品詞分類　67

[3–1] 度量衡の単位

　度量衡の単位はいずれも名詞である。dzama「〜斤」(1斤＝500グラム)、ʂaŋ「〜両」(1両＝50グラム)、ndomba「〜尋」(1尋＝両手を広げた長さ)、kʰəma「〜袋」、paraまたはhpara「〜束」、gormo「〜元(中国の貨幣の単位)」、mo(漢語の「毛」からの借用語)またはɕo「〜角」(10角＝1元)などがある。度量衡の単位と数詞が使われている例を(112)–(117)に示す。

(112) **dzama**　　dʑa　　tʰamba
　　　 斤　　　　 100　　ちょうど

　　　「100斤」

(113) **ʂaŋ**　　　 to
　　　 両　　　　 2

　　　「2両」

(114) **kʰəma**　　kaŋ
　　　 袋　　　　 1

　　　「1袋」

(115) {**para/hpara**}　to
　　　 束 / 束　　　　 2

　　　「2束」

(116) **gormo**　　htɕək
　　　 元　　　　 1

　　　「1元」

(117) {**mo/ɕo**}　　kaŋ
　　　 角 / 角　　　 1

　　　「1角」

[3–2]「〜回(目)」を表す名詞

　tʰaŋ「〜回」、rep「〜回」という名詞の後ろに序数詞を置くと「〜回(目)」を表す。tʰaŋ toŋ-wo「1回(目)」、tʰaŋ hɲi-wa「2回(目)」、tʰaŋ səm-ba「3 回（目）」など。

[3–3] 順位を表す名詞

aŋ「番」という名詞の後ろに序数詞を置くと「〜番」を表す。aŋ toŋ-wo「1 番」、aŋ hŋi-wa「2 番」、aŋ səm-ba「3 番」などの例がある。

[3–4]「〜本」を表す名詞

細長い形状のものについて言及する際に、hkaŋ や htsətʰər という名詞が数量詞的な位置に現れることがある。たとえば、煙草、鉛筆、長い飴、箸、楊枝、蝋燭などの数を表現する際に hkaŋ「〜本」（単独での意味は「茎」）という数量詞的な名詞を用いることがある。煙草の場合のみ、htsətʰər（単独での意味は「茎でつくった箸」）という名詞が用いられることがある。ただし、この hkaŋ や htsətʰər の使用は義務的ではない。これらの名詞は数詞の直前に置かれる（例は(118)）。ちなみに、これらの名詞は度量衡を表す単位とともに使われる特別な数詞（kaŋ「1」、to「2」）とは共起しない。

(118) towa   {**hkaŋ/htsətʰər**}   htɕək
   煙草   茎 / 茎でつくった箸   1

  「煙草 1 本」

[4] 分数

A tɕʰa＝kə B（A 分＝GEN B）の形で、「A 分の B」を表す。

(119) səm   tɕʰa＝kə   htɕək
   3   分＝GEN   1

  「3 分の 1」

[5] 概数

たとえば、「2，3 くらい」というおおよその数を表すには、hŋi səm＝zək

（2 3＝INDF）のように連続する数字を並べ、不定助詞（§3.3.8）を数詞の最
後に付加する（例は（120））。

(120) ɬoma　　**dən**　　**dzel＝zək**　　jok-kə.
　　　学生　　　7　　　　8＝INDF　　　　EXST-EV
　　「学生が7，8人くらいいる」

[6] 数詞の統語的機能
　数詞は名詞を修飾する他、単独で主語、目的語などの動詞の項（の一部）
にもなる。この他、名詞や格助詞と組み合わせて副詞句としても使われる。
たとえば ŋəma hŋi＝a（日 2＝DAT）「2 日間」など。tʰok toŋ-wo（第 1-NUM）
「第1」は単独で「まず最初に」という副詞句としても使われる。

3.3.4　形容詞
　形容詞の多くは状態動詞からの派生によって形成される。ただし、一部の
形容詞には対応する状態動詞が存在しない。形容詞単独では述語になれず、
述語となるには必ずコピュラ動詞を伴う。その点では名詞と似ているといえ
るが、名詞とは異なり、形容詞は存在動詞の主語（存在主体）にはなれない。
名詞を修飾する場合は、そのままの形で名詞の後に置く。形容詞の比較級、
最上級を表す特別な方法は特にない。比較級、最上級に相当する形容詞の程
度表現は、tɕək「少し、ちょっと」や、ɕigi「非常に」、attʰər「最高に、一
番に」などの副詞を形容詞の前に置くことで表す。

[1] 形容詞の形態的特徴
　形容詞には、［1–1］状態動詞から派生した形容詞と［1–2］状態動詞からの
派生ではない形容詞がある。この 2 種類にわけて説明する。

[1–1] 状態動詞から派生した形容詞
　状態動詞から形容詞を派生するには、形容詞派生接辞（ADJVLZ）を付加

する方法と、重複を施す方法がある。接辞付加による方法としては、たとえ
ば、ndzok「速い」、tcʰi「大きい」から派生した ndzok-mo「速い」、tcʰi-wo
「大きい」などがある。状態動詞を重複して形成された形容詞としては、状
態動詞 tcʰoŋ「小さい」、ŋoŋ「少ない」から派生した tcʰoŋ-tcʰoŋ「小さい」、
ŋoŋ-ŋoŋ「少ない」などがある。ちなみに、tcʰoŋ-tcʰoŋ「小さい」、ŋoŋ-ŋoŋ
「少ない」などの、重複して形成された形容詞は、全体で1語の音調となる。

　状態動詞が述語となる場合と形容詞にコピュラが後続したものが述語とな
る場合の意味・機能には特に違いがみつかっていない（§3.3.5［3-2］(134)
(135)参照)。

　1つの状態動詞から、接辞付加による形容詞と重複による形容詞の2種類
とも派生される場合と、接辞付加による形しかもたない場合がある。たとえ
ば、tcʰoŋ「小さい」という状態動詞は、tcʰoŋ-wo という接辞付加形と、
tcʰoŋ-tcʰoŋ という重複形の2種類によって形容詞を形成できる。一方、
ndzam「やわらかい、優しい」は ndzam-bo という接辞付加による形容詞の
みをもつ。つまり、重複による形をもたない。接辞付加形をもたず、重複形
のみしかもたない形容詞は未見である。

　接辞付加と重複による形容詞の2種類をもつ場合、接辞付加による形容
詞は、「（比較対象となる）集合の中のより〜なほう」という相対的な意味を
表し、重複による形容詞は絶対的な意味を表す。たとえば、ɕaji tcʰoŋ-wo（子
供 小さい -ADJVLZ）が「末っ子」を意味する一方、ɕaji tcʰoŋ-tcʰoŋ（子供
小さい-RDP）は、「5, 6歳くらいまでの小さい子供」（比較対象があるわけ
でなく、発話者の絶対的な感覚で「小さい」子供）を意味する[8]。ŋə tʰoŋ-wo
（人 低い -ADJVLZ）「（何人かいる中で）背の低い方の人」、ŋə tʰoŋ-tʰoŋ（人
低い-RDP)「背の低い人」（比較対象があるわけではなく、発話者の絶対的な
感覚で「背の低い人」）も同様の意味の違いをみせる。

　まれに、元の状態動詞と、接辞付加によって派生された形容詞の意味が逆
になる場合もある[9]。

第3章　語の構造と品詞分類　71

[1-1-1] 接辞付加によって派生される形容詞

　形容詞派生接辞には複数の種類があるが、共時的には状態動詞にどの形容詞派生接辞が付加されるかは予測できない。表18には各形容詞派生接辞と形容詞の例を示す。

表18　形容詞派生接辞と形容詞の例

形容詞 派生接辞	形容詞の例
-po	tɕʰi-po「大きい」、ɬop-po「のんびりした」
-ba	den-ba「もっともだ」、hlon-ba「濡れている、生だ」
-bo	rom-bo「粗い」、ndzam-bo「やわらかい、優しい」
-to	tɕʰək-to「冷たい」、htɕər-to「すっぱい」
-kə	kək-kə「曲がっている」
-ko	ɕək-ko「豊かだ」、nok-ko「黒い」
-kʰə	dzaŋ-kʰə「緑だ」
-ma	sʰo-ma「新しい」
-mo	kʰa-mo「苦い」、ta-mo「ゆっくりだ」、taŋ-mo「澄んでいる」、de-mo「元気だ」、sə-mo「涼しい」、ɕəp-mo「細かい」、jaŋ-mo「軽い」、hma-mo「低い」、ndzok-mo「速い」
-ŋa	zaŋ-ŋa「良い」、maŋ-ŋa「多い」、hŋoŋ-ŋa「古い」
-wa	sar-wa「新しい」
-wə	tʰa-wə「細い」、ʂa-wə「薄い」
-wo	tɕʰi-wo「大きい」、tɕʰoŋ-wo「小さい」、sa-wo「はっきりした」、zaŋ-wo「良い」、maŋ-wo「多い」
-nbo	tʰo-nbo「高い」、tsʰo-nbo「太っている」、tɕʰe-nbo「大きい」、hŋo-nbo「青い」
-ndi	tsʰa-ndi「熱い」
-kwa	tɕʰok-kwa「冷たい」、jok-kwa「きれいだ」、htsok-kwa「汚い」、ndzok-kwa「速い」
-a	tɕʰi-a「大きい」
-o	kar-o「白い」、sʰer-o「黄色い」、hmar-o「赤い」

状態動詞の場合と、それをもとに派生した形容詞で、語幹の母音が異なる場合がある。みつかった例はいずれも、形容詞派生接辞 -kwa の円唇性と連動して状態動詞の母音が /o/ に交替している。状態動詞 tcʰək「冷たい」から派生される形容詞は tcʰok-kwa であり、jek「きれいだ」から派生される形容詞は jok-kwa である。

[1–1–2] 重複によって派生する形容詞

　状態動詞を重複することで派生される形容詞もある。表 19 にそれらの例を示す。色彩を表す形容詞の多くに、状態動詞を重複した例がある。意味は状態動詞と形容詞で同じである。

表 19　重複によって派生される形容詞

状態動詞	形容詞	意味
kar	kar-hkar[10]	「白い」
tʰoŋ	tʰoŋ-tʰoŋ	「短い」
tcʰi, tcʰe	tcʰe-tcʰe	「大きい」
tcʰoŋ	tcʰoŋ-tcʰoŋ	「小さい」
sʰer	sʰer-sʰer	「黄色い」
nak	nak-nak	「黒い」
ŋoŋ	ŋoŋ-ŋoŋ	「少ない」
raŋ	raŋ-raŋ	「長い」
lep	lep-lep	「平らだ」
hmar	hmar-hmar	「赤い」
hŋo	hŋo-hŋo	「青い」

[1–2] 状態動詞からの派生ではない形容詞

　形容詞の多くは状態動詞から派生される。ただし、派生によらない形容詞も存在する。それらは、2 音節の音を繰り返した 4 音節からなる形容詞である（単純な重複ではなく子音または母音が変化する）。2 音節の音の繰り返しによる形容詞は、重複によって派生した形容詞のようにもみえるが、2 音節

だけで特に意味をなさないため重複とはみなさない。

　たとえば、kagikəgi「曲がっている」、tɕaʁitɕoʁi「曲がっている」、jaŋijəŋi「(眩暈で)くらくらする」、nbarinbəri「でこぼこである、でっぱっている」、anamana「そっくりだ」、alapala「おおざっぱだ、大体だ」、alawəla「いいかげんだ」、ahamaha「いいかげんだ」、hkasʰihkosʰi「くぼんでいる」などの例がある。

[2] 形容詞の統語的機能

　形容詞の統語的機能としては、［2–1］コピュラ動詞の補語、［2–2］名詞（句）を修飾する名詞修飾用法、［2–3］動詞修飾用法がある。以下では、それぞれの説明を行い、例文をあげる。

[2–1] コピュラ動詞の補語

　ウチ（例は(121)）、ソト（例は(122)(123)）の2種類のコピュラ動詞の補語となる例を示す。コピュラ動詞のウチ / ソトについては§7.4.1を参照。

(121) tɕʰo　　　　**de-mo**　　　　　jən＝na?
　　　2SG　　　　元気だ-ADJVLZ　　COP.S＝EGO.Q

　　　「あなたは元気か？」

(122) ndi　　　　**lep-lep**　　　　re＝ja.
　　　DEM　　　　平たい-RDP　　　COP.O＝INFM

　　　「これは平たいよ」

(123) lem　　　　ndi　　　**nbarinbəri**　　　re.
　　　道　　　　DEM　　　でこぼこである　　COP.O

　　　「この道はでこぼこだ」

　形容詞を反復することで意味を強める用法もある（例は(124)(125)）。重複によって状態動詞から派生した形容詞、状態動詞からの派生ではない形容詞にはこの用法はない。

(124) gaŋ   ti   **tʰo-nbo**   **tʰo-nbo**   re.
山   DEM   高い -ADJVLZ   高い -ADJVLZ   COP.O

「その山はとても高い」

(125) metok   **hmar-o**   **hmar-o**   re.
花   赤い -ADJVLZ   赤い -ADJVLZ   COP.O

「花がとても赤い」

[2–2] 名詞修飾用法

　形容詞は、名詞に後続してその名詞を修飾することができる（例は(126)–(129)）。詳しくは §5.2 で述べる。

(126) ça   **tsʰo-nbo**
肉   太った -ADJVLZ

「太った肉（＝脂身の多い肉）」

(127) kʰoŋwa   **tɕʰoŋ~tɕʰoŋ**
家   小さい-RDP

「小さい家」

(128) lem   **kagikəgi**
道   曲がった

「曲がった道」

(129) kʰoŋwa   **tɕʰoŋ~tɕʰoŋ**＝kə   naŋ＝na   ŋə
家   小さい-RDP＝GEN   中＝LOC   人

jok-kə.
EXST-EV

「小さい家の中に人がいる」

[2–3] 動詞修飾用法

　一部の形容詞は、動詞の前に置かれると動詞を修飾することができる（例は(130)(131)）。動作の様態、行為の結果状態などを表す。

（130）**sa-wo** mə-rək-kə.

はっきりした -ADJVLZ NEG- 見える -EV

「はっきり見えない」

（131）**ŋoŋ-ŋoŋ** tʰoŋ.

少ない-RDP 飲む

「少なく飲みなさい」

3.3.5 動詞

　動詞は、コピュラ動詞、存在動詞、一般動詞にわけることができる。コピュラ動詞にはウチの jən とソトの rel があり、ウチのコピュラ動詞には否定専用の動詞 mən がある（ウチ / ソトについては §7.4.1 参照）。コピュラ動詞には活用はない。存在動詞 jol にも同様に活用はない。存在動詞には否定専用の動詞 mel がある。一般動詞はさらに、動作動詞と状態動詞にわかれる。状態動詞の多くは形容詞の語幹となる。一部の動作動詞はアスペクト、モダリティで活用する（未完了形、完了形、命令形）。これらの特徴をまとめたものが表 20 である。＋はその特徴があることを、－はその特徴がないことを表す。

表 20　動詞の種類

動詞の種類		ウチ / ソトの区別	否定専用の動詞の有無	活用の有無
コピュラ動詞 (jən, rel)		＋	＋ (jən のみ)	－
存在動詞 (jol)		－	＋	－
一般動詞	動作動詞	－	－	＋
	状態動詞	－	－	－

　動詞は、複合的な動詞を除けば全て 1 音節からなり、疑問接頭辞、否定接頭辞が前接したり、各種助動詞、文末助詞が後続したりすることが可能である。統語的機能としては、そのままの形で述語となる他、動詞語尾（§7.2, §7.3 参照）、助動詞（§3.3.11 参照）、複合助動詞句（§5.5.2 参照）、文末助

詞（§3.3.12 参照）を伴うこともある。主語名詞の人称、性、数、格との一致はない。言い切り形（定形）と非言い切り形（非定形）で動詞自体の形は変わらない。非言い切り形の場合、多くは接続助詞を伴う。一部の動詞は未完了形、完了形、命令形に関して異なる形をもつ。

[1] コピュラ動詞

コピュラ動詞はウチ／ソトの2つにわかれる。ウチのコピュラ動詞は、発話者が事態を自分と関係が深いものとして述べる場合に用いられる。ソトのコピュラ動詞は、発話者が事態を自分と関係が深いものとして述べない場合に用いられる。コピュラ動詞のウチ／ソトについては§7.4.1で詳しく扱う。

ウチのコピュラ動詞として、肯定形では jən が、否定形では mən が用いられる。一方、ソトのコピュラ動詞としては、肯定形では rel が、否定形では rel に否定接頭辞が接続した ma-rel が用いられる。ソトのコピュラ動詞には疑問文でのみ用いられる ra という形式もある。ただし、肯定疑問文では rel が疑問接頭辞 ə- を伴った ə-rel が用いられることもある。コピュラ動詞の肯定・否定、平叙・疑問に関わる各形式を表21にまとめる。ウチのコピュラ動詞の否定形 mən には疑問接頭辞をつけることができないが、疑問の文末助詞を付加して疑問を表すことは可能である（§6.4.2［1］参照）。

表21　コピュラ動詞とその派生形式

	肯定・平叙	否定・平叙	肯定・疑問	否定・疑問
ウチ	jən	mən	ə-jən	—
ソト	rel	ma-rel	ra, ə-ra, ə-rel	ma-ra

ソトのコピュラ動詞は現れる環境に応じて頭子音の交替、末子音の交替・脱落を起こす（§2.6.2参照）。例文は§3.3.5［5］に示す。代表形として示す時には rel と表記する。

[2] 存在動詞

人や事物が存在すること、または所有していることを示す際に用いられるのが存在動詞である。存在動詞は肯定文では jol、否定文では mel が用いられる。jol に疑問接頭辞 ə- を伴った ə-jol が肯定疑問文で用いられる。存在動詞の肯定・否定、平叙・疑問に関わる各形式を表 22 に示す。存在動詞の否定形 mel には疑問接頭辞は接続されないが、疑問の文末助詞を付加して否定疑問を表すことは可能である（疑問文については §6.4 参照）。存在動詞の語幹末の /l/ は現れる環境に応じて形態音韻的な交替・脱落を起こす（§2.6.2 参照）。例文は §3.3.5 [5] に示す。

表 22　存在動詞とその派生形式

肯定・平叙	否定・平叙	肯定・疑問	否定・疑問
jol	mel	ə-jol	―

[3] 一般動詞

一般動詞は動作動詞と状態動詞にわかれる。その形式的な分類基準は「状態動詞は接辞付加、あるいは重複によって形容詞を派生できるが、動作動詞は形容詞を派生できない」というものである。動作動詞はアスペクト（未完了、完了）とモダリティ（命令）に関して活用をもつ、状態動詞は活用をもたないという違いもある。意味的には動作動詞は「動作」や「状態変化」を表し、状態動詞は「状態」や「属性」を表す。

[3-1] 動作動詞

動作動詞、「自動詞 / 他動詞」および「意志動詞 / 無意志動詞」という下位分類が可能である。これらはそれぞれ独立した分類であるが、自動詞には無意志的な動詞が多い傾向がある。

[3-1-1] 自他の対応

自動詞と他動詞の分類基準は、主語が絶対格で現れるか、能格で現れるか

というものである。前者は自動詞、後者は他動詞である。

　多くの自動詞に対応する他動表現は使役を用いる。使役は、目的節を表す接続助詞 ＝Gə を自動詞に付加し、「入れる」という意味を表す使役動詞を後続させた迂言的な表現を使う。たとえば、joŋ「来る」の他動表現は、joŋ＝gə ndzək（来る＝PUR 入れる .IPF）「来させる」となる（詳しくは§7.1 参照）。一部の動詞には、自動詞と他動詞の形態的な対応がある（表 23 参照）。ちなみに、このような形態的な対応は、他動詞と二重他動詞（ditransive）の間には一般的には見られず、例としては kon「着る」-hkon「着せる」のペアを確認しているのみである。

　表 23 では未完了形を基本として示し、完了形の区別があるものは後ろの括弧内でその形を示す。頭子音の他、母音が交替する例もみられる。

表 23　自動詞・他動詞の形態的な対応

自動詞	他動詞
kʰor「まわる」	hkor「まわす」
kʰu「沸く」	hku「沸かす」
tʰor「散る」	htor「散らす」
tsʰi「煮える」	tso「煮る」（完了形は tsi）
tɕʰek「壊れる」	htɕok「壊す」（完了形は tɕek）
tɕʰel「切れる」	htɕol「切る」（完了形は tɕel）
laŋ「起きる」	htsoŋ「起こす」
lok「倒れる」	dzok「倒す」
ɬop「学ぶ」	htsop「教える」
ngu「動く」	gu「動かす」
ndi「集まる」	di「集める」
ndʑəp「完成する」	ɖəp「完成させる」
ndzər「変わる」	dzər「変える」

　形態的な対応関係はもたないが、意味的に対応する自動詞と他動詞のペア（çə「死ぬ」-sol「殺す」）もある。

第 3 章　語の構造と品詞分類　79

自他同形の動詞も存在する。ɕi「開く、開ける」、hkem「乾く、乾かす」、(ngo) htsom「はじまる、はじめる」などがある（例は (132) (133)）。

(132) go　　　　　raŋ = ŋa　　　　ɕi = sʰoŋ = zək.
　　　門　　　　　自身 = DAT　　　開く = ACMP = IE

「門が勝手に開いた」

(133) ŋi　　　　　go　　　　ɕi = taŋ-ŋa.
　　　1SG.ERG　　門　　　　開ける = ACMP-EGO

「私は門を開けた」

[3-1-2] 意志性

　動作動詞は、意志動詞と無意志動詞にわけることもできる。意志動詞と無意志動詞は、形態的命令形の有無で区別される。意志動詞は動詞活用の中に形態的命令形が存在するが、無意志動詞にはそれがない（命令形については §3.3.5 [4] を参照）。たとえば、sa「食べる」、ŋa「寝る」、ndək「居る」などの動詞は形態的命令形をもつが、ga「好く」、çer「（太陽が）昇る」、nbor「失くす、失う」、ndəp「完成する」などの動詞は形態的命令形をもたない。無意志動詞の命令文をつくる場合には、使役表現を用いて表す（§7.1.4参照）。

　わずかではあるが、表 24 のように、意味的に対応する意志動詞と無意志動詞のペアもある。

表 24　意志動詞と無意志動詞の意味的な対応

意志動詞	無意志動詞
tsa「探す」	hŋel「みつかる」
ŋen「聞く」	ko「聞こえる、わかる」
hta「見る」	rək「見える」

[3-1-3] 軽動詞

　動作動詞の中には軽動詞も含まれる。軽動詞とは、名詞と組み合わせて

様々な意味を表す動詞である。現段階でみつかっている軽動詞には dzek（未完了形）/dzep（完了形）/dzop（命令形）「する（打つ）」、jel（未完了形）/ji または ɕi（完了形）/ɕi（命令形）「する」、htoŋ（未完了形）/taŋ（完了形）/htoŋ（命令形）「放つ」の 3 つの動詞がある。名詞との具体的な組み合わせは §5.4.1 の表 48 に示す。

[3–2] 状態動詞

　状態動詞は、意味的には状態・属性を表す。活用はない。その一方で、状態動詞は接辞付加あるいは重複によって形容詞を派生するという特徴をもつ。接辞付加によって派生される形容詞（表 18）や状態動詞の重複によって派生される形容詞（表 19）についてはすでに示してきた。表 25 では状態動詞と形容詞の対応関係を示す。対応する状態動詞と形容詞の語彙的意味は変わらない。

表 25　状態動詞と形容詞の対応

状態動詞	形容詞	意味
kək	kək-kə	「曲がっている」
kʰa	kʰa-mo	「苦い」
ta	ta-mo	「ゆっくりだ」
tʰa	tʰa-wə	「細い」
tsʰo	tsʰo-nbo	「太っている」
tɕʰi, tɕʰe	tɕʰe-nbo, tɕʰi-po, tɕʰi-a, tɕʰe-tɕʰe	「大きい」
(n) tɕʰək[11]	tɕʰək-to, tɕʰok-kwa[12]	「冷たい」
tɕʰoŋ	tɕʰoŋ-wo, tɕʰoŋ-tɕʰoŋ	「小さい」
ɬop	ɬop-po, ɬop-ɬop	「のんびりした」
sə	sə-mo	「涼しい」
sʰo	sʰo-ma	「新しい」
zaŋ	zaŋ-wo, zaŋ-ŋa	「良い」
ʂa	ʂa-wə	「薄い」

çəp	çəp-mo, çəp-çəp	「細かい」
maŋ	maŋ-ŋa, maŋ-wo	「多い」
ŋoŋ	ŋoŋ-wo, ŋoŋ-ŋoŋ	「少ない」
rom	rom-bo	「粗い」
jek	jok-kwa	「きれいである」
hŋa	hŋa-sʰi	「早い」
ndzam	ndzam-bo	「柔らかい、優しい」
ndzok	ndzok-mo, ndzok-kwa, ndzok-ndzok	「速い」
htsok	htsok-kwa	「汚い」

　たとえば、htsaŋ「清潔である」という状態動詞は語幹のままで、または、(134) のように「状態・属性（観察知）」を表す動詞接尾辞 -Gə などを伴って述語を形成する。一方、形容詞は、(135) のように、コピュラ動詞を伴って述語を形成する。状態動詞を用いる場合と形容詞を用いる場合の意味的な違いはみられない。

(134) kʰoŋwa　　　htsaŋ-gə.
　　　 家　　　　　清潔である -EV

　　　「家が清潔だ」

(135) kʰoŋwa　　　htsaŋ-ma　　　　　　　　re.
　　　 家　　　　　清潔である -ADJVLZ　　　COP.O

　　　「家が清潔だ」

[3-3] 1 項動詞、2 項動詞、3 項動詞

　動詞が要求する名詞項の数によって動作動詞を分類することも可能である。動作動詞には、1 項動詞、2 項動詞、3 項動詞がある。

　アムド・チベット語では自動詞のほとんどが 1 項動詞となり、一部は拡大核項（接触の対象）を伴う 2 項動詞となる。他動詞は 2 項動詞、または、

拡大核項（間接目的語）を伴う 3 項動詞となる。ただし、これらの項は実際の発話では省略されることもある。

　拡大核項 [13]（extensive to core argument, E と略す）とは、Dixon and Aikhenvald (2000) の用語である。主語や（直接）目的語という核項（core argument）ではないが、動詞の意味から要求される項である。一般的には、受け取り手、好意や必要とされる対象などがこれにあたり、与格で表されることが多い。

　アムド・チベット語では、ゼロ項および 4 項以上をとる動詞はみつかっていない。以下に、[3-3-1] 1 項動詞、[3-3-2] 2 項動詞、[3-3-3] 3 項動詞の順に示す。

[3-3-1] 1 項動詞

　自動詞のほとんどは 1 項動詞である。他動詞には 1 項のみをとる例はみられなかった。

(136) sonam　　　joŋ-dzi　　　　　re.
　　　PSN　　　来る [-NMLZ　　COP.O] FUT.O

　　「ソナムが来る」

[3-3-2] 2 項動詞

　自動詞のうち、「会う」、「ぶつかる」といった接触を表す動詞は、主語と拡大核項（接触の対象）の 2 項をとる。この場合、動作者は絶対格で、接触の対象は与格で表される（例は (137) (138)）。

　他動詞の多くのものは 2 項動詞である。動作者が能格で表される。働きかけを行う動詞のうち、「殺す」（例は (139)）、「壊す」（例は (140)）のような被動作者に変化を与える動詞の目的語は絶対格で、「叩く」（例は (141)）、「殴る」（例は (142)）のように明らかな変化を与えない動詞の目的語は与格で表される。知覚を表す動詞のうち、「見える（みかける）」（例は (143)）、「聞こえる」（例は (144)）、「みつける」（例は (145)）の目的語は絶対格で、「見る」（例は (146)）、「聞く」（例は (147)）、「知る」（例は (148)）、「わかる」（例

は (149))、「忘れる」(例は (150)) の目的語は与格で表される。「待つ」(例は
(151))、「探す」(例は (152)) の目的語も与格で表される。

(137) ŋa tsʰeraŋ＝ŋa tʰək＝taŋ＝tʰa.
　　　1SG PSN＝DAT 会う＝ACMP＝DE

　　　「私はツェランに会った」

(138) dordʑe sonam＝ma tʰok＝taŋ＝zək.
　　　PSN PSN＝DAT ぶつかる＝ACMP＝IE

　　　「ドルジェはソナムにぶつかった」

(139) dordʑe＝kə sonam sot-tɕi re.
　　　PSN＝ERG PSN 殺す.IPF[-NMLZ COP.O]FUT.O

　　　「ドルジェはソナムを殺す」

(140) dordʑe＝kə kawə tɕek＝taŋ＝zək.
　　　PSN＝ERG 茶碗 壊す.PF＝ACMP＝IE

　　　「ドルジェは茶碗を壊した」

(141) dordʑe＝kə sonam＝ma kʰəttsər＝ki
　　　PSN＝ERG PSN＝DAT げんこつ＝ERG

　　　dzek-dʑi re.
　　　打つ.IPF[-NMLZ COP.O]FUT.O

　　　「ドルジェはソナムをげんこつで叩くだろう」

(142) dordʑe＝kə sonam＝ma htɕer-dʑi re.
　　　PSN＝ERG PSN＝DAT 殴る[-NMLZ COP.O]FUT.O

　　　「ドルジェはソナムを殴るだろう」

(143) dordʑe＝kə sonam rək＝taŋ＝zək.
　　　PSN＝ERG PSN 見える＝ACMP＝IE

　　　「ドルジェはソナムをみかけた」

(144) dordʑe＝kə sonam＝kə hkel ko-gə.
　　　PSN＝ERG PSN＝GEN 声 聞こえる-EV

　　　「ドルジェにはソナムの声が聞こえる」

(145) dordze＝kə　　　　　　tsʰeraŋ　　hŋet＝taŋ＝zək.
　　　PSN＝ERG　　　　　　PSN　　　みつける＝ACMP＝IE

　　「ドルジェはツェランをみつけた」

(146) ŋi　　　　　sonam＝ma　　　hti-a.
　　　1SG.ERG　　PSN＝DAT　　　見る.PF-EGO

　　「私はソナムを見た」

(147) dordze＝kə　　　　　　hləhjaŋ＝ŋa　　ŋen＝taŋ＝zək.
　　　PSN＝ERG　　　　　　歌＝DAT　　　　聞く＝ACMP＝IE

　　「ドルジェは歌を聞いた」

(148) dordze＝kə　　　　　　sonam　　çi-gə.
　　　PSN＝ERG　　　　　　PSN　　　知る -EV

　　「ドルジェはソナムを知っている」

(149) dordze＝kə　　　　　　naŋton　ko＝tʰa.
　　　PSN＝ERG　　　　　　意味　　わかる＝DE

　　「ドルジェは意味がわかった」

　　（動詞 ko は、「聞こえる」と「わかる」どちらの意味も表す）

(150) dordze＝kə　　　　　　sonam　　dzes＝sʰoŋ＝zək.
　　　PSN＝ERG　　　　　　PSN　　　忘れる＝ACMP＝IE

　　「ドルジェはソナムを忘れた」

(151) dordze＝kə　　　　　　sonam＝ma　　gə＝zək.
　　　PSN＝ERG　　　　　　PSN＝DAT　　　待つ＝IE

　　「ドルジェはソナムを待った」

(152) ŋi　　　　　ŋə＝zək　　　tsa-gə　　　jo.
　　　1SG.ERG　　人＝INDF　　探す [-SUF　　EXST] PROG.EGO

　　「私は人を探している」

[3-3-3] 3 項動詞

　他動詞のうち、「与える」、「貸す」、「見せる」、「話す」、「教える」、「運
ぶ」、「売る」などの受け取り手や、行為の相手を意味的に要求する動詞は、

第 3 章　語の構造と品詞分類　85

3項動詞である。3項動詞は、主語（動作者）が能格、直接目的語（対象）が絶対格、間接目的語（拡大核項）が与格で現れる。

(153) ŋi　　　　　tsʰeʁaŋ＝ŋa　　xitɕʰa　　hter.
　　　1SG.ERG　　PSN＝DAT　　本　　　　与える.IPF

　　　「私はツェガンに本をあげよう」

(154) hjəntsʰo＝kə　　　　sonam＝ma　　xitɕʰa　　hjar＝taŋ＝zək.
　　　PSN＝ERG　　　　　PSN＝DAT　　本　　　　貸す＝ACMP＝IE

　　　「ユムツォはソナムに本を貸した」

[3–4] 対になる動詞で特筆すべきもの

　この他、ペアをなす動詞のうち特徴的なものをいくつか列挙する。

[3–4–1]「行く」と「来る」

　ndzo（未完了形）/sʰoŋ（完了形）「行く」と joŋ（未完了形と完了形が同形）「来る」は、動作者が発話者であるか否か、聞き手の所在地に向かうか否かによって、どちらを使うかが決まる。「発話者が発話の現場から離れ、聞き手の所在地以外の場所へ行く」場合には、(155)のように ndzo/sʰoŋ「行く」を用いる。一方、「発話者が聞き手の所在地に行く」場合には、(156)のように joŋ「来る」を用い、ndzo/sʰoŋ「行く」は使えない。

(155) ŋa　　　　　kʰahtsaŋ　　　tɕʰaptɕʰa＝a　　sʰoŋ＝ni.
　　　1SG　　　　昨日　　　　　PLN＝DAT　　行く.PF＝AFF.S

　　　「私は昨日チャプチャに行った」（聞き手の所在地はチャプチャではない）

(156) ŋa　　　　　ta　　　joŋ.
　　　1SG　　　　今　　　来る

　　　「私は今（あなたの所へ）行こう」

　発話者以外が動作者であれば、「聞き手の所在地へ行く」場合にも「それ

以外の場所へ行く」場合にも ndzo/sʰoŋ「行く」を使うことができる（例は
(157)(158)）。「聞き手の所在地へ行く」場合、(158)のように joŋ「来る」
を用いることもできる。聞き手が発話者のところに来る時も joŋ を用いる。

(157) kʰəga   repkoŋ＝ŋa   sʰoŋ-nə   re.
     3SG.M   PLN＝DAT   行く .PF[-NMLZ   COP.O]AFF.O

     「彼はレプコンへ行った」

(158) kʰəga   tɕʰi   jə＝a
     3SG.M   2SG.GEN   家＝DAT

     {sʰoŋ-nə   re/joŋ-nə   re}.
     行く .PF[-NMLZ   COP.O]AFF.O/ 来る [-NMLZ   COP.O]AFF.O

     「彼はあなたの家に行った」

[3–4–2]「貸す」と「借りる」

アムド・チベット語では「貸す」と「借りる」は同じ動詞で表す。「貸
す」の意味になるか「借りる」の意味になるかは要求する名詞項の格によっ
て決まる。「貸す相手」は与格を付して表す。「借りる先」は、X lak＝ni（X
手＝ABL）「Xの手から」という分析的な表現で表す。

「貸す / 借りる」を表す語彙は、(a) hjar と (b) htɕi の 2 種類がある。(a)
hjar は、本や服など、貸した / 借りたそのものを後で返すことになる場合の
「貸す / 借りる」を表す（例は (159)(160)）。(b) htɕi は、お金や食べ物な
ど、貸した / 借りたそのものを後で返すのではなく、同じ種類のものを返す
ことになる場合の「貸す / 借りる」を表す（例は (161)(162)）。

(159) hjəntsʰo＝kə   sonam＝ma   xitɕʰa   hjar＝taŋ＝zək.
     PSN＝ERG   PSN＝DAT   本   貸す / 借りる＝ACMP＝IE

     「ユムツォはソナムに本を貸した」

(160) hjəntsʰo＝kə   sonam   lak＝ni   xitɕʰa
     PSN＝ERG   PSN   手＝ABL   本

第 3 章　語の構造と品詞分類　　87

　　　　 hjar＝taŋ＝zək.
　　　　 貸す / 借りる＝ACMP＝IE

　　　「ユムツォはソナムから本を借りた」

(161) hjəntsʰo＝kə　　　　　sonam＝ma　　　　　gormo　　htɕi＝taŋ＝zək.
　　　 PSN＝ERG　　　　　　PSN＝DAT　　　　　　お金　　　貸す / 借りる＝ACMP＝IE

　　　「ユムツォはソナムにお金を貸した」

(162) hjəntsʰo＝kə　　　　　sonam　　lak＝ni　　　　　gormo
　　　 PSN＝ERG　　　　　　PSN　　　手＝ABL　　　　　お金

　　　 htɕi＝taŋ＝zək.
　　　 貸す / 借りる＝ACMP＝IE

　　　「ユムツォはソナムからお金を借りた」

[4] 動詞の形態的特徴

　状態動詞、コピュラ動詞、存在動詞は活用せず、動作動詞の一部は活用を
もつ。ただし、動作動詞でも無意志動詞はそもそも形態的命令形を欠く。活
用形には未完了形、完了形、命令形の 3 つがある。未完了形は、当該の時
点において事態が未完了であることを、完了形は当該の時点において事態が
完了していることを表す。ただし、3 つ全てが異なる動作動詞は一部であ
り、3 つ全てが同形の場合や、3 つのうちの 2 つが同形という場合も多い。

　例文中に動作動詞が現れる際、その略号には、その動詞の語幹の形態から
活用形が明らかである場合には IPF（未完了形）、PF（完了形）、IMP（命令
形）と示す。活用形 3 つ全てまたは 2 つが同形であるために、その語幹の形
から活用形が明らかでない場合には略号において活用形は示さない。

　接辞や接語が動詞に後続する場合、動詞のどの活用形に後続するかの判断
は、活用形の形態的区別のある動詞を基準として行っている。活用形の形態
的な区別のない動詞に後続できないわけではない。

　動作動詞は、その動詞がもつ形態の数によって、(a) 1 形式、(b) 2 形式、
(c) 3 形式にわけられる。「A＝B」は A と B が同形であることを、「A ≠
B」は A と B が同形でないことを表す。

(a) 1 形式   (b) 2 形式   (c) 3 形式

未完了＝完了＝命令   未完了＝完了≠命令   未完了≠完了≠命令

                                       完了≠未完了＝命令

                                       未完了≠完了＝命令

  これらの未完了形、完了形、命令形の異同に関する組み合わせの 5 パターンの例を以下の表 26–表 30 に示す。

表 26　動詞の活用パターン（未完了＝完了＝命令）

	未完了形・完了形・命令形
飛ぶ	pʰər
ひっぱる	tʰen
触る	tʰək
飲む	tʰoŋ
言う	ze, zi
沸かす	hku
嗅ぐ	hnəm
数える	htsə

表 27　動詞の活用パターン（未完了＝完了≠命令）

	未完了形・完了形	命令形
灯す	kar	kor
（油などを）絞る	tsak	tsok
はかる	tsʰel	tsʰol
変える	dzər	dzor
話す	ɕel	çol
起きる	laŋ	loŋ
来る	joŋ	çok
送る	hkər	hkor

第 3 章　語の構造と品詞分類　89

表 28　動詞の活用パターン（完了 ≠ 未完了 = 命令）

	完了形	未完了形・命令形
笑う	gel	gol
押す	nen	non
殺す	sel	sol
示す	hten	hton
教える	htsep	htsop
借りる、貸す	hjar	hjor

表 29　動詞の活用パターン（未完了 ≠ 完了 = 命令）

	未完了形	完了形・命令形
そそぐ	dək	lək
煮る	tso	tsi
落ちる、降る	nbep	wap
出る	nbəl	wəl
見る	hta	hti
音読する	ndon	ton
書く、尋ねる	ndə	ʈi
つかむ	ndzən	zoŋ
行く	ndzo	sʰoŋ

表 30　動詞の活用パターン（未完了 ≠ 完了 ≠ 命令）

	未完了形	完了形	命令形
する	dzek	dzep	dzop
取る	len	hlaŋ	loŋ
食べる	sa	si	so
投げる	hen	haŋ	hoŋ
する [14]	jel	ji, ci	ci
加える、耕す	ndep	tap	top
居る	ndək	del	dol

切る	htɕol	tɕel	tɕol

　動詞の未完了形 / 完了形 / 命令形に関わる形態変化は、母音の交替、音節頭子音（連続）の交替、末子音の交替のいずれか、あるいは、それらの組み合わせというパターンがある。これらの音韻的な交替パターンは、動詞の種類などとは無関係で語彙的に決まっているため、予測不可能である。表31は、各交替のパターンごとに、交替する音素を未完了形 / 完了形 / 命令形の順に示したものである。それに続けて動詞の例をあげる。補充法によるものも少数存在する。

　動詞にも名詞同様、敬語形がある（§9.3.2 参照）。しかし、その数はわずかである。また、敬語形は基本的に未完了形 / 完了形 / 命令形の形式が同一である。たとえば、hep「いらっしゃる」、zək「いらっしゃる」、soŋ「おっしゃる」、zi「召し上がる、召す」などの例がある。形態変化がある敬語形動詞として筆者が確認しているのは、hnaŋ（未完了形、完了形）/hnoŋ（命令形）「くださる」、cə（未完了形）/cy（完了形、命令形）「申し上げる」のみである。

表 31　動詞の活用の音韻的な交替パターン

交替のパターン（未完了形 / 完了形 / 命令形）		動詞の例（未完了形 / 完了形 / 命令形）
母音の交替	ə/i/i	hkə/hki/hki「盗む」
	a/i/i	hta/hti/hti「見る」
	a/i/o	sa/si/so「食べる」
	o/i/i	tso/tsi/tsi「煮る」
	tsʰel/tsʰel/tsʰol	tsʰel/tsʰel/tsʰol「（重さを）はかる」
	o/e/e	tsʰo/tsʰe/tsʰe「放牧する」
	o/e/o	hton/hten/hton「示す」
	ə/ə/o	hkər/hkər/hkor「送る」
	a/a/ə	ca/ca/cə「漱ぐ」
	a/a/o	tsak/tsak/tsok「（油などを）絞る」

	a/a/u	ŋa/ŋa/ŋu「寝る、横になる」
	o/a/o	hjor/hjar/hjor「借りる、貸す」
音節頭子音（連続）の交替	d/l/l	dək/lək/lək「そそぐ」
	nd/t/t	ndon/ton/ton「音読する」
	ndz/ts/ts	ndzək/tsək/tsək「挿す」
	ng/k/k	ngək/kək/kək「曲げる」
音節頭子音（連続）の交替と母音の交替	ɕe/ɕe/ço	ɕel/ɕel/çol「話す」
	nba/wa/wu	nba/wa/wu「抜く」
	nde/te/to	ndep/tep/top「耕す」
	ndo/ta/to	ndok/tak/tok「（装飾品を）身につける」
	nḍa/ʈi/ʈi	nḍa/ʈi/ʈi「（紙、布などを）截つ、切る」
	nḍə/ʈi/ʈi	nḍə/ʈi/ʈi「尋ねる、書く」
	nḍo/ʈi/ʈi	nḍo/ʈi/ʈi「逃げる」
	ndzo/ze/zo	ndzok/zek/zok「置く」
	ngo/kə/ko	ngok/kək/kok「遮る」
	htɕo/tɕe/tɕo	htɕok/tɕek/tɕok「壊す」
	htɕo/tɕe/tɕo	htɕol/tɕel/tɕol「切る、絶つ、やめる」
	kwa/kʰə/kʰu	kwa/kʰə/kʰu「（糸などを）紡ぐ」
母音の交替と末子音の交替	ek/ep/op	dzek/dzep/dzop「する」
	en/aŋ/oŋ	hen/haŋ/hoŋ「投げる」
音節頭子音（連続）の交替と母音の交替と末子音の交替	nbol/wi/wi	nbol/wi/wi「呼ぶ」
	ndək/del/dol	ndək/del/dol「居る」
	ndzən/zoŋ/zoŋ	ndzən/zoŋ/zoŋ「つかむ」
補充法によるもの		joŋ/joŋ/çok「来る」
		ndzo/sʰoŋ/sʰoŋ「行く」
		hter/ɕən/ɕən「与える」

[5] 動詞の統語的機能

コピュラ動詞（§3.3.5 [1]）、存在動詞（§3.3.5 [2]）、一般動詞（§3.3.5 [3]）の統語的な機能を順に述べる。

コピュラ動詞は名詞類を伴って述語を形成する。(163) はウチのコピュラ動詞、(164) はソトのコピュラ動詞の例である (詳しくは §7.4.1 参照)。

(163) ŋə-zo　　　wol　　jən.
　　　1EXCL-PL　チベット　COP.S

　　　「私たちはチベット人だ」

(164) məga　　　　ndzarpen　　　　re.
　　　3SG.F　　　　日本　　　　　　COP.O

　　　「彼女は日本人だ」

　存在動詞は存在文と所有文で用いられる。存在場所が文中に現れる場合には、(165)(166) のように場所格助詞 (=LOC)(§5.1.3 [6]) を伴って現れる。所有文における所有者は、(167)(168) のように与格助詞 (=DAT)(§5.1.3 [4]) を用いる。

(165) ŋa　　　　jə＝na　　　　jo.
　　　1SG　　　家＝LOC　　　EXST

　　　「私は家にいる」

(166) hŋəkra　　jə＝na　　　jo.
　　　眼鏡　　　家＝LOC　　　EXST

　　　「眼鏡は家にある」

(167) sonam＝ma　　　　gormo　jok-kə.
　　　PSN＝DAT　　　　　お金　　EXST-EV

　　　「ソナムにはお金がある」

(168) ŋa＝a　　　　　kʰomba　　　　me.
　　　1SG＝DAT　　　暇　　　　　　EXST.NEG

　　　「私には暇がない」

　一般動詞の語幹は、そのままで述語となるが、動詞語尾 (§7.2, §7.3)、

助動詞（§3.3.11）、複合助動詞句（§5.5.2）、文末助詞（§3.3.12）などを伴うことが多い。

(169) ŋa   ta   joŋ.
     1SG   今   来る

「私は今来よう」

(170) kʰoŋwa   htsaŋ-gə.
     部屋   清潔である -EV

「部屋が清潔だ」

(171) ŋi   sama   sa-dzi.
     1SG.ERG   食事   食べる .IPF-FUT.S

「私は食事をとろう」

3.3.6　副詞

　副詞は述語または文全体を修飾する役割をもつ。副詞は動詞よりも前の位置に置かれる。副詞は、1) 格標示されない、2) いかなる接辞、接語もとらないという形態的特徴をもち、ホストとなることもない。疑問語に属する疑問副詞というものもあるが、これについては §3.3.14 で述べる。

[1] 意味による副詞の分類

　［1–1］時間副詞、［1–2］程度副詞、［1–3］陳述副詞、［1–4］オノマトペ、［1–5］動物の鳴き声を表す副詞、という意味による副詞の分類とそれぞれの例を示す。

[1–1] 時間副詞

　時間副詞とは、述語で表される出来事が生起する時点や、時間的な様態を表す副詞である。

tatɕi「さっき」、taroŋ「まだ」、tawoŋ「まだ」、ngoma「最初に」、tʰokmər

「最初に」、rema「早く」など。

[1-2] 程度副詞

　程度副詞とは、述語で表される動作や状態変化の程度を限定する副詞である。

attʰər「最高に、一番に」、makʰa「主に」、ɕamtsʰa（または、ɕamtsa）「たくさん」、tsəgezək（または、tsəge）「少し」、ɕigi「非常に」、tɕək「少し」など。

[1-3] 陳述副詞

　陳述副詞とは、否定、推量、仮定など、述語の陳述的な意味を補足したり、明確にしたりする副詞である。陳述副詞は否定などの一定の陳述的な意味を担う述語形式と呼応させて用いる。文全体を修飾する副詞が多い。

li「もちろん、当然」、tɕaŋ「（否定を伴って）全然～ない」、tʰəktʰək「（否定を伴って）きっと～である」など。

[1-4] オノマトペ

　アムド・チベット語で使用されるオノマトペの数は多くはない。1つの音節を3回重複するものがよくみられる。みつかった例には、htək-htək-htək「ドキドキ（心臓の高鳴る様子）」、htɕe-htɕe-htɕe「ザーザー（雨音）、ガーガー（勢いよく話す様子）」、wək-wək-wək「ズキズキ（歯や頭が痛む様子）」、tʰak-tʰak-tʰak「ドンドン（戸を叩く様子）」、ɬaŋ-ɬaŋ-ɬaŋ「非常に有名な様子（日本語に対応するオノマトペなし）」などの例がある。də-rə-rə「ゴロゴロ（雷鳴）」のように、1音節目と2音節目、3音節目の子音が異なることもある。

[1-5] 動物の鳴き声を表す副詞

　動物の鳴き声を表す表現も副詞に含める。音声的に、母音や子音が長めに

第 3 章　語の構造と品詞分類　95

発音されることがある。

表 32　動物の鳴き声

間投詞	意味
nba [ᵐbaː]	羊、ヤギの鳴き声
awo [awoː]	犬の鳴き声
myaŋ [mʲʌŋ]	猫の鳴き声
həo [həoː]	（腹をすかせた時の）狼の鳴き声
awa, awa awa awa	カラスの鳴き声
ŋ [ŋː]	ヤク、牛の鳴き声

[2] 副詞の統語的な機能

　副詞は、動詞の直前の位置に置かれ、述語または文全体を修飾する。たとえば、(172) の çamtsʰa「たくさん」を文頭に置いたり、(174) の tsəgezək「少し」を文頭に置いたりすると、不自然な文になるという。

(172) tɕʰo　　　　tytsʰo　　**çamtsʰa** ngor-a.
　　　2SG　　　　時間　　　たくさん　過ぎる -EGO

　　　「あなたは時間がたくさんかかった」

(173) **li**　　　　　tɕʰok.
　　　もちろん　　してもよい

　　　「もちろんしてもよい」

(174) ŋa　　**tsəgezək**　　　　ngor-dʑi　　　　re.
　　　1SG　　少し　　　　　　過ぎる [-NMLZ　　COP.O] FUT.O

　　　「私は少し遅れるだろう」

(175) tontak　　**teaŋ**　　ma-wət＝tsək.
　　　問題　　　全然　　　NEG- 出る .PF＝IE

　　　「問題は全く起こらなかった」

(176) tɕʰi　　　sʰemtɕʰoŋ　　　ma-ji＝na　　　　　tɕʰo
　　　2SG.ERG　　注意　　　　　　NEG- する .PF＝COND　2SG

　　　sot-tɕo　　　　　　**tʰəkʈʰək**　　　mek-kə.
　　　殺す .IPF-NMLZ　きっと～ない　EXST.NEG-EV

　「あなたは注意しないと（人が）あなたをきっと殺す［あなたはきっと
　殺される］」[15]

(177) hŋaŋ　　　　**htək-htək-htək**　　daŋ＝go-kə.
　　　心臓　　　　ONM-RDP-RDP　　はねる［＝PROG.EGO-EV］PROG.EV

　「心臓がドキドキしている」

3.3.7　間投詞

　いかなる形態操作も受けず、他の要素と統語的な関係をなさない語を間投
詞とする。間投詞は場面依存性が高く、使う場面によって表す意味やニュア
ンスが様々である。間投詞は言語の中では周辺的なものであるため、他の多
くの言語にみられる間投詞と同様、アムド・チベット語の間投詞も音節構造
を逸脱するケースがみられる。たとえば、表 33 中の nh がその例である。

表 33　間投詞一覧

間投詞	意味
ole	肯定の返事や、話が一段落した後に用いる
ja	肯定の返事や、あいづち、話題を変える時に用いる。何回か繰り返して発話することも可能
nh	否定の返事で用いる
ta	「では、さあ」といったように、行動を起こす前に用いる。上昇調のイントネーションで発音すると相手に発言を求める意味を表す
ama	驚きを表す。何回か繰り返して発話することも可能
aro	人を呼ぶ時や、電話を受けた時にも用いる
a, a, a ［aʔaʔaʔ］	驚きを表す
a	相手の言ったことが聞き取れず、「えっ？」と聞き返すのに用いる
ajo	困った時に用いる

ajoçe, çe	疲れた時や、困った時に用いる
pʰi	他者の行いや性質に反感を示したり、他者を罵ったりする時に用いる **16**
aŋ	考えたり悩んだりしている時に用いる
ma	人に物をあげる時に物を差し出しながら用いる。「ほら」にあたる
lele	人に頼みごとをする時に用いる
atsʰatsʰa	熱いものを触った時に用いる
açaça, açəaçə, atɕʰətɕʰə	冷たいものを触った時に用いる
akʰakʰa	驚いた時、危機一髪の事態で用いる
ei [ɛːi]	人を呼ぶ時に用いる
hawohawo, hawo	誰かが亡くなった時など、辛く苦しい時に用いる
ahanbo	「かわいそうに」といった憐みの気持ちを表す時に用いる

3.3.8 不定助詞

　不定助詞（INDF）＝zək は、修飾する要素の後に置かれ、修飾する要素が「不定」であることを明示する（例は (178)）。一方、アムド・チベット語には不定助詞は存在するが、定を表す専用のマーカーはない。その役割を指示代名詞が兼ねていると思われる。

　不定助詞が付加されたホストは、はっきりとではないが「1 つ、1 人」であることも含意される。(178) は誰だかわからないが人が 1 人いることを含意する。ちなみに、不定助詞は複数接辞には後続できない（例は (179)）。「1 つ、1 人」であることを明示的に述べる場合には (180) のように htɕək「1」という数詞が不定助詞に後続する。不定助詞を用いない場合は数が特定されない。(181) は、何人いるかはわからないという場合の表現である。

(178) ŋə̩＝**zək**　　jok-kə.

　　　人＝INDF　　EXST-EV

　　「人が 1 人いる」

（179）* ɕaji-tɕʰo＝zək
　　　子供 -PL＝INDF

（180）ŋə＝zək＝a　　　　　htɕək　　jok-kə.
　　　人＝INDF＝DAT　　　1　　　　EXST-EV

　　　「人が 1 人いる」

（181）ŋə　　　　　　　jok-kə.
　　　人　　　　　　　EXST-EV

　　　「人がいる」

　不定助詞は格助詞の前に位置する（名詞句の構造、§5.1.1 参照）。不定助詞に与格助詞が後続した＝zək＝a（＝INDF＝DAT）は、通常の与格の用法の他にリンカーとしての機能をする。つまり、不定助詞を伴った名詞類に修飾要素が続く場合に、「名詞類＝INDF」に与格助詞が後接し、「名詞類＝INDF」とその直後の修飾要素とをつなぐ役割を果たす。

3.3.9　格助詞

　格助詞は名詞類や名詞句に付加されて格を標示することができる。格助詞が名詞句に接続する時には必ず、名詞句の最後の要素に後続する。格助詞が 2 つ以上連なることはない。格には、絶対格、能格、属格、与格、起格、場所格、到格の 7 種類がある。格助詞の一覧を表 34 に示す。能格助詞と属格助詞の ＝Kə（＝kə~＝ki、まれに＝gə~＝gi）という形は同形である。しかしながら、アムド・チベット語でも方言によって能格助詞と属格助詞が形態的に異なること、そして能格助詞が名詞項と動詞の関係を示すのに対し、属格助詞が名詞類と名詞類の間の関係を示すという大きな機能的違いをもつことから、それぞれを別の形態素として分析する。能格と属格の標示は ＝Kə という格助詞による標示が一般的であるが、語末が母音で終わる場合のみ、語幹の母音交替（V＞/i/）で表すことがある。牧区方言話者の意識では、母音交替による格標示のほうがより規範的だと考えられている。

　与格は与格助詞 ＝Ca を後接して表す。＝Ca は表 35 に示したような異形

第3章　語の構造と品詞分類　99

態をもつ。直前の語幹または語の語末が /k/ または /m/ の場合には、それぞれ2つの形式が現れうる。各格助詞の機能と例文については §5.1.3 で詳しく扱う。

表 34　格標示一覧

形態	格の名称（略号）
無標	絶対格（ABS）
=Kə、母音交替（V＞/i/）	能格（ERG）
=Kə、母音交替（V＞/i/）	属格（GEN）
=Ca	与格（DAT）
=ni	起格（ABL）
=na	場所格（LOC）
=tʰəksʰi	到格（TERM）

表 35　与格助詞 ＝Ca の交替

直前の語幹または語の語末音	実現形
/k/	/＝ka/
/m/	/＝ma/
/n/	/＝na/
/ŋ/	/＝ŋa/
/p/	/＝wa/
/k/, /m/, /l/, /r/, /w/（← /p/）, 母音	/＝a/
/o/	/＝o/

3.3.10　談話助詞

　談話助詞は、名詞類、副詞をホストとして現れる。そして、それがついたホストとなる名詞類、副詞を取り立てたり、対比したりするという機能をもつ。談話助詞の一覧を表 36 に示した。

　＝Ra は＝ra/＝ṭa/＝nḍa という異形態をもつ。＝Ra の交替については

§2.6.1［3］の表8、または、付録1の表82を参照されたい。

表36　談話助詞一覧

形態	意味、機能	例
＝Ra（＝ra/＝ʈa/＝nɖa）	累加、並列「〜と、〜も」	(182)–(184)
＝jaŋ	累加「〜も、また〜」	(185) (186)
＝məndi	排除「〜しか、〜だけ」	(187)
＝dokko	提題、強調「〜は、〜こそ」	(188) (189)
＝ta	提題、対比「〜は」	(188) (190) (191)
＝taktak	唯一「〜ばかり」	(192)

(182) ŋi＝**ra**　　　　　　sa＝na　　　　　　　ndok-kə.
　　　1SG.ERG＝PP　　　食べる.IPF＝COND　　思う -EV

　　　「私も食べたい」

(183) ndi＝ni＝**ra**　　　tʰaŋ　　htɕək　　ɕe.
　　　DEM＝ABL＝PP　　回　　　1　　　　話す

　　　「ここでも、もう一回話そう」

(184) kara＝**ra**　　mer　　hŋi-ka　　　　ndi＝na　　　jok-kə.
　　　糖類＝PP　　バター　2-NMLZ　　　DEM＝LOC　　EXST-EV

　　　「砂糖とバター両方ともここにある」

(185) roŋwo＝**jaŋ**　　　hma-gi＝ja.
　　　PLN＝PP　　　　　低い -EV＝INFM

　　　「(西寧も標高が低いけど)ロンウォも低い」

(186) ndi＝ni＝**jaŋ**　　　ŋi　　　　　　tsʰem　　jet-tɕi?
　　　DEM＝ABL＝PP　　1SG.ERG　　　休み　　する.IPF-FUT.S

　　　「ここでもう1度私は休もうか？」

(187) ŋə　　　htɕək＝**məndi**　　met＝tsək.
　　　人　　　1＝PP　　　　　　EXST.NEG＝IE

　　　「人が1人しかいない」

第 3 章　語の構造と品詞分類　101

(188) məga＝**ta**　jek-ma＝**dokko**　　　　　　re.
　　　3SG.F＝PP　美しい-NMLZ＝PP　　　　　COP.O

　　　「彼女はすごい美人だ」

(189) kʰamo＝**dokko**　　　sʰə　　　re?
　　　PSN＝PP　　　　　　誰　　　COP.O

　　　「カモって誰？」

(190) məga＝**ta**　jek-ma　　　　re.
　　　3SG.F＝PP　美しい-NMLZ　　COP.O

　　　「彼女は美人だ」

(191) teraŋ＝**ta**　ŋa　　hkom-ni＝zək　　　　re.
　　　今日＝PP　1SG　喉が渇く-NMLZ＝INDF　COP.O

　　　「（昨日は喉が渇かなかったのに）今日は私は喉が渇く」

(192) ndi　　　jeke　　tagi　　waŋ'ama＝ki　　hlon＝**taktak**　re.
　　　DEM　　みな　　FIL　　PSN＝GEN　　大臣＝PP　　　COP.O

　　　「これらはみな、ワンアマの大臣ばかりでした」【TX1】

3.3.11　助動詞

　動詞をホストとする付属語のうち、アスペクト、証拠性、ウチ / ソト、モダリティなどの文法範疇を表すものを助動詞とする。文末助詞も動詞をホストとする付属語であるが、助動詞は文末助詞よりも相対的に動詞に近い位置に現れる。また、文末助詞とは異なり、文末以外にも現れることが可能である。助動詞には表 37 に示す 8 形態素がある。「完遂」を表す助動詞 ＝toŋ, ＝taŋ, ＝ndzo, ＝Sʰoŋ（いずれも §7.2.2［3］, §7.6 参照）、証拠性のうち「現場観察」を表す ＝tʰa（§7.3.2 参照）と推察、伝聞などの「結果観察」を表す ＝Zək（§7.3.3 参照）の他、進行・習慣（定着知）を表す ＝Go（§7.3.4 参照）、確信をもった発話（ウチ）を表す ＝ni（§7.5.3 参照）がある。

表 37　助動詞一覧

助動詞	意味・機能（略号）	例
＝toŋ	完遂（ACMP）	（193）
＝taŋ	完遂（ACMP）	（194）
＝ndzo	完遂（ACMP）	（195）
＝sʰoŋ	完遂（ACMP）	（196）
＝tʰa	現場観察（DE）	（197）
＝Zək	結果観察（IE）	（198）
＝Go	進行・習慣（定着知）（PROG.EGO）	（199）
＝ni	確信をもった発話（ウチ）（AFF.S）	（200）

(193) kʰəga　　　wət＝**toŋ**-gə.
　　　3SG.M　　出る.PF＝ACMP-EV

　　「彼は出て行ってしまう」

(194) kʰəga　　　wət＝**taŋ**＝tʰa.
　　　3SG.M　　出る.PF＝ACMP＝DE

　　「彼は出て行った」

(195) kʰəga　　　wə＝**ndzo**-gə.
　　　3SG.M　　出る.PF＝ACMP-EV

　　「彼は出て行ってしまう」

(196) kʰəga　　　wəs＝**sʰoŋ**＝zək.
　　　3SG.M　　出る.PF＝ACMP＝IE

　　「彼は出て行った」

(197) kʰəga　　　joŋ＝**tʰa**.
　　　3SG.M　　来る＝DE

　　（足音を聞いたり、姿をみかけたりして気づき）「彼が来た」

(198) kʰəga　　　joŋ＝**zək**.
　　　3SG.M　　来る＝IE

　　（部屋の中に彼の持ち物などを発見したり、他の人から聞いたりして）
　　「彼が来たようだ」

(199) ŋa　　　joŋ＝**go**.

　　　 1SG　　　来る＝PROG.EGO

　　　「私は（そちらに）向かっている」

(200) ŋa　　　teraŋ　　joŋ＝**ni**.

　　　 1SG　　　今日　　 来る＝AFF.S

　　　「私は今日来たのだ」

3.3.12　文末助詞

　文末助詞は、文末の動詞や助動詞に後続し、文全体の事態に関わる、または、対人的なモダリティを付加する。文末助詞の一覧を表 38 に示す。異形態のあるものに関しては、括弧内に異形態を示す。疑問を表す文末助詞については §6.4.2 で、その他の文末助詞については §7.5.4 で詳しく扱う。それぞれの交替に関しては、付録 1 の表 93– 表 96 を参照。

表 38　文末助詞一覧

文末助詞	意味（略号）	例
＝ja	情報提供（INFM）	（201）
＝Ba（＝pa/＝ba）	同意要求、推量（TAGQ）	（202）
＝Go（＝ko/＝go）	念押し（EMP）	（203）（204）
＝Ra（＝ra/＝ʈa）	強意（EMP）	（205）（206）
＝mo	理由、遺憾（RSN）	（207）
＝ri	勧誘（CHR）	（208）
＝ni	発話者にかなり確信がある事態について確認する（AFF.Q）	（209）
＝Ca（＝ga/＝na/＝la/＝a）	発話者がある程度知っている（ただし、疑問文末助詞 ＝ni ほどは確信がない）事態について確認する（EGO.Q）	（210）
＝Ga（＝ka/＝ga）	発話者が観察したりして知った事態について確認する。動詞語尾 -Gə の疑問形である（EV.Q）	（211）
＝na	（＝ni＝na の連続で）自問（Q）	（338）

(201) kopa ŋi tʰen＝**ja**.
方法 1SG.ERG 引く＝INFM

「方策は私が講じよう」

(202) sonam＝ma nor jop＝**pa**.
PSN＝DAT ヤク EXST＝TAGQ

「ソナムにはヤクがいるだろう」

(203) ŋa ndʑo＝**go**.
1SG 行く.IPF＝EMP

「私は行くよ」

(204) dok＝**ko**.
居る.IMP＝EMP

「いてよ／待ってよ」

(205) ŋa naŋhka ndəkmotsʰo-tsʰaŋ＝ŋa ndʑo＝**ra**.
1SG 明日 PSN-NMLZ＝DAT 行く.IPF＝EMP

「私は明日ドゥクモツォの家に行こう」

(206) çoʈ＝**ʈa**.
話す.IMP＝EMP

「話してよ」

(207) tɕʰə＋ntɕʰek tʰoŋ go-nə mən＝**mo**.
水＋冷たい 飲む 要る［-NMLZ COP.S.NEG］AFF.S＝RSN

「冷水を飲んではいけないのに」[17]

(208) ə-ɲika go＝o ndʑo＝**ri**?
1INCL-DU 門＝DAT 行く.IPF＝CHR

「私たち2人、外に行こうか？」

(209) tɕʰo jə＝na jo＝**ni**?
2SG 家＝LOC EXST＝AFF.Q

「あなたは家にいるの？」

第 3 章　語の構造と品詞分類　　105

(210) tɕʰo　　　jə＝na　　　　　jol＝**aʔ**
　　　2SG　　　家＝LOC　　　　EXST＝EGO.Q

　　「あなたは家にいるか？」

(211) tɕʰo＝o　　gormo　　maŋ＝**gaʔ**
　　　2SG＝DAT　お金　　　多い＝EV.Q

　　「あなたはお金が多いね？」

3.3.13　接続助詞

　接続助詞は、動詞をホストとして現れる後接語であり、副詞節をつくり、主節に対する論理的関係や時間的関係を示す機能をもつ。同じ節内で助動詞や複合助動詞句と共起する場合には、それらよりも後に後続する。接続助詞の一覧を表 39 に示す。

　接続助詞の種類は複数ある。従属節の種類により、接続助詞の形が異なる。異形態のあるものに関しては括弧内に示す。交替する環境については付録 1 の表 86–表 92 を参照されたい。§8.3 では各接続助詞の機能について詳しく述べ、例文も示す。

表 39　接続助詞一覧

接続助詞	意味、機能（略号）
＝na	条件（COND）
＝nara, ＝Roŋ（＝roŋ/＝ʈoŋ/＝nɖoŋ）	譲歩（CONC）
＝Ra（＝ra/＝ʈa/＝nɖa）	逆接（ADVS）
＝Ni（＝ni/＝ŋi/＝i）	動作連続・付帯状況（SEQ）
＝Na（＝na/＝ŋa/＝a）	動作連続・否定の状態（SEQ）
＝Gə（＝gə~＝gi/＝kə~＝ki）	目的・否定の状態（PUR）
＝Ritʰatsʰo（＝ritʰatsʰo/＝ʈitʰatsʰo/＝nɖitʰatsʰo）, ＝Ri（＝ri/＝ʈi/＝nɖi）	生起後・生起中（TIME）
＝kʰa	直前（ANT）
＝Rokko（＝rokko/＝ʈokko/＝nɖokko）	生起前の継続的な時（ANT）

ma- 動詞＝koŋŋa	生起前（ANT）
＝Roŋkoŋŋa（＝roŋkoŋŋa/＝ʈoŋkoŋŋa/ ＝ndoŋkoŋŋa）	直後（PST）
＝zi	引用（QUOT）

3.3.14　疑問語

　疑問を表す語（疑問語）は、品詞分類の枠組みを超えて、様々な品詞に存在する。これらの疑問を表す語類は、疑問語疑問文（§6.4.1 参照）に用いられるという共通特徴を有することから、品詞分類とは異なる別範疇の語類として設定する。

　疑問語は品詞としては、代名詞、数詞、副詞に属する。つまり、疑問代名詞と疑問数詞、疑問副詞の 3 つの種類がある。表 40 にその一覧を示す。§6.4.1 で各疑問語の機能と例文を示す。

表 40　疑問語一覧

品詞	疑問語	意味
代名詞	tɕʰəzək, tɕʰə	「何」
	sʰə	「誰」
	kaŋ	「どこ、どれ」
数詞	tə	「いくつ、いくら」
	tɕʰəmozək	「いくつくらい、いくらくらい」
副詞	tɕʰəmo, tɕʰəmozək	「どのような」
	nem	「いつ」

　疑問語は、表 41 に示すような格標示が可能である。sʰə「誰」の能格形、属格形では、母音交替（/ə/＞/i/）によって格を標示することもある。格助詞付加による格標示（sʰə＝gə, sʰə＝gi「誰が / 誰の」）とも交換可能である。ちなみに、「どのように」という、手段を問う疑問語は tɕʰə「何」に能格助詞 ＝gə~＝gi を接続した tɕʰə＝gə, tɕʰə＝gi で表し、「なぜ」という理由を問う疑問語は tɕʰəzək「何」に与格助詞 ＝a を接続した tɕʰəzək＝a で表す。

疑問数詞には tə-wa（いくつ -NUM）「何番目」といった接辞付加が可能である。その他の疑問語には接辞は後続しないようである。また、重複形も存在しない。

表 41　疑問語の格標示

	「何」	「誰」	「どこ、どれ」	「いくつ、いくら」
絶対格	tɕʰəzək, tɕʰə	sʰə	kaŋ	tə
能格	tɕʰəzək=kə, tɕʰəzək=ki, tɕʰə=gə, tɕʰə=gi	sʰə=gə, sʰə=gi, sʰi	kaŋ=kə, kaŋ=ki	tə=kə, tə=ki
属格	tɕʰəzək=kə, tɕʰəzək=ki	sʰə=gə, sʰə=gi, sʰi	kaŋ=kə, kaŋ=ki	tə=kə, tə=ki
奪格	—	—	kaŋ=ni	tə=ni
位格	—	—	kaŋ=na	—
与格	tɕʰəzək=a	sʰə=a	kaŋ=ŋa	te
到格	—	—	kaŋ=tʰəksʰi	—

	「いくつくらい、いくらくらい」	「どのような」	「いつ」
絶対格	tɕʰəmozək=kə, tɕʰəmozək=ki	tɕʰəmo	nem
能格	tɕʰəmozək=kə, tɕʰəmozək=ki	—	—
属格	tɕʰəmozək=kə, tɕʰəmozək=ki	—	nem=kə, nem=ki
奪格	—	—	nem=ni
位格	—	—	—
与格	tɕʰəmozək=a	tɕʰəmo=a	—
到格	—	—	nem=tʰəksʰi

注

1 「後接語」という用語は、研究者によっては、ホストの前に位置する接語 (proclitic) に対して用いることもあるが (亀井他編 1996: 524)、本書では、ホストに後続する接語 (enclitic) を「後接語」と呼ぶ。

2 この構文についての詳細は §4.3.2 参照。

3 複数接辞 -tɕo は -tɕʰo が無気化したものであり、-tɕʰo と自由に交替するものと思われる。したがって、以下の表中では -tɕo を用いた人称代名詞は特に示さない。

4 例文は、§8.3.12 にて示す。

5 アムド・チベット語におけるロゴフォリックな代名詞については Ebihara (2014) も参照。

6 たとえば、ŋəɕə tʰamba (20 ちょうど)「20」、sʰəmtɕə tʰamba (30 ちょうど)「30」など。

7 たとえば、30 の位の 1 音節 sʰo は sʰəmtɕə「30」の音節頭と、40 の位の 1 音節 ɕe は zəptɕə「40」の音節頭と音声的な類似がみられる。

8 tɕʰoŋ-tɕʰoŋ 自体は年齢の他、大きさが「小さい」ことを表す形容詞である。しかし、ɕaji tɕʰoŋ-tɕʰoŋ という表現の場合は、一般的には年齢が「小さい」ことを表し、背丈が「小さい」ことには用いられない。

9 ŋen という状態動詞は、この形のみで、状態動詞として使用する場合には、「良い、すばらしい」という意味を表す (tɕʰo ŋen-gə. (2SG すばらしい -EV)「あなたはすばらしい」)。接辞が付加された ŋen-ba という形容詞は「悪い」という意味を表す。例は、tɕʰo ŋen-ba re. (2SG 悪い -ADJVLZ COP.O)「あなたは悪い」。

10 2 音節目の初頭に /h/ が挿入される。

11 (n) tɕʰək の C₂ となる (n) は、ロチ・ギャンツォ氏の発話では複合語の後部要素となる際に現れる。

12 同一の状態動詞に接辞付加することよって派生される形容詞が複数存在する場合がある。派生された形容詞間の違いがはっきりしないこともあるが、tɕʰək-to と tɕʰok-kwa の場合には、tɕʰok-kwa がどれくらい冷たいかははっきりと示していないのに対し、tɕʰək-to は極度に冷たいことを意味するという。

13 「拡大核項」という日本語訳は下地 (2018) にしたがった。

14 「する」という動詞にのみ、完了形に 2 つの形 (ji と ɕi) がある。

15 tʰəktʰək「きっと〜ない」という副詞は文中で常に否定要素と共起する。全体で表す意味は「きっと〜である」という肯定の意味となる点で注意が必要である。

16 漢語の「坏」(/pei/)「唾棄或いは叱責を表す」(劉月華他 1988: 355) からの借用である可能性もある。

17 残念な気持ちや相手を責めるニュアンスが含意される。

第 4 章　語形成

　本章ではアムド・チベット語の語形成の方法について概観する。語形成の
手段には、接辞法の他、複合法、重複法がある。このうち、特に生産的な方
法は、接辞法と複合法である。重複法は生産性が低いようである。

4.1　派生接辞

　派生接辞には接頭辞と接尾辞がある[1]。名詞類を派生する場合と動詞を派
生する場合の 2 つにわけて述べる。

4.1.1　名詞類を派生する接辞

　名詞類を派生する接辞には接頭辞（敬語派生接辞のみ）と接尾辞がある。
敬語派生接辞については §9.2.2 ［1］で扱う。以下では名詞類を派生する各
種接尾辞について述べる。

[1]「ヒト」を表す名詞化接辞 (N/V-Pa, N/V-Po)

　「ヒト」を表す名詞化接辞には -Pa, -Po という 2 種類の接尾辞があり、そ
れぞれ、-pa/-ba/-kwa/-wa, -po/-bo/-wo という異形態をもつ。-Pa, -Po は名
詞語幹に付加される場合と動詞語幹に付加される場合がある。この接辞が名
詞に付加されて派生した名詞は、「名詞 / 動詞に関連した属性をもつヒト」
を表す。名詞によって、後続する接辞の形が異なる。どちらの接辞が後続す
るかは語彙的に決まっている。異形態が現れる規則は共時的には記述が難し

いが、チベット文語との対応から予測が可能である[2]。ne-pa（病気 -NMLZ）「病人」、hmen-ba（薬 -NMLZ）「医者」、kʰam-ba（PLN-NMLZ）「カム地域（東チベット）の人」、nɖok-kwa（牧畜 -NMLZ）「牧畜民」、ando-wa（PLN-NMLZ）「アムド地域の人」、xitɕʰa-wa（本 -NMLZ）「学者、学生などの本を読む人」、ɬopʈa-wa（学校 -NMLZ）「学生」、me-po（EXST.NEG-NMLZ）「貧乏人」、xon-bo（長 -NMLZ）「官僚、高官、領主、長」、dzə-wo（家畜追い -NMLZ）「家畜追い」など。

[2]「～をもつヒト / モノ」を表す名詞化接辞 (N-tɕen)

「～をもつヒト / モノ」を表す接辞には -tɕen という形態素がある。この接辞は名詞に接続する。有生物の例が多くみつかったが、kʰo-tɕen（スープ -NMLZ）「（肉まん、餃子などのうち）肉汁の多いもの」といった無生物の例もある。jonden-tɕen（教養 -NMLZ）「教養人」、ɕet-tɕen（力 -NMLZ）「力持ち」、lakhtsel-tɕen（技術 -NMLZ）「技術者」、ɕijon-tɕen（知識 -NMLZ）「知識者」、ʁaŋ-tɕen（権力 -NMLZ）「権力者」、dzi-tɕen（財産 -NMLZ）「財産家」、ndaŋ-tɕen（愛情 -NMLZ）「寵愛を受けている人」、hpo-tɕen（怒り -NMLZ）「怒りっぽい人」、oma-tɕen（ミルク -NMLZ）「ミルクのよく出る家畜」など。

[3]「～するヒト、～に長けたヒト」を表す名詞化接辞 (IPF-kʰen)

動作の行為主体や専門家を表す名詞化接辞には -kʰen という形態素がある。動詞の未完了形に後続する。htse-kʰen（遊ぶ -NMLZ）「遊び人」、len-kʰen（歌う .IPF-NMLZ）「歌う人、歌手」など。

[4] 女性名詞化接辞 (N-ma, N-mo)

女性名詞化接辞には -ma, -mo という 2 つの形態素がある。これらの接辞は名詞語幹に後続する。この接辞が名詞語幹に付加されると、その派生名詞は、元の名詞が表す女性や動物の雌を表す。どちらの接辞が後続するかは語彙的に決まっている。wəhka-ma（養子 -NMLZ）「養女」、geŋen-ma（居士 [3]-NMLZ）「大姉 [4]」、ndzo-mo（ゾ [5]-NMLZ）「雌ゾ」、kʰam-mo（PLN-

NMLZ)「カム地域（東チベット）の女性」など。

[5] 複数接辞 (N/DEM-tcʰo, N/DEM-hnem, N/DEM-lasʰokkwa, N/DEM-tcenbo)

複数接辞には -tcʰo, -hnem および -lasʰokkwa, -tcenbo という 4 つの形態素がある。-tcʰo には -tco, -zo という異形態もあり、これらは自由変異であると考えられる。複数を明示するために、名詞や指示代名詞に複数接辞が付加される。ただし、名詞や指示代名詞には文法的な性、数という文法範疇は存在しないため、この複数標示は義務的ではない。意味的には複数であるにも関わらず、複数接辞が接続しないことも多い。複数接辞には、同質複数を表すものと近似複数を表すものがある。同質複数を表すものには、-tcʰo/-tco/-zo と -hnem という 2 種類の形態素があり、近似複数を表すものには、-lasʰokkwa と -tcenbo という 2 種類の形態素がある。

同質複数である gegen-tcʰo（教師 -PL)「教師たち」は、「教師が複数いる」ことを表す。つまり、その名詞の属性をもつものの集合を表す。固有名詞は、同じものの複数が通常はあり得ないため、-tcʰo/-tco/-zo と -hnem は後続しない。-hnem は同質複数、および、敬意を表す接辞である。xon-bo-hnem（長 -NMLZ-PL.HON)「官僚たち」など。

一方、近似複数を表す接辞を伴った、gegen-lasʰokkwa（教師 -PL)「教師たち」は「教師とその他の人々がいる」ことを表す。つまり、その名詞の属性をもつものとそれ以外のものの集合を表す。

[6] 道具を表す名詞化接辞 (IPF-htcekko, IPF-htcel)

道具を表す名詞化接辞には -htcekko, -htcel という 2 つの形態素がある。動詞の未完了形に後続する。ndzo-htcekko（行く .IPF-NMLZ)、ndzo-htcel（行く .IPF-NMLZ)「乗り物（車、馬、バイクなど)」、so-htcekko（殺す .IPF-NMLZ)、so-htcel（殺す .IPF-NMLZ)「（動物などを）殺すもの（銃、罠、刀など)」、htse-htcekko（遊ぶ -NMLZ)、htse-htcel（遊ぶ -NMLZ)「遊ぶもの（玩具)」、tcə-htcekko（洗う -NMLZ)、tcə-htcel（洗う -NMLZ)「洗う道具（洗濯機、洗濯板)」など。

[7]「～するモノ」を表す名詞化接辞 (IPF-dzi)

「～するモノ」という意味を表す名詞化接辞には -dzi という形態素がある。主に、行為の対象を表す（ただし htɕək-dzi「吐き気」のような例外もある）。動詞の未完了形に後続する。sa-dzi（食べる .IPF-NMLZ）「食べ物」、tʰoŋ-dzi（飲む -NMLZ）「飲み物」、ndə-dzi（尋ねる .IPF-NMLZ）「質問」、kon-dzi（着る -NMLZ）「服」、htɕək-dzi（吐く -NMLZ）「吐き気」など。

[8]「～のようなモノ／コト」を表す名詞化接辞 (DEM-mo)

「～のようなモノ／コト」を表す接辞には -mo という形がある。-mo は指示代名詞に後続して、「元の名詞に類似するモノ／コト」を意味する名詞を派生する。ndi-mo（DEM-NMLZ）「このようなもの／こと」、ti-mo（DEM-NMLZ）「そのようなもの／こと」、ka-mo（DEM-NMLZ）「あのようなもの／こと」という 3 例のみがある。

[9]「～家」を表す名詞化接辞 (N/DEM-tsʰaŋ)

「その人物が所属している家庭」を表す名詞を派生する接辞に、-tsʰaŋ がある。-tsʰaŋ は、人名や 3 人称代名詞の語幹（kʰə）に後続して、「～家」を表す。たとえば、ndəkmo-tsʰaŋ（PSN-NMLZ）「ドゥクモの家」、kʰə-tsʰaŋ（3SG-NMLZ）「彼の家」など。

[10]「全体の数」を表す名詞化接辞 (NUM-bo, NUM-ka, NUM-ko, NUM-wo)

全体の数を明示する名詞を派生する接辞には -bo, -ka, -ko, -wo という 4 つの形態素がある。-bo, -ka, -ko, -wo が数詞に接続すると、その集合の全体数を明示する意味を表す。全体数を明示しない場合には基数詞がそのまま用いられる（§3.3.3 参照）。htɕək「1」に接辞を付加した形は htɕək-ko「1 人だけ、1 つだけ」である。hŋi「2」に接辞を付加した形は hŋi-ka「2 人、2 つ」、səm「3」に接辞を付加した形は səm-bo「3 人、3 つ」である。以下に 10 までの基数詞と、それらに接辞を付加した形を示す。

htɕək-ko「1人、1つ」、hŋi-ka「2人、2つ」、səm-bo「3人、3つ」、zə-wo「4人、4つ」、hŋa-wo「5人、5つ」、ṭək-ko「6人、6つ」、dən-po「7人、7つ」、dze-po「8人、8つ」、gə-wo「9人、9つ」、tɕə-wo、または、tɕə tʰamba-wo「10人、10個」

11以上の数では、1の位が3から9の場合にはそれぞれの1けたの数に接続するものと同様の接辞が後続する。ただし、tɕəhtɕək-wo「11人、11個」、tɕəkṇi-wo「12人、12個」、ŋəçə tʰamba-wo「20人、20個」のように、1の位が「1」、「2」、「0」の場合のみ -wo が後続する。

数える対象を明示する場合には、これらの派生された数詞の前に対象となる名詞が置かれる（例は (212)(213)）。

(212) hor   hlaŋ   hŋi-ka
      PLN   PLN   2-NMLZ

      「ホル国とリン国両方とも [6]」
(213) akʰə   səm-bo
      僧侶   3-NMLZ

      「僧侶3人とも」

[11]「～の性質をもったヒト/モノ」を表す名詞化接辞（ADJ-wo）

「～の性質をもったヒト/モノ」を表す接辞には -wo という形態素がある。-wo は形容詞に後続して、「～の性質をもったヒト/モノ」という名詞を派生する。接辞派生による形容詞、重複による形容詞のいずれにも付加できる。

jok-kwa-wo（きれいだ -ADJVLZ-NMLZ）「きれいな人、きれいな物」、tɕʰa-tɕʰa-wo（まだらだ-RDP-NMLZ）「皮膚の色がまだらな人、模様のついた物」、sʰer-o-wo（黄色い -ADJVLZ-NMLZ）「皮膚が黄色い人、黄色い物」、

cən-bo-wo(おいしい -ADJVLZ-NMLZ)「おいしい物」、ŋen-ba-wo(悪い -ADJVLZ-NMLZ)「悪い人、悪い物」など。

[12]「～するコト」を表す名詞化接辞 (IPF-Dzo)

「～するコト」を表す名詞化接辞には -Dzo (-tɕo/-dzo) という形態素がある。異形態の現れる環境については付録 1 の表 78 に示す。動詞の未完了形に後続する。また、複合助動詞句(§5.5.2 参照)中においてのみ、-Dzi (-tɕi/-dzi) という別の形態が現れる(§7.2.1 参照)。-Dzi は -Dzo と同源であると考えられる。

ndzo-dzo(行く.IPF-NMLZ)「行くこと」、sa-dzo(食べる.IPF-NMLZ)「食べること」など。tʰoŋ-dzo(飲む -NMLZ)「飲むこと」、xitɕʰa hter-dzo(本 与える.IPF-NMLZ)「本をあげること」、lihka li-dzo(仕事 する -NMLZ)「仕事をすること」などのように句に後続することもある。

[13] 名詞化接辞 (V-no, V-ni)

名詞化接辞 -no は、動詞の未完了形または完了形に後続する。不定助詞が後続する場合には -ni という形で現れ、複合助動詞句(§5.5.2 参照)中においてのみ -nə という形で現れる。

名詞化接辞 -no, -ni は、句や節を名詞化することもある(§5.1.1 [5], §8.1 参照)。-no と -ni の機能の違いは明確でない場合もあるが、-no が一般的な形で、不定助詞が前に現れる場合には -ni に交替するようである(例は (217))。逆に、不定助詞の前以外では -no が現れる(例は (214)–(216))。

(214) tatci ŋi {ce-**no**/*ce-**ni**} tɕʰək
　　　さっき 1SG.ERG 話す -NMLZ/ 話す -NMLZ 間違う

　　　mek-kə＝baʔ
　　　EXST.NEG-EV＝TAGQ

　　　「さっき私が言ったこと、間違ってないでしょ？」

(215) məgi   htɕa   {tɕe-**no**/*tɕe-**ni**}

      3SG.F.ERG   髪   切る.PF-NMLZ/切る.PF-NMLZ

      ɕigi   tʰoŋ-gi.

      非常に   短い-EV

      「彼女が髪を切ったの［切った状態］が、すごく短い」

(216) hloʈidzantsʰo=ki   dzəntsʰen   {ko-**no**/*ko-**ni**}

      PSN=GEN   理由   聞く-NMLZ/聞く-NMLZ

      tʰok   toŋ-wo   jən.

      回   1-NUM   COP.S

      「ロチ・ギャンツォの話を聞いたのは初めてだ」

(217) li   {*mə-tʰəp-**no**=zək/mə-tʰəp-**ni**=zək}

      する   NEG-できる-NMLZ=INDF/NEG-できる-NMLZ=INDF

      mek-kə.

      EXST.NEG-EV

      「できないことはない」

   -no, -ni を伴った名詞節は、他の名詞を修飾することもできる。名詞節による修飾については§5.1.1［5］にて詳しく述べる。

[14] 形容詞派生接辞 (V-pa/-po/-ba/-bo/-to/-kə/-ko/-kʰə/-ma/-mo/-ŋa/-wa/-wə/-wo/-nbo/-ndi/-kwa/-a/-o)

   状態動詞に形容詞派生接辞（-pa/-po/-ba/-bo/-to/-kə/-ko/-kʰə/-ma/-mo/-ŋa/-wa/-wə/-wo/-nbo/-ndi/-kwa/-a/-o）を接続して形容詞を派生する（ndzok-mo「速い」、tɕʰi-wo「大きい」など）。派生された形容詞の例は表 18（§3.3.4）を参照。

[15] 度合いの増加を表す接辞

   tɕe- という接頭辞は、状態動詞に前置されて、その度合いが増すことを表す。(218)–(220) のように tɕe-V を反復させると、「だんだん～」というよ

うに、順を追って変化している様子を表す。派生された tɕe-V または反復された tɕe-V tɕe-V には格助詞が後続できること、また反復された tɕe-V tɕe-V にはコピュラ動詞を続けることができることから、tɕe-V は名詞化していると解釈できる。

(218) məʈaŋ　　　nanaŋ＝ŋa　　　hti＝na　　　**tɕe-maŋ＝ŋa**
　　　人口　　　　去年＝DAT　　　見る.PF＝COND　より-多い＝DAT

　　　wət＝tʰa.
　　　出る.PF＝DE

　　　「人口が去年からみると、より多くなった」

(219) tɕʰə　　　**tɕe-tɕʰi**　　　**tɕe-tɕʰi＝a**
　　　川　　　　より-大きく　　　より-大きく＝DAT

　　　wəs＝sʰoŋ＝zək.
　　　出る.PF＝ACMP＝IE

　　　「川はだんだん大きくなった」

(220) ŋə　　　**tɕe-maŋ**　　　**tɕe-maŋ**　　　re.
　　　人　　　より-多い　　　より-多い　　　COP.O

　　　「人がどんどん増える」

4.1.2　動詞を派生する接辞

　動詞を派生する接辞は全て接頭辞である。［1］否定接頭辞、［2］疑問接頭辞がある。

[1] 否定接頭辞

　否定接頭辞には ma-, mə- の2つがある。ma- は動作動詞の未完了形に付加されると「禁止」を（例は（221））、完了形に付加されると「否定・完了」を表す（例は（222））。mə- は動作動詞の未完了形に付加されると「否定・未完了」を表す（例は（223））。mə- は完了形には付加されない。否定文に関しては§6.5で述べる。mə- は動作動詞と状態動詞のみに接続するが、ma- は

第 4 章　語形成　117

動作動詞の他、状態動詞、コピュラ動詞の rel、存在動詞にも接続する。存在動詞には mel という否定形があるため、ma-jol という否定接頭辞が付加された存在動詞が使用されることはまれである（例は (224)）。動詞の命令形には否定接頭辞は接続しない。

(221) ma-ndʑo.
　　 NEG- 行く .IPF

　　 「行くな」

(222) ma-sʰoŋ.
　　 NEG- 行く .PF

　　 「行かなかった」

(223) mə-ndʑo.
　　 NEG- 行く .IPF

　　 「行かない」

(224) tʰazək　　　 ta　　　 tɕʰəzək　　　　　 re　　　 ze＝na
　　 後で　　　　 FIL　　　 何　　　　　　　 COP.O　 言う＝COND

　　 jaŋhepoŋpen＝na　 sʰa ＋ jək　 hton-dzi　　　　　 ma-jot＝tsək[7].
　　 PSN＝DAT　　　　 土地＋文書　 見せる .IPF-NMLZ　 NEG-EXST＝IE

　　 「そして、（ケンウォンイは）ヤンヘポンペンに土地に関する文書を見せられなかった」【TX1】

[2] 疑問接頭辞

　疑問接頭辞 ə- は動詞の未完了形、完了形に付加され、動詞の疑問形を派生する。疑問接頭辞については真偽疑問文（§6.4.2 参照）においても扱う。

(225) ə-ndʑo?
　　 Q- 行く .IPF

　　 「行くか？」

(226) ə-sʰoŋ?

    Q- 行く .PF

    「行ったか？」

4.2　複合

　複数の語幹をつなげて１つの語を形成することがある。その時、全体で１語の音調となる（§2.5.1 参照）。これを複合と呼ぶ。アムド・チベット語では複合名詞を形成する例がみられる。構成要素に動詞が含まれることがあっても、複合によって名詞以外の品詞が派生されることはない。

　複合名詞の形成は、関わる語幹の品詞、および、動詞が関わる場合は自動詞（Vi）か、他動詞（Vt）か、状態動詞かによって、(a) N＋N(＋N)(＋N)，(b) Vi＋N, (c) Vt＋N, (d) N＋V, (e) N＋Vt, (f) V＋V、の 6 種類にわけられる。(d) N＋V の V, (f) V＋V の 2 つの V はいずれも状態動詞（§3.3.5［3–2］参照）である。

(a) N＋N(＋N)(＋N)　wol＋hmen「チベット薬」　　　hji＋hjon「左右」
　　　　　　　　　　　 チベット＋薬　　　　　　　　　　　　右＋左

　　　　　　　　　　 hjar＋gən＋hton＋ɕəl「春夏秋冬」
　　　　　　　　　　 夏＋冬＋秋＋春

(b) Vi＋N　　　　htɕi＋jəl「出生地」　　　　ga＋hton「宴会」
　　　　　　　　 生まれる＋土地　　　　　　 喜ぶ＋宴

　　　　　　　　 zaŋ＋sʰa「親友」
　　　　　　　　 良い＋場所

(c) Vt＋N　　　　tʰen＋gem「引き出し」　　　ndʐə＋tep「ノート」
　　　　　　　　 引く＋箱　　　　　　　　　 書く .IPF＋本

(d) N＋V　　　　hna＋tɕʰi「大鼻、大鼻の人」　zək＋raŋ「長身」
　　　　　　　　 鼻＋大きい　　　　　　　　 背丈＋長い

第4章 語形成　119

　　　　　　ŋə + zaŋ「善人」
　　　　　　人＋良い

(e) N + Vt　　tɕʰaŋ + tʰoŋ「大酒飲み」　　　　ŋo + ɕi「知り合い」
　　　　　　酒＋飲む　　　　　　　　　　　顔＋知る

(f) V + V　　tɕʰi + tɕʰoŋ「大きさ」　　　　　raŋ + tʰoŋ「長さ」
　　　　　　大きい＋小さい　　　　　　　　長い＋短い

　各要素の統語的・意味的な関係から見た分類としては、[1] 限定複合語、
[2] 等位複合語、[3] 従位複合語、がある。

[1] 限定複合語

　限定複合語とは、前部要素が後部要素の修飾要素になるものである。この
ような複合語には「N + N」の例がある。htsa + hmen（草＋薬）「薬草から
つくった薬」、hmen + htsa（薬＋草）「薬草」、ŋə + ngo（人＋頭）「人数」、
ɕaŋ + li（畑＋仕事）「畑仕事」、lak + ɕəp（手＋鞘）「手袋」、nɖi + tʰək（米＋
汁物）「粥」、htɕek + hta（鉄＋馬）「自転車」、htɕek + ɕa（鉄＋鳥）「飛行機」、
hlok + ji（電気＋油）「電池」、do + kara（石＋糖類）「氷砂糖」、hnam + ndok
（空＋色）「空色」など。

[2] 等位複合語

　等位複合語とは、2つ以上の構成要素が対等の関係で並列されるものであ
る。等位複合語を形成する場合は、同じ品詞の並列に限定される。nɖi +
hjek（雄ヤク＋雌ヤク）「雄ヤクと雌ヤク」、hji + hjon（右＋左）「左右」、hla
+ xon（hla「高僧」＋ xon「長」）「高僧と領主」、hjar + gən + hton + ɕəl（夏
＋冬＋秋＋春）「春夏秋冬」など。3つの要素の複合では最後に səm「3」を
続けた形で発話する。hta + nor + lək səm（馬＋ヤク＋羊 3）「馬とヤクと羊
（＝家畜全て）」、ndo + ʁi + kʰam səm（アムド [8] ＋中央チベット [9] ＋カム（東
チベット） 3）「チベット3地方」などの例がある。
　状態動詞2つの並列による複合語は抽象的な概念を表す。maŋ + ŋoŋ（多

い＋少ない）「多さ」、tɕʰi + tɕʰoŋ（大きい＋小さい）「大きさ」、raŋ + tʰoŋ（長い＋短い）「長さ」、zaŋ + ŋen（良い＋悪い）「良し悪し」、ɲi + raŋ（近い＋遠い）「遠さ」、ta + ndzok（遅い＋速い）「速さ」などがある。

　等位複合語の特殊なものとして、「AとBの中間的なもの」を表す複合語（N ma-N）がある。この特殊な複合語は、名詞 A ma- 名詞 B という形で「AでもBでもないどっちつかずなもの」という複合名詞をつくる。ma- は否定接頭辞の ma- と同源の接辞であると思われる。ただし、発音はこの構造全体で1語の音調となる。この複合名詞の形式に関わる名詞A、Bいずれも1音節である。この ma- による複合は生産的ではなく、語彙的に組み合わせが決まっており、AとBを入れ替えることも不可能である。roŋ ma-ndɔk（農ma- 牧）「半農半牧（民）」、dza ma-wol（漢 ma- チベット）「漢人とチベット人の中間的な人」（具体的には「漢人とチベット人の混血」、「漢化したチベット人」などを指す）、ra ma-lǝk（ヤギ ma- 羊）「中途半端なもの」（直訳は「ヤギでも羊でもないもの」）などがある。

[3] 従位複合語

　従位複合語とは、一方の構成要素（名詞）が他方（動詞）の名詞項になるものである。一方の構成要素（名詞）が他方（動詞）の目的語となる例がみつかっている。「目的語＋動詞」という構成で複合語をなす。tɕʰaŋ + tʰoŋ（酒＋飲む）「酒飲み」、go + ʂoŋ（門＋守る）「門番」、sʰo + tɕǝ（歯＋洗う）「歯ブラシ」、ŋo + hta（顔＋見る .IPF）「鏡」など。

4.3　重複

　アムド・チベット語の重複は語幹全体を繰り返すことによって1語を形成する。その際、全体の音調は1語の音調となる。語幹を繰り返す点において重複と似たものに、反復がある。反復の場合、重複とは異なり、全体で1語の音調とはならない。

　動詞の重複の例のみがみられる。名詞類の重複は現段階ではみつかってい

ない。以下に、状態動詞の重複（§4.3.1）、動作動詞の重複（§4.3.2）の例を
あげる。

4.3.1　状態動詞の重複

　一部の状態動詞は重複により形容詞を派生する（たとえば、tɕʰoŋ-tɕʰoŋ
「小さい」、ŋoŋ-ŋoŋ「少ない」など）。全ての状態動詞で重複が可能なわけ
ではない。重複によって派生された形容詞の例は、§3.3.4の表19に示した。

4.3.2　動作動詞の重複

　動作動詞を重複した後にコピュラ動詞を後続させることで「わざわざ〜す
る」という意味の述語を形成することがある。動詞の重複の部分は、全体で
1語の音調となる。重複の例は、例文では「語幹-語幹」、略号では「語幹-
RDP」と表記する。

　現段階では、joŋ「来る」、hep「いらっしゃる」（「行く/来る」の敬語）と
いう移動に関係する動詞を重複する例のみがみつかっている。(227)(228)
にみられるように、これらの動詞の重複形には、コピュラ動詞が後続する。
コピュラ動詞を後続できるのは名詞類のみであるので、これらの動詞の重複
形は、名詞として働いている可能性がある。

(227) kʰoŋ=ta　　　　　ɬasʰa=a　　　　**hep-hep**　　　　　re.
　　　3SG.HON=PP　　PLN=DAT　　行く/来る.HON-RDP　　COP.O

　　　「あの方はラサにわざわざいらっしゃった」

(228) ɬasʰa=a　　　　　**joŋ-joŋ**　　　　re.
　　　PLN=DAT　　　　来る-RDP　　　COP.O

　　　「（彼が）ラサにわざわざ来た」

注

1 以下、接辞が名詞語幹に前接または後接する場合は「接頭辞 -N」、「N- 接尾辞」と示す（代名詞 DEM、数詞 NUM、形容詞 ADJ に接辞がつく場合も同様に、DEM- 接尾辞のように示す）。動詞に前接または後接する場合は「接頭辞 -V.IPF/V.PF」、「V.IPF/V.PF- 接尾辞」のようにホストとなる動詞の活用形に限定がある場合には、その活用形を示す。

2 たとえば、ne-pa（病気 -NMLZ）「病人」の語幹 ne は共時的にはともに母音終わりである。しかしながら、チベット文語においては末子音 *d* を伴って *nad* と表記され、「病人」を表す場合には *nad pa* となる。ne-pa に関しては、*nad pa* の *d* が脱落しながらも名詞化助詞 -pa の発音が残存しているものと考えられる。ちなみに、牧区方言では *nad* の *d* の音は子音 /t/ として発音される。

3 在家でありながら仏教に帰依する男性。

4 在家でありながら仏教に帰依する女性。

5 「ゾ」とはヤクと牛の交配種の総称、またはその雄の名称。

6 ホル、リンとは、「ケサル王物語」というチベットの英雄叙事詩に出てくる伝説の王国名である。

7 ma-jot＝tsək という表現は、met＝tsək（EXST.NEG＝IE）「なかった」でも言い換えが可能である。ただし、ma-jot＝tsək は否定がより強調された表現であるという。

8 ndo とは ando「アムド」の第 2 音節である。

9 ʁi とは ʁihtsaŋ「中央チベット」の第 1 音節である。

第5章　句

句はそれぞれが果たす文法的な機能によって、「名詞句」、「形容詞句」、「副詞句」、「動詞句」、「助動詞句」にわけられる。本章では、名詞句を中心にこれらの各句の構造と機能について述べる。

5.1　名詞句

名詞句は「（修飾部）主要部」の構造をもち、文の成分として機能する場合、格助詞を伴う。もっとも単純な形の名詞句は、1つの名詞の絶対格形である。

主要部には名詞類が立つ。ただし、名詞以外の名詞類が主要部となる場合、格助詞や談話助詞を除く修飾要素は、同一の名詞句中に通常は現れない。

以下、修飾部（§5.1.1）と主要部（§5.1.2）、格（§5.1.3）について述べる。

5.1.1　修飾部

アムド・チベット語の名詞句構造における主要部（HN）は、前後から名詞修飾要素の修飾を受けることができる。修飾要素には、名詞修飾節（AC）、人称代名詞（PRON）、名詞（N）、形容詞（ADJ）、数詞（NUM）、指示代名詞（DEM）、不定助詞（INDF）がある。主要部と各名詞修飾要素が現れる相対的な位置関係は次の図2のように示すことができる。格標示（CM）は名詞句の一番最後に現れる。指示代名詞と不定助詞は共起不可能であるため、同

じスロットにあると考えられる。数詞 (NUM) は名詞化接辞を伴うと (NUM-NMLZ)、名詞句の最後の位置に置かれる。

ちなみに、これらの要素が全て現れた名詞句はみつかっていない。名詞修飾節は主要部の前後いずれにも現れうるが、同時に現れることはできない。

AC	PRON.GEN	N(.GEN)	HN	ADJ	NUM	AC	DEM INDF	NUM- NMLZ	= CM

図2　アムド・チベット語の名詞句構造

なお、一般的ではないため図2には示さなかったが、「指示代名詞　主要部」、「形容詞　主要部」の語順もある。以下の[1]から[6]では各名詞修飾要素について説明を行い、[7]では名詞修飾要素の語順と、語順による名詞句の意味の違いについて述べる。

[1] 名詞、人称代名詞による修飾

名詞、人称代名詞が修飾部となる場合は、いずれも必ず主要部の前に置かれる。名詞、人称代名詞ともに属格 (GEN) をとる (例は (229) (230))。2つ以上の名詞が同時に修飾部となることもある (例は (231))。名詞と人称代名詞が同時に修飾要素として現れる場合には、「人称代名詞 (属格) 名詞 (属格) 主要部」の語順となる (例は (232))。

(229) tɕʰi　　　　 lək
　　 2SG.GEN　　 羊

　　 「あなたの羊」

(230) wo＋jək＝kə　　　　　　 tsʰəkmdzol
　　 チベット＋文字＝GEN　　 辞書

　　 「チベット語の辞書」

(231) zaŋ＋sʰa＝kə　　　　 səlaŋ＝kə　　　 kʰoŋwa
　　 良い＋場所＝GEN　　 PLN＝GEN　　 家

　　 「友人の西寧の家」

第 5 章　句　125

(232) kʰəgi　　　　　tʰojotʰa＝kə　　　hlaŋkʰor
　　　3SG.M.GEN　　　トヨタ＝GEN　　　車

　　　「彼のトヨタの車」

　　地名が修飾要素となる場合には属格助詞が接続しないことがある。(233)
では、属格助詞を付加しても付加しなくても意味は変わらない。

(233) repkoŋ（＝kə）　　　sʰatɕʰa
　　　PLN（＝GEN）　　　土地

　　　「レプコンの土地」

[2] 形容詞による修飾

　　形容詞は通常は後ろから主要部を修飾する（例は (234) – (236)）。通常の
形容詞だけでなく、形容詞句（§5.2 参照）も名詞修飾が可能である。(237)
の例では、dza tɕʰe-nbo（広さ　大きい -ADJVLZ）の組み合わせで「広い」と
いう形容詞句を形成し、kʰoŋwa「家」を修飾している。

(234) ŋə　　　htɕəp-po
　　　人　　　楽しい -ADJVLZ

　　　「楽しい人」

(235) kʰoŋwa　　　tɕʰe-nbo
　　　家　　　　大きい -ADJVLZ

　　　「大きい家」

(236) kʰoŋwa　　　tɕʰoŋ-tɕʰoŋ
　　　家　　　　小さい-RDP

　　　「小さい家」

(237) kʰoŋwa　　　dza　　　tɕʰe-nbo
　　　家　　　　広さ　　　大きい -ADJVLZ

　　　「広い家」

[3] 数詞による修飾

　数詞は後ろから主要部を修飾する。数詞は、数詞の語幹だけの形と、名詞化接辞をつけた形がある。

　hta səm（馬 3）「3頭の馬」のように、数詞の語幹だけで修飾する場合は全体の数であることは明示されない。hta səm-bo（馬 3-NMLZ）「3頭の馬」のように、名詞化接辞をつけた形で主要部を修飾すると、その数が全体の数であることが明示される（§4.1.1［10］参照）。

[4] 指示代名詞、不定助詞による修飾

　指示代名詞（§3.3.2）と不定助詞（＝zək、§3.3.8）はともに名詞の後ろに現れる。(238)–(240)はそれぞれ近称、中称、遠称の指示代名詞が名詞を修飾している例である。(241)(242)は不定助詞が名詞を修飾している例である。

　形容詞が名詞を修飾している場合、これらは形容詞よりも後ろに現れる。(243)は形容詞の後ろに指示代名詞が、(244)は形容詞の後ろに不定助詞が現れる例である。

　指示代名詞と不定助詞は同一名詞句中で共起できない。

(238) kondzə　　　{ndə/ndi}
　　　服　　　　　DEM/DEM

　　　「この服」

(239) ɕimo　　　　{tə/ti}
　　　女の子　　　DEM/DEM

　　　「その女の子」

(240) ŋə　　　　　{ken/ka}
　　　人　　　　　DEM/DEM

　　　「あの人」

(241) ɕimo＝zək
　　　女の子＝INDF

　　　「1人の女の子」

（242）ŋə＝zək　　　　jok-kə.
　　　　人＝INDF　　　　EXST-EV

　　　「人が1人いる」

（243）kʰoŋwa　　　tɕʰe-nbo　　　　　tə
　　　　家　　　　　大きい -ADJVLZ　　　DEM

　　　「その大きい家」

（244）sama　　　ɕən-bo＝zək
　　　　食事　　　おいしい -ADJVLZ＝INDF

　　　「おいしい食事」

[5] 名詞修飾節による修飾

　アムド・チベット語には関係節専用のマーカーはない。節によって主要部を修飾するには、（245）のように、節の述語となる動詞に名詞化接辞 -no が接続した名詞修飾節を主要部に前置または後置させる。これは構造的には名詞節（§8.1 参照）と同じものである。名詞修飾節が長い場合には後置されることが好まれる。ちなみに、後置させる場合と前置させる場合で意味に違いは出ない。

（245）名詞修飾節と主要部の位置
　　　（a）［V-no（＝GEN）］主要部
　　　（b）主要部［V-no］

　名詞修飾節が前置される場合には、名詞修飾節が絶対格をとる場合（例は（246）（a））と属格（例は（246）（b））をとる場合がある。自然発話では絶対格で現れることのほうが多いようである。名詞節に不定助詞 ＝zək が後続する場合、名詞化接辞は -ni という形で現れる（例は（247））。名詞修飾節が後置される場合は常に絶対格で現れる（例は（246）（c））。なお、この節では名詞修飾節を［　］でくくって示す。

(246)「お茶を飲む人」

(a) [tɕa   tʰoŋ-**no**]   ŋə
    [茶   飲む -NMLZ]   人

(b) [tɕa   tʰoŋ-**no**＝kə]   ŋə
    [茶   飲む -NMLZ＝GEN]   人

(c) ŋə   [tɕa   tʰoŋ-**no**]
    人   茶   飲む -NMLZ

(247) [tsoŋ-dʑi   jo-**ni**＝zək＝ki]   hta＋ʈi
      売る -NMLZ   EXST-NMLZ＝INDF＝GEN   馬＋ラバ

      「売っている馬とラバ」

[6] 格助詞、談話助詞の付加

　格助詞や談話助詞は名詞句の末尾に現れる。格助詞の例を (248) に、談話助詞の例を (249)(250) に、格助詞と談話助詞が共起する例を (251) に示す。

(248) hmen-ba   ʑen-ba＝zək＝**a**   hten＝ni,   hmen
      薬 -NMLZ   異なる -NMLZ＝INDF＝DAT   見せる .PF＝SEQ   薬

      hlaŋ＝ni.
      取る .PF＝AFF.S

      「他の医者に見せて薬をもらった」

(249) tɕʰem   ma-htak   zi＝taŋ＝na（略）   tɕʰi   ma-ndon
      チャム   NEG- 踊る   言う＝ACMP＝COND   経   NEG- 音読する .IPF

      zi＝taŋ-no＝**ra**   anamana   re.
      言う＝ACMP-NMLZ＝PP   そっくりだ   COP.O

      「チャム¹を踊るなと言ったら、(略)経を読むなと言ってるのと同じだ」【TX1】

(250) womo   naŋ＝ni   ɕigi   jek-no＝**ta**   ndəkmo   re.
      娘   中＝ABL   非常に   きれい -NMLZ＝PP   PSN   COP.O

      「娘の中で非常にきれいなの(＝一番きれいなの)はドゥクモだ」

(251) hmen-ba　　　　zen-ba＝zək＝kə＝**ra**　　　　　　　mə-çi-gə.
　　　　薬 -NMLZ　　　　異なる -NMLZ＝INDF＝ERG＝PP　　　NEG- 知る -EV

　　　「他の医者も知らない」

[7] 名詞修飾要素の語順と意味の違い

　図 2 にも示した通り、名詞句中には複数の修飾要素が現れることが可能
である。まず、修飾要素が主要部の後ろに置かれる例をみていく。(252) は
「形容詞 名詞修飾節 数詞」、(253) は「形容詞 数詞 名詞修飾節」、(254) は
「形容詞 指示代名詞 数詞」、(255) は「形容詞 名詞修飾節 指示代名詞 数詞」
の順でそれぞれ修飾要素が現れる例である。名詞修飾節を［　］でくくって
示す。

(252) hta　　　　nak-nak　　　[ta　　　dzək＝ko-no]　　　　　　　hɲi-ka
　　　　馬　　　　黒い-RDP　　　今　　　走る＝PROG.EGO-NMLZ　　　2-NMLZ

　　　「今走っている黒い馬 2 頭とも」

(253) hta　　　　nak-nak　　　hɲi　　　[ta　　　dzək＝ko-no]
　　　　馬　　　　黒い-RDP　　　2　　　　今　　　走る＝PROG.EGO-NMLZ

　　　「今走っている、2 頭の黒い馬」

(254) sʰətok　　　dzaŋ-kʰə　　　　　ken　　　hɲi-ka
　　　　果物　　　　緑色だ -ADJVLZ　　　DEM　　　2-NMLZ

　　　「あの緑色の果物 2 つとも」

(255) womo　　　tɕʰoŋ-tɕʰoŋ　　　[hne＝a　　　htɕa-no]　　　　　tə　　　hɲi-ka
　　　　女の子　　　小さい-RDP　　　嫁＝DAT　　　見送る -NMLZ　　　DEM　　　2-NMLZ

　　　「2 人の、嫁を見送った若い女の子 /2 人の、嫁として見送られた若い
　　　女の子」

　次に修飾要素が主要部の前に置かれる例をみていく。主要部の前に置くこ
とのできる修飾要素は、名詞修飾節、代名詞、名詞である。この 3 つの要
素の語順は、「名詞修飾節 代名詞 名詞」のみが許容される（例は (256)

(257))。

(256) [ŋi   kʰahtsaŋ hkor-no]   kʰəgi   tʰojotʰa＝kə   hlaŋkʰor
1SG.ERG   昨日   運転する -NMLZ   3SG.M.GEN   トヨタ＝GEN   車

「私が昨日運転した彼のトヨタの車」(修飾要素の中で「トヨタの」が最も強調されている)

(257) [tɕoktse   tʰok＝na   jo-no]   kʰəgi   hŋenŋak＝kə   xitɕʰa
机 .Ch   上＝LOC   EXST-NMLZ   3SG.M.GEN   詩＝GEN   本

「机の上にある彼の詩の本」(修飾要素の中で「詩の」が最も強調されている)

　ちなみに、(256)(257)の例は、名詞修飾節を主要部に後置させることも可能であるが、その場合は意味の重点が後置された名詞修飾節に置かれる。(258)(259)にその例を示す。

(258) kʰəgi   tʰojotʰa＝kə   hlaŋkʰor   [ŋi   kʰahtsaŋ hkor-no]
3SG.M.GEN   トヨタ＝GEN   車   1SG.ERG   昨日   運転する -NMLZ

「私が昨日運転した彼のトヨタの車」(修飾要素の中で「私が昨日運転した」に最も重点が置かれている)

(259) kʰəgi   hŋenŋak＝kə   xitɕʰa   [tɕoktse   tʰok＝na   jo-no]
3SG.M.GEN   詩＝GEN   本   机 .Ch   上＝LOC   EXST-NMLZ

「机の上にある彼の詩の本」(修飾要素の中で「机の上にある」に最も重点が置かれている)

5.1.2　主要部

　名詞句の主要部には名詞類が立つ。名詞の下位分類や形態的特徴については§3.3.1 で扱った。以下では、主要部において親族名称・職位と固有名詞が並置される場合、そして、名詞句の主要部が現れない場合について述べる。

第5章　句　131

[1] 親族名称・職位と固有名詞の並置

　親族名称または職位が固有名詞と並置され、名詞句の主要部をなすことがある。その場合、親族名称や職位が前に、固有名詞が後ろに置かれる。

(260) akʰə　　　　　hloʈi
　　　おじさん　　　PSN

　　　「ロチおじさん」

(261) alak　　　　dzaji
　　　高僧　　　　PSN

　　　「ギャイ高僧」

(262) gegen　　　　ndəkmo
　　　教師　　　　PSN

　　　「ドゥクモ先生」

　親族名称または職位が固有名詞と並置された主要部に修飾要素がつくことも可能である。(263)は名詞修飾節（[　]でくくって示す）、(264)は形容詞に名詞化接辞がついたものによって修飾された例である。

(263) [ɬasʰa＝a　　　sʰoŋ　　　　ŋoŋ-no]　　　　　akʰə　　　　hloʈi
　　　PLN＝DAT　　　行く.PF　　経験する-NMLZ　　おじさん　　PSN

　　　「ラサに行ったことのあるロチおじさん」

(264) gegen　　　ndəkmo　　　tsʰo-nbo-wo
　　　教師　　　PSN　　　　　太った-ADJVLZ-NMLZ

　　　「太っているほうのドゥクモ先生」（太っていないほうのドゥクモ先生も存在することが含意される）

[2] 名詞句の主要部が現れない場合

　修飾部が属格形であり、また、文脈から主要部が予測可能な場合には、名詞句の主要部が現れないこともある。

(265) tə　　　　ŋi　　　　　　re.
　　　DEM　　　1SG.GEN　　　COP.O

（この本は誰のものか、という質問に対し）「それは私のだ」

5.1.3　格

　格は、名詞句の最後の要素に格助詞を接続することで標示される。格助詞が接続していない名詞句は絶対格とみなす。格助詞が2つ以上連なることはない。格の種類には、絶対格、能格、属格、与格、起格、場所格、到格の7種類がある（表42）。能格、属格標示は、格助詞 ＝Kə（＝kə~＝ki、まれに＝gə~＝gi）が接続する[2]。ただし、格助詞が付くべき語の語末が母音で終わる場合には、その語末母音を /i/ に交替させることによって能格もしくは属格を表すことが可能である（たとえば、hlama「高僧」の能格と属格は hlama＝kə の他に hlami, sʰə「誰」の能格と属格は sʰə＝gə, sʰə＝gi の他に sʰi も可能）。

表42　格標示一覧

形態	格の名称（略号）	例
無標	絶対格（ABS）	gonpa（寺 .ABS）
＝Kə, 母音交替（V > /i/）	能格（ERG）	gonpa＝ki（寺＝ERG） gonpi（寺 .ERG）
＝Kə, 母音交替（V > /i/）	属格（GEN）	gonpa＝ki（寺＝GEN） gonpi（寺 .GEN）
＝Ca	与格（DAT）	gonpa＝a（寺＝DAT）
＝na	場所格（LOC）	gonpa＝na（寺＝LOC）
＝ni	起格（ABL）	gonpa＝ni（寺＝ABL）
＝tʰəksʰi	到格（TERM）	gonpa＝tʰəksʰi（寺＝TERM）

　代名詞の格標示は名詞と一部異なるため、人称代名詞（表43–表45）と指示代名詞（表46）の格標示を以下に示す。人称代名詞は場所格をもたない。

　能格、属格形において ＝Kə で示したものは ＝kə~＝ki, ＝gə~＝gi いずれの形でも発話可能であることを示す。同じ格標示において複数の形がある場

合、それらの形態で機能的な違いはみられない。

表 43　普通語形の 1 人称代名詞の格標示

	1SG	1DU (INCL)	1DU (EXCL)	1PL (INCL)	1PL (EXCL)
絶対格	ŋa	ə-ɳi-ka[3]	ŋə-ɳi-ka	ə-zo, ə-tɕʰo	ŋə-zo, ŋə-tɕʰo
能格	ŋi	ə-ɳi-ki	ŋə-ɳi-ki	ə-zi, ə-tɕʰi, ə-zo＝Kə, ə-tɕʰo＝Kə	ŋə-zi, ŋə-tɕʰi, ŋə-zo＝Kə, ŋə-tɕʰo＝Kə
属格	ŋi	ə-ɳi-ki	ŋə-ɳi-ki	ə-zi, ə-tɕʰi, ə-zo＝Kə, ə-tɕʰo＝Kə	ŋə-zi, ŋə-tɕʰi, ŋə-zo＝Kə, ŋə-tɕʰo＝Kə
与格	ŋa＝a	ə-ɳi-ka＝a	ŋə-ɳi-ka＝a	ə-zo＝a, ə-zo＝o, ə-tɕʰo＝a, ə-tɕʰo＝o	ŋə-zo＝a, ŋə-zo＝o, ŋə-tɕʰo＝a, ŋə-tɕʰo＝o
起格	ŋa＝ni	ə-ɳi-ka＝ni	ŋə-ɳi-ka＝ni	ə-zo＝ni, ə-tɕʰo＝ni	ŋə-zo＝ni, ŋə-tɕʰo＝ni
到格	ŋa＝tʰəksʰi	ə-ɳi-ka＝tʰəksʰi	ŋə-ɳi-ka＝tʰəksʰi	ə-zo＝tʰəksʰi, ə-tɕʰo＝tʰəksʰi	ŋə-zo＝tʰəksʰi, ŋə-tɕʰo＝tʰəksʰi

表 44　普通語形の 2 人称代名詞の格標示

	2SG	2DU	2PL
絶対格	tɕʰo	tɕʰi-ɳi-ka	tɕʰi-tɕʰo
能格	tɕʰi, tɕʰu	tɕʰi-ɳi-ki	tɕʰi-tɕʰi, tɕʰi-tɕʰo＝Kə
属格	tɕʰi, tɕʰu	tɕʰi-ɳi-ki	tɕʰi-tɕʰi, tɕʰi-tɕʰo＝Kə
与格	tɕʰo＝o	tɕʰi-ɳi-ka＝a	tɕʰi-tɕʰo＝a, tɕʰi-tɕʰo＝o
起格	tɕʰo＝ni	tɕʰi-ɳi-ka＝ni	tɕʰi-tɕʰo＝ni
到格	tɕʰo＝tʰəksʰi	tɕʰi-ɳi-ka＝tʰəksʰi	tɕʰi-tɕʰo＝tʰəksʰi

134

表 45　普通語形の 3 人称代名詞の格標示

	3SG (M)	3SG (F)	3DU (M)	3DU (F)	3PL
絶対格	kʰə(r)ga	mə(r)ga	kʰə-ŋi-ka	mə(r)ge-ŋi-ka	kʰə-tɕʰo
能格	kʰə(r)gə, kʰə(r)gi	mə(r)gə, mə(r)gi	kʰə-ŋi-ki	mə(r)ge-ŋi-ki	kʰə-tɕʰi, kʰə-tɕʰo=Kə
属格	kʰə(r)gə, kʰə(r)gi	mə(r)gə, mə(r)gi	kʰə-ŋi-ki	mə(r)ge-ŋi-ki	kʰə-tɕʰi, kʰə-tɕʰo=Kə
与格	kʰə(r)ga=a	mə(r)ga=a	kʰə-ŋi-ka=a	mə(r)ge-ŋi-ka=a	kʰə-tɕʰo=a, kʰə-tɕʰo=o
起格	kʰə(r)ga=ni	mə(r)ga=ni	kʰə-ŋi-ka=ni	mə(r)ge-ŋi-ka=ni	kʰə-tɕʰo=ni
到格	kʰə(r)ga=tʰəksʰi	mə(r)ga=tʰəksʰi	kʰə-ŋi-ka=tʰəksʰi	mə(r)ge-ŋi-ka=tʰəksʰi	kʰə-tɕʰo=tʰəksʰi

表 46　指示代名詞の格標示

	近称	中称	遠称
絶対格	ndə, ndi	tə, ti	ken, ka
能格	ndə=Kə, ndi=Kə	tə=Kə, ti=Kə	ken=Kə
属格	ndə=Kə, ndi=Kə	tə=Kə, ti=Kə	ken=Kə
与格	nde	te	ken=na
起格	ndə=ni, ndi=ni	tə=ni, ti=ni	ken=ni, ka=ni
場所格	ndə=na, ndi=na	tə=na, ti=na	ken=na, ka=na
到格	ndə=tʰəksʰi, ndi=tʰəksʰi	tə=tʰəksʰi, ti=tʰəksʰi	ken=tʰəksʰi, ka=tʰəksʰi

　以下、[1]「絶対格」、[2]「能格」、[3]「属格」、[4]「与格」、[5]「起格」、[6]「場所格」、[7]「到格」の順で、それぞれの格の用法をあげる。

[1] 絶対格

　絶対格は無標である。本節の中では略号で ABS と表記するが、その他の例文では ABS の表記は省略する。

第 5 章　句　135

[1–1] 自動詞の主語

自動詞の主語は絶対格で現れる。

(266) ŋa　　　　　　　ndzo-dzi.
　　　 1SG.ABS　　　　行く .IPF-FUT.S

　　　「私は行こう」

(267) **dordzenbəm**　　　rema　　joŋ-dzi　　　　re.
　　　 PSN.ABS　　　　　すぐ　　来る [-NMLZ　　COP.O] FUT.O

　　　「ドルジェブムはすぐ来る」

[1–2] 他動詞の (直接) 目的語

他動詞の (直接) 目的語とは、2 項動詞における目的語、および、3 項動詞の直接目的語 (§6.1 [2] 参照) を指す。これらは絶対格で現れる。

2 項動詞の目的語は、絶対格で現れる場合と与格で現れる場合がある。具体的に述べると、絶対格で現れるのは「殺す」(268)、「壊す」(269)、「食べる」(270)、「飲む」(271) などの、対象に直接働きかけ、変化をひき起こす動詞の目的語や、「見える (みかける)」(272)、「聞こえる」(273)、「みつける」(274) などの無意志的な知覚を表す動詞の目的語、「知る」(275)、「わかる」(276)、「忘れる」(277) といった知識に関する動詞、「探す」(278) の目的語などがある。3 項動詞では、「あげる」(279)、「貸す」(280)、「見せる」(281)、「話す」(282)、「教える」(283)、「運ぶ」(284)、「売る」(285) などの動詞における直接目的語の例がある。

(268) dordze＝kə　　**sonam**　　sot-tɕi　　　　　　re.
　　　 PSN＝ERG　　　PSN.ABS　　殺す.IPF [-NMLZ　　　COP.O] FUT.O

　　　「ドルジェはソナムを殺す」

(269) dordze＝kə　　**kawə**　　　tɕek＝taŋ＝zək.
　　　 PSN＝ERG　　　茶碗 .ABS　　壊す.PF＝ACMP＝IE

　　　「ドルジェは茶碗を壊した」

(270) ŋi   **sama**   sa-dʑi.
       1SG.ERG   食事.ABS   食べる.IPF-FUT.S

      「私は食事をとろう」

(271) ŋi   **tɕʰaŋ**   tʰoŋ-gə   jo.
       1SG.ERG   酒.ABS   飲む［-SUF   EXST］PROG.EGO

      「私は酒を飲んでいる」

(272) dordze＝kə   **sonam**   rək＝taŋ＝zək.
       PSN＝ERG   PSN.ABS   見える＝ACMP＝IE

      「ドルジェはソナムをみかけた」

(273) dordze＝kə   sonam＝kə   **hkel**   ko-gə.
       PSN＝ERG   PSN＝GEN   声.ABS   聞こえる-EV

      「ドルジェにはソナムの声が聞こえる」

(274) dordze＝kə   **tsʰeraŋ**   hŋet＝taŋ＝zək.
       PSN＝ERG   PSN.ABS   みつける＝ACMP＝IE

      「ドルジェはツェランをみつけた」

(275) dordze＝kə   **sonam**   çi-gə.
       PSN＝ERG   PSN.ABS   知る-EV

      「ドルジェはソナムを知っている」

(276) dordze＝kə   **naŋton**   ko＝tʰa.
       PSN＝ERG   意味.ABS   わかる＝DE

      「ドルジェは意味がわかった」

(277) dordze＝kə   **sonam**   dzes＝sʰoŋ＝zək.
       PSN＝ERG   PSN.ABS   忘れる＝ACMP＝IE

      「ドルジェはソナムのことを忘れた」

(278) dordze＝kə   **tsʰeraŋ**   tsa＝taŋ＝zək.
       PSN＝ERG   PSN.ABS   探す＝ACMP＝IE

      「ドルジェはツェランを探した」

(279) ŋi   tsʰeʁaŋ＝ŋa   **xitɕʰa**   hter.
       1SG.ERG   PSN＝DAT   本.ABS   与える.IPF

第 5 章　句　137

「私はツェガンに本をあげよう」

(280) hjəntsʰo＝kə　　sonam＝ma　　**xitɕʰa**　　hjar＝taŋ＝zək.
　　　PSN＝ERG　　　PSN＝DAT　　本.ABS　　貸す＝ACMP＝IE

「ユムツォはソナムに本を貸した」

(281) hjəntsʰo＝kə　　sonam＝ma　　**rənpotɕʰe**　　hten＝zək.
　　　PSN＝ERG　　　PSN＝DAT　　宝.ABS　　　見せる.PF＝IE

「ユムツォはソナムに宝物を見せた」

(282) hjəntsʰo＝kə　　sonam＝ma　　**saŋwa**　　ɕe＝zək.
　　　PSN＝ERG　　　PSN＝DAT　　秘密.ABS　　話す＝IE

「ユムツォはソナムに秘密を話した」

(283) hjəntsʰo＝kə　　sonam＝ma　　**hləhjaŋ**　　htsap＝zək.
　　　PSN＝ERG　　　PSN＝DAT　　歌.ABS　　教える.PF＝IE

「ユムツォはソナムに歌を教えた」

(284) hjəntsʰo＝kə　　sonam＝ma　　**sama**　　htɕa＝zək.
　　　PSN＝ERG　　　PSN＝DAT　　食事.ABS　　運ぶ＝IE

「ユムツォはソナムに食事を運んだ」[4]

(285) ŋi　　　　tsʰeʁaŋ＝ŋa　　**xitɕʰa**　　tsoŋ＝taŋ-ŋa.
　　　1SG.ERG　　PSN＝DAT　　本.ABS　　売る.PF＝ACMP-EGO

「私はツェガンに本を売った」

[1–3] コピュラ動詞の主語と補語

コピュラ動詞の主語と補語はともに絶対格で現れる。

(286) **ŋa**　　　　**gegen**　　jən.
　　　1SG.ABS　　教師.ABS　　COP.S

「私は教師だ」

(287) **tɕʰo**　　　　**sʰə**　　jən?
　　　2SG.ABS　　誰.ABS　　COP.S

「あなたは誰だ？」

(288) **hjəntsʰo**　　**hmen-ba**　　　re.
　　　PSN.ABS　　薬 -NMLZ.ABS　　COP.O

　　　「ユムツォは医者だ」

[1-4] 存在主体

　　存在文における存在主体は絶対格で現れる。

(289) hloʈi＝a　　　**ɕaji**　　　jok-kə.
　　　PSN＝DAT　　子供 .ABS　　EXST-EV

　　　「ロチには子供がいる」

[1-5] 副詞的に用いる場合の、時を表す名詞

　　時を表す名詞は、絶対格の形で副詞的に用いられることがある。

(290) **ŋaɖo**　　　　çok.
　　　午前 .ABS　　来る .IMP

　　　「午前に来い」

[1-6] 呼びかけ

　　相手に呼びかける場合にも絶対格が用いられる。

(291) **ama**!
　　　母 .ABS

　　　「お母さん！」

[1-7] 自動詞を用いた使役文の被使役者

　　使役は、自動詞あるいは他動詞に ndzək（未完了形）/zək（完了形）/çək（命令形）「入れる」という動詞を後続させることによって構成される。その際、自動詞を用いる場合、被使役者は絶対格で現れる。他動詞を用いた使役文の

第 5 章　句　139

被使役者は与格で表される。使役についての詳細は §7.1 に示す。

(292) ŋi　　　　　　**ɬənɖəp**　　　　ɬasʰa＝a　　　ndzo＝gə
　　　1SG.ERG　　　PSN.ABS　　　PLN＝DAT　　　行く.IPF＝PUR

　　　zək＝taŋ-ŋa.
　　　入れる.PF＝ACMP-EGO

　　　「私はルンドゥプをラサに行かせた」

[2] 能格

　　能格は、能格助詞 ＝Kə（＝kə~＝ki、まれに ＝gə~＝gi）または語末の母音
を /i/ に交替することによって表される。本書で能格としているものには、
道具を表す、いわゆる具格的な機能も含まれる。そのため、同じ能格の形式
でも、機能が異なれば同一文中に複数回現れることがある。

　　能格が 2 回以上現れる場合、それらの語順を入れ替えると不自然な例と
なる。動作者を表すものが最初に現れる。この点については、[2-8]「文中
に複数の能格名詞句が現れる場合」でも扱う。

[2-1] 他動詞の主語

　　能格は他動詞の主語として機能する。他動詞の主語となりうるものは人間
の他に、動物や、自然の力を表す名詞の他、抽象名詞も可能である。シル
バースタインの名詞句階層「代名詞［1 人称＞2 人称＞3 人称］＞有生名詞
［親族名称・固有名詞＞人間名詞＞動物名詞＞無生物名詞［自然の力の名詞
＞抽象名詞・地名］］」[5] のうち、「自然の力の名詞」までは他動詞主語となる
ことが可能である。(293) は人間名詞、(294) は動物名詞、(295) は自然の
力の名詞の例である。それより下位の「抽象名詞」が主語となる例（例は
(296)）もあるが、これは文語的であるという。「地名」に関しては、「日本
がアメリカと戦った」のような、地名の場所にいる人が実際の動作者となっ
ている例以外、純粋に地名が主語となる例は確認していない。

(293) **ama＝kə**　　　sama　　　li＝go-kə.
　　　母＝ERG　　　食事　　　つくる［＝PROG.EGO-EV］PROG.EV

　　　「母が食事をつくっている」

(294) **htak＝ki**　　　ŋə　　　set＝taŋ＝zək.
　　　虎＝ERG　　　人　　　殺す.PF＝ACMP＝IE

　　　「虎が人を殺した」

(295) **tɕʰə＝kə**　　　kʰoŋwa　　　kʰər＝sʰoŋ＝zək.
　　　水＝ERG　　　家　　　担ぐ＝ACMP＝IE

　　　「水が家を流した」

(296) **tɕʰəwa＝ki**　　　kʰə-ɲika　　　kʰa　　　kar＝taŋ＝zək.
　　　死＝ERG　　　3-DU　　　口　　　わける＝ACMP＝IE

　　　「死が彼ら2人を引き裂いた」

[2-2] 材料

　動作者が行う動作に用いる原料や材料を表す場合にも能格が用いられる。ちなみに、他動詞の主語が同一文中に現れる場合、他動詞の主語が原料や材料よりも前に現れ、原料や材料が動詞に近いほうが自然な語順である。(297)の「ソナムが」と「銅で」の順番を入れ替えると非文ではないが、不自然な例となる。

(297) gem　　　ndi　　　sonam＝kə　　　**saŋ＝kə**　　　li＝zək.
　　　箱　　　DEM　　　PSN＝ERG　　　銅＝ERG　　　つくる＝IE

　　　「この箱はソナムが銅でつくった」

[2-3] 道具、手段

　道具や手段を表す場合にも能格が用いられる。道具の例は(298)、手段の例は(299)に示す。手にもって使用する道具の他に、主語の身体部位が道具としてとらえられる場合にも能格で表される。この場合には、他動詞の主語も能格で現れる(例は(300))。他動詞の主語が同一文中に現れる場合、他動

詞の主語よりも、道具や手段が動詞に近いほうが、自然な語順である。ちなみに (298) の「軍が」と「銃で」、(299) の「彼が」と「魔法で」、(300) の「あなたが」と「手で」それぞれの語順を入れ替えると非文ではないが、不自然な例となる。

(298) hmək＝ki　　　hkənma　　　**wu＝ki**　　　set＝taŋ＝zək.
　　　軍＝ERG　　　泥棒　　　　　銃＝ERG　　　殺す.PF＝ACMP＝IE

　　　「軍が泥棒を銃で殺した」

(299) kʰərgi　　　　　wəmba　　　**dzəmʈʰək＝kə**　　tɕek＝taŋ＝zək.
　　　3SG.M.ERG　　壺　　　　　魔法＝ERG　　　　壊す.PF＝ACMP＝IE

　　　「彼が壺を魔法で壊した」

(300) tɕʰi　　　**lokkwa＝ki**　　sama　　ma-sa.
　　　2SG.ERG　　手＝ERG　　　食事　　NEG- 食べる.IPF

　　　「あなたは手でごはんを食べるな！」

[2-4] 原因、理由

　なにかが起こる原因、理由も能格で表される。原因、理由が -no 節で表される場合には、-no に能格が付加される。ちなみに、(301) の動詞 nbar「燃える」は自動詞であるため、ŋi＝ki（火＝ERG）を動作者と解釈することはできない。

(301) **ŋi＝ki**　　　kʰoŋwa　　nbar＝sʰoŋ＝zək.
　　　火＝ERG　　　家　　　　燃える＝ACMP＝IE

　　　「火で家が燃えた」

(302) kʰəga　　me-po　　　　　　　**jən-no＝ki**　　　　　gemo
　　　3SG.M　　EXST.NEG-NMLZ　　COP.S-NMLZ＝ERG　　妻

　　　len　　　ma-tʰəp＝zək.
　　　取る.IPF　　NEG- できる＝IE

　　　「彼は貧乏人だという理由で妻を娶れなかった」

[2-5] 変化の結果

能格で、変化の結果を表すことがある。動詞が自動詞（例は（303）、ʈoŋwa＝ki「俗人に」が変化の結果）でも、他動詞（例は（304）、ɕək-ko＝kə「豊かに」が変化の結果）でも、変化の結果を表す能格は出現可能である。与格でも変化の結果は表されることがあるが、変化の結果を表す場合の能格と与格の違いはよくわかっていない。以下の例においては、能格を与格と入れ替えることはできない。ちなみにこれらの例文においては、変化の主体や動作者が変化の結果よりも前に現れることが自然であり、順番を入れ替えると不自然になる。

（303）sonam　　　　**ʈoŋwa＝ki**　　　　lok＝sʰoŋ＝zək.
　　　　PSN　　　　　俗人＝ERG　　　　　成る＝ACMP＝IE

　　　「ソナムは俗人になった」

（304）sonam＝kə　　　rəkkwa＝kə　　　tɕʰəmtsaŋ　　　**ɕək-ko＝kə**
　　　　PSN＝ERG　　　　才能＝ERG　　　　家庭　　　　　　豊かだ -ADJVLZ＝ERG

　　　　taŋ＝taŋ＝zək.
　　　　放つ.PF＝ACMP＝IE

　　　「ソナムは才能によって、家を豊かにした」

[2-6] 様態

近称と中称の指示代名詞に、能格助詞が後続すると、述語を修飾する副詞的な用法をもち、「このように」、「そのように」という様態を表す。

（305）**ndi＝ki**　　　　zi（略）　　　ɬasʰa＝a　　　　lam＝a
　　　　DEM＝ERG　　　言う　　　　　PLN＝DAT　　　　道＝DAT

　　　　laŋ-dzo　　　　ji＝taŋ＝zək.
　　　　立つ -NMLZ　　　する.PF＝ACMP＝IE

　　　「このように言い、（略）ラサに行く準備をした」[6]

第 5 章　句　143

[2-7] 比較の差異

2 つの対象を比較する場合に、それらの差異を能格で表す。

(306) akʰə　　　　hloʈi＝a　　　hti＝na　　　　　alak　　dzaji
　　　おじさん　　PSN＝DAT　　見る.PF＝COND　高僧　　PSN

　　　lo　　**tɕə**　　**tʰamba＝ki**　　tɕʰoŋ-gə.
　　　年　　10　　ちょうど＝ERG　小さい-EV

　　　「ロチおじさんと比べると、ギャイ高僧は 10 歳若い」

[2-8] 文中に複数の能格名詞句が現れる場合

能格を伴った名詞句が、同一文中に複数現れることがある。機能が同じ能格名詞句が同一文中に現れる例はみつかっていない。「他動詞の主語」と「道具、手段」（例は (298)–(300)）、「他動詞の主語」と「材料」（例は (297)(307)）、「他動詞の主語」と「変化の結果」（例は (303)(304)）の組み合わせがみつかっている。(304) のように、「他動詞の主語」、「手段」、そして「変化の結果」の 3 つが現れる場合もある。

(307) **sonam＝ki**　　sama　　**joŋma＝kə**　　li＝zək.
　　　PSN＝ERG　　　食事　　ジャガイモ＝ERG　つくる＝IE

　　　「ソナムは食事をジャガイモでつくった」

[3] 属格

属格は、属格助詞 ＝Kə（＝kə~＝ki、まれに ＝gə~＝gi）または語末の母音を /i/ に交替させることによって表される。属格は、所有関係の所有主体を表す他、「構成要素、材料」、「相対的位置」、「名詞修飾節」を表すのに用いる。ここで言う「所有」は、内容が多岐にわたる。狭義の「所有」の他に、「全体 - 部分関係」、「分離不可能所有」、「属性の保持者」、「親族」なども広義の「所有」に含める。名詞句中では、「所有者＝属格 所有物」という語順で現れる。ただし、所有物名詞は省略可能である。省略された場合は、「所

有者＝属格」のみで「（所有者）のもの」を表す（例は（316）に後出）。

[3-1] 所有

　所有物 B に属格名詞 A が先行して「A の（所有する）B」という名詞句を構成する。

　所有主体になることのできる名詞（句）は有生物の他、無生物（例は（315））も可能である。

　所有物となることのできる名詞句は、所有傾斜（身体部位＞属性＞衣類＞愛玩動物＞作品＞その他の所有物、角田 2009: 125–176、Tsunoda 1995: 565–630）の全てが可能である。身体部位の例には（308）がある。属性を表すものには、出身、結婚後の所属、生息場所を表す例がみつかった（例は（309）（316）（317））。衣類の例は（310）、愛玩動物の例は（311）、作品の例は（312）がある。

　「その他の所有物」には、発話や行為、名前、親族、友人、知人、道具、食べ物、所有者の身体からの排泄物や声、所有者の身体感覚や感情、記憶、全体における部分などが該当する（例は（313）（314））。分離可能所有／分離不可能所有の形式の区別はない。（316）のように、所有物名詞を伴わない「N＝GEN」という形式で「～のもの」という意味を表すことがある。また、（317）のように「場所＝GEN COP」という構文で「～出身だ」という意味を表す。

(308) {**ama＝kə/ami**}　　　lokkwa
　　　母＝GEN/ 母 .GEN　　手

　　　「母の手」

(309) **repkoŋ＝kə**　　nama
　　　PLN＝GEN　　嫁

　　　「レプコンの嫁」（「レプコン地方に嫁いだ嫁」、または、「これからレプコン地方に嫁ぐ嫁」という意味を表す）

第 5 章　句　145

(310) **sonam＝kə**　　　kondzə
　　　PSN＝GEN　　　服

　　　「ソナムの服」

(311) **sonam＝kə**　　　haba
　　　PSN＝GEN　　　小型犬 .Ch.

　　　「ソナムの小型犬」[7]

(312) **çerapdzantsʰo＝ki**　　　soŋnbəm
　　　PSN＝GEN　　　　　著作 .HON

　　　「ヒェーラプ・ギャンツォの御著作」

(313) {**ama＝kə/ami**}　　　ŋaŋ
　　　母＝GEN/ 母 .GEN　　名前

　　　「母の名前」

(314) **sonam＝kə**　　　awa
　　　PSN＝GEN　　　父

　　　「ソナムの父」

(315) **hlaŋkʰor＝kə**　　　kʰorlo
　　　車＝GEN　　　　　タイヤ

　　　「車のタイヤ」

(316) ndi＝ra　　　　teʰə　　　naŋ＝kə　　　re.
　　　DEM＝PP　　　水　　　中＝GEN　　　COP.O

　　　「これも水の中のもの (生き物) だ」

(317) ŋa　　　teʰapteʰa＝kə　　　jən.
　　　1SG　　　PLN＝GEN　　　COP.S

　　　「私はチャプチャ出身だ」

[3–2] 構成要素、材料

　構成要素、材料を示す時にも属格が用いられる。

(318) **ser＝ki**　　　ndzəkhtɕi
　　　金＝GEN　　　指輪

　　「金の指輪」

[3-3] 相対的位置

　基準となる位置の「前、後、上、下、左、右」などの相対的位置を示す場合にも属格が用いられる。

(319) **gonpa＝ki**　　　hŋəntsʰo
　　　寺＝GEN　　　　前

　　「寺の前」

[3-4] 名詞修飾節

　名詞修飾節に属格が接続し、主要部名詞との関係を示すのに用いられることがある。ただし、名詞修飾節には属格は必須ではなく、自然発話では現れないことのほうが多い（§5.1.1 参照）。

(320) ［**tɕa**　　**tʰoŋ-no＝kə**］　　　ŋ̩ə
　　　茶　　　飲む -NMLZ＝GEN　　　人

　　「お茶を飲む人」

[4] 与格

　与格（DAT）は、与格助詞 ＝Ca を伴うことで表される。＝Ca は、表 35 に示すような交替形がある。母音終わりの単語の後ろ（tɕʰo＝o「あなたに」、ɬasʰa＝a「ラサに」など）では、与格助詞の母音の長さが他の環境に比べて短く発音される。

　与格助詞は、［4-1］「他動詞の目的語」、［4-2］「『接触』を表す自動詞の対象」、［4-3］「3 項動詞の拡大核項」、［4-4］「移動の方向」、［4-5］「移動の目的」、［4-6］「変化の結果」、［4-7］「他動詞を用いた使役文の被使役者」、

[4–8]「感情の対象」、[4–9]「所有者」、[4–10]「必要としている主体」、[4–11]「似ている対象」、[4–12]「〜毎に、〜の度に」、[4–13]「〜の代わりに、〜として」、[4–14]「時点、最中、期間」、[4–15]「様態」、[4–16]「リンカー」、といった様々な機能をもつ。

[4–1] 他動詞の目的語

他動詞の目的語には通常、絶対格が用いられるが（§6.1 参照）、「見る」（例は (321)）、「聞く」（例は (322)）などの意志的な知覚、「殴る」（例は (323)）、「待つ」（例は (324)）などの「対象に働きかけをするが変化をもたらさない動作」を表す動詞の目的語を表すのに与格が用いられる。

(321) ŋi   **sonam＝ma**   hti-a.
      1SG.ERG   PSN＝DAT   見る .PF-EGO

「私はソナムを見た」

(322) dordze＝kə   **hləhjaŋ＝ŋa**   ŋen＝taŋ＝zək.
      PSN＝ERG   歌＝DAT   聞く＝ACMP＝IE

「ドルジェは歌を聞いた」

(323) dordze＝kə   **sonam＝ma**   htɕer-dzi   re.
      PSN＝ERG   PSN＝DAT   殴る［-NMLZ   COP.O］FUT.O

「ドルジェはソナムを殴るだろう」

(324) dordze＝kə   **sonam＝ma**   gə＝zək.
      PSN＝ERG   PSN＝DAT   待つ＝IE

「ドルジェはソナムを待った」

[4–2]「接触」を表す自動詞の対象

tʰək「会う」、tʰok「あたる」といった接触を表す自動詞は、接触の対象を拡大核項としてとる。拡大核項は与格で標示される（例は (325) (326)）。

(325) ŋa　　**tsʰeraŋ＝ŋa**　　tʰək＝taŋ＝tʰa.
　　　1SG　　PSN＝DAT　　会う＝ACMP＝DE

　　「私はツェランに会った」

(326) dordze　　**sonam＝ma**　　tʰok＝taŋ＝zək.
　　　PSN　　　PSN＝DAT　　　ぶつかる＝ACMP＝IE

　　「ドルジェはソナムにぶつかった」

[4–3] 3項動詞の拡大核項（間接目的語）

　「与える」(327)、「貸す」(328)、「見せる」(329)、「話す」(330)、「教える」(331)、「運ぶ」(332)、「売る」(333) などの3項動詞の拡大核項（間接目的語）は与格で現れ、受け取り手や行為の相手を表す。3項動詞の直接目的語は絶対格で現れる。ちなみに、受け取り手が主語となる「もらう」、「受け取る」にあたる動詞はない。

(327) ŋi　　　**tsʰeʁaŋ＝ŋa**　　xitcʰa　　hter.
　　　1SG.ERG　PSN＝DAT　　　本　　　与える.IPF

　　「私はツェガンに本をあげよう」

(328) hjəntsʰo＝kə　　**sonam＝ma**　　xitcʰa　　hjar＝taŋ＝zək.
　　　PSN＝ERG　　　PSN＝DAT　　　本　　　貸す＝ACMP＝IE

　　「ユムツォはソナムに本を貸した」

(329) hjəntsʰo＝kə　　**sonam＝ma**　　rənpotcʰe　　hten＝zək.
　　　PSN＝ERG　　　PSN＝DAT　　　宝　　　　　見せる.PF＝IE

　　「ユムツォはソナムに宝物を見せた」

(330) hjəntsʰo＝kə　　**sonam＝ma**　　saŋwa　　ce＝zək.
　　　PSN＝ERG　　　PSN＝DAT　　　秘密　　　話す＝IE

　　「ユムツォはソナムに秘密を話した」

(331) hjəntsʰo＝kə　　**sonam＝ma**　　hləhjaŋ　　htsap＝zək.
　　　PSN＝ERG　　　PSN＝DAT　　　歌　　　　教える.PF＝IE

　　「ユムツォはソナムに歌を教えた」

第 5 章　句　149

(332) hjəntsʰo＝kə　　**sonam＝ma**　　sama　　htɕa＝zək.
　　　PSN＝ERG　　　　PSN＝DAT　　　食事　　運ぶ＝IE

　　「ユムツォはソナムに食事を運んだ」[8]

(333) ŋi　　　　　**tsʰeʁaŋ＝ŋa**　　xitɕʰa　　tsoŋ＝taŋ-ŋa.
　　　1SG.ERG　　　PSN＝DAT　　　　本　　　売る.PF＝ACMP-EGO

　　「私はツェガンに本を売った」

[4-4] 移動の方向

　場所を表す名詞に後続し、移動先を表すのに用いられる。述語は移動を表す動詞に限られる。

(334) ŋa　　**səlaŋ＝ŋa**　　ndzo-dzi.
　　　1SG　　PLN＝DAT　　　行く.IPF-FUT.S

　　「私は西寧に行こう」

(335) ŋi　　　　pʰəroŋ　　**naŋ＝ŋa**　　apra　　　　ndzəs＝sʰoŋ＝zək.
　　　1SG.GEN　　袖　　　　中＝DAT　　　ナキウサギ　入る＝ACMP＝IE

　　「私の袖の中にナキウサギが入ってしまった」

[4-5] 移動の目的

　主に移動の目的を表す名詞に接続する。その場合、述語は移動を表す動詞に限られる。なお、疑問名詞の tɕʰəzək「何」に与格を後続させると,「なぜ」という副詞句を形成する（例は (338)）。

(336) ti　　　hkep　　ti　　　jən＝na (略)　　**htamo＝a**　　sʰoŋ＝zək.
　　　DEM　　時　　　DEM　　COP.S＝COND　　見物＝DAT　　行く.PF＝IE

　　「その時はと言えば、（略）見物に行った」

(337) akʰə　　　**kʰexi＝a**　　joŋ-nə　　　　re.
　　　おじさん　会議.Ch.＝DAT　来る［-NMLZ　　COP.O］AFF.O

　　「おじさんは会議に来た」

(338) ndə＝na　　　　ŋə　　**tɕʰəzək＝a**　　me＝ni＝na?

　　　DEM＝LOC　　　人　　何＝DAT　　　EXST.NEG＝AFF.Q＝Q

　　「ここには人がなぜいないのかな？」

[4-6] 変化の結果

　状態動詞や名詞類に与格助詞を後続させることで、動詞の表す変化の結果状態を表すことができる。能格助詞 ＝Kə で変化の結果を表すこともあるが（§5.1.3［2-5］参照）、tɕe-状態動詞「より～」（例は（339））や数詞（例は（340））に続く場合には与格しか用いることができない。（339）（340）はともに、能格助詞 ＝Kə で表すことはできない。

(339) tɕʰə　　**tɕe-tɕʰi＝a**　　　sʰoŋ　　jok-kə.

　　　川　　　より - 大きい＝DAT　行く .PF　　EXST-EV

　　「川は、より大きくなっていた」

(340) meigəo＝kə　　mətaŋ　　**toŋeər**　　**səm＝a**　wət＝taŋ＝zək.

　　　PLN.Ch.＝GEN　人口　　　億　　　　3＝DAT　　出る .PF＝ACMP＝IE

　　「アメリカの人口が 3 億人になった」

[4-7] 他動詞を用いた使役文の被使役者

　他動詞を用いた使役文においては、被使役者が与格で現れる（§7.1.1 参照）。

(341) ŋi　　　**ləndəp＝wa**　xitɕʰa　ŋo＝gə　　　zək＝taŋ-ŋa.

　　　1SG.ERG　PSN＝DAT　　本　　買う .IPF＝PUR　入れる .PF＝ACMP-EGO

　　「私はルンドゥプに本を買わせた」

[4-8] 感情の対象

　「怖れる」、「好く」などの感情を表す動詞における感情の向かう対象は与格助詞を伴って現れる。

第 5 章　句　151

(342) ŋa　　　**sonam＝ma**　　htɕek-kə.
　　　1SG　　　PSN＝DAT　　　怖れる -EV

　　　「私はソナムが怖い」

(343) ŋa　　　**sonam＝ma**　　ga-gə.
　　　1SG　　　PSN＝DAT　　　好く -EV

　　　「私はソナムが好きだ」

[4-9] 所有者
　所有文における所有者は与格で現れる。

(344) **tsʰeraŋhtɕəl＝a**　　　ɕaji　　jok-kə.
　　　PSN＝DAT　　　　　　子供　　EXST-EV

　　　「ツェランキには子供がいる」

[4-10] 必要としている主体
　なにかを必要としている主体は与格で現れる。

(345) **tsʰeraŋ＝ŋa**　　xitɕʰa　　go-gə.
　　　PSN＝DAT　　　本　　　　要る -EV

　　　「ツェランには本が要る」

[4-11] 似ている対象
　人や物がなにかに似ている場合に、その似ている対象は与格で現れる。

(346) ŋa　　　**sonam＝ma**　　rək-kə.
　　　1SG　　　PSN＝DAT　　　似ている -EV

　　　「私はソナムに似ている」

(347) kʰoŋwa　　ndə　　**poʈaŋ＝ŋa**　　rək-kə.
　　　建物　　　DEM　　宮殿＝DAT　　似ている -EV

「この建物は宮殿に似ている」

[4-12]「～毎に、～の度に」

「～毎に、～の度に」といった頻度を表す表現は与格で現れる。

(348) ŋi　　　　　ŋəma　　**htɕək＝a**　tʰaŋma　htɕək　sama　sa-gə
　　　1SG.ERG　日　　　1＝DAT　　回　　　1　　食事　食べる.IPF［-SUF

jo.
EXST］PROG.EGO

「私は一日一回食事をとっている」

(349) kʰəgi　　　　**goŋ＋dzaŋ＝ŋa**　tɕʰaŋ　　tʰoŋ＝go-kə.
　　　3SG.M.ERG　夜＋毎＝DAT　　酒　　飲む［＝PROG.EGO-EV］PROG.EV

「彼は毎晩、酒を飲んでいる」

[4-13]「～の代わりに、～として」

「～の代わりに、～として」という表現は与格で現れる。

(350) htongək　　ti　　　**kandohlama＝a**　gahtak＝a　　cən＝ni,
　　　上着　　　　DEM　PSN＝DAT　　　　賞品＝DAT　　与える.PF＝SEQ

「その上着をカムド・ラマに賞品として与えて…」【TX1】

(351) kandohlama　　**ʈaŋaŋ＝ŋa**　samhten　ze-nə　　　　re.
　　　PSN　　　　　僧名＝DAT　　PSN　　　言う［-NMLZ　COP.O］AFF.O

「カムド・ラマは僧名としては、サムテンといった」【TX1】

[4-14] 時点、最中、期間

事態の行われる時点や行われている最中、期間を表す副詞句は与格で現れる。

第 5 章　句　153

(352) **hŋa-wi**　　　　tsʰe　　　ɕɐk＝a　　htonmo　　jet-tɕi.
5-NUM.GEN　　日にち　　1＝DAT　　宴会　　　　する.IPF-FUT.S

「5 月 1 日に宴会をする」

(353) ŋa　　tə＝ni　　**dzawa**　**ʈɐk**　**tə-mo＝zək＝a**　　　　det＝tsək.
1SG　DEM＝ABL　月　　6　　DEM-NMLZ＝INDF＝DAT　　居る.PF＝IE

「私はそこに 6 ヶ月ほどの間いました」

[4–15] 様態

　様態を表す副詞句を表す場合にも与格が用いられる。たとえば、名詞 raŋ「自身」に与格を後続させると、raŋ＝ŋa（自身＝DAT）「目的なく」という副詞句を形成したり（例は (354)）、kʰarok「無言」に与格を後続させると、kʰarok＝a（無言＝DAT）「黙って」という副詞句を形成したりする（例は (355)）。

(354) ndəkmotsʰo　　**raŋ＝ŋa**　　sʰoŋ-nə　　　　　re?
PSN　　　　　　自身＝DAT　　行く.PF[-NMLZ　　COP.O]AFF.O

「ドゥクモツォは目的なく行ったのか？」

(355) kʰəga　　**kʰarok＝a**　　dzara＝a　　sʰoŋ＝zək.
3SG.M　　無言＝DAT　　PLN＝DAT　　行く.PF＝IE

「彼はこっそりジャラへ行ったそうだ」

[4–16] リンカー

　不定助詞を伴った名詞に、その名詞を修飾する要素が続く場合、不定助詞の直後に与格助詞が接続し、その名詞が、後続する修飾要素（名詞、数詞、形容詞）の被修飾語であることを示すことがある（例は (356)–(359)）。これを本書では「リンカー」と呼ぶ。

(356) **haba＝zək＝a**　　　　　tɕʰa-tɕʰa＝zək.
小型犬.Ch.＝INDF＝DAT　　まだらだ-RDP＝INDF

「まだらの小型犬」

(357) **ŋə＝zək＝a** htɕək jok-kə.
人＝INDF＝DAT 1 EXST-EV

「人が1人いる」

(358) **ŋə＝zək＝a** jok-kwa＝zək re.
人＝INDF＝DAT きれいだ-ADJVLZ＝INDF COP.O

「きれいな人だ」

(359) **hnetsʰəl＝zək＝a** tʰoŋ~tʰoŋ＝zək ɕel.
話＝INDF＝DAT 短く-RDP＝INDF 話す

「短い話をしよう」

[5] 起格

　起格（ABL）は、起格助詞 ＝ni で表される。起格は、「空間の起点」（例は (360)）、「時間の起点」（例は (361)）を表す他に、「動作（や状態変化）が行われる場所」（例は (362)(364)(365)）、「動作が行われる時点」（例は (363)(366)(367)）を表すことも可能である。「動作（や状態変化）が行われる時点」は、dzi「後」、tʰo「後」などの名詞に接続したり（例は (366)(367)）。また、指示代名詞に接続し、ti＝ni「そして」のように接続詞的に用いることがある（例は (368)）。

　「動作（や状態変化）が行われる場所」については、現在進行形の場合に限り、場所格（§5.1.3 [6]）で表すことも可能である。起格、場所格どちらも使用できる例は [6] にて示す。ちなみに (362)–(368) の例では場所格を使用することはできない。

(360) ŋa **tɕʰaptɕʰa＝ni** joŋ-nə jən.
1SG PLN＝ABL 来る [-NMLZ COP.S]AFF.S

「私はチャプチャから来た」

(361) ŋi **teraŋ＝ni** naŋhka＝tʰəkshi ɬopdzoŋ jet-tɕi.
1SG.ERG 今日＝ABL 明日＝TERM 勉強 する.IPF-FUT.S

「私は今日から明日まで勉強する」

第 5 章　句　155

(362) {kʰək＝ni/*kʰək＝na}　　　　　ta-mo　　　　　　　　　ɕi.

カーブ＝ABL/ カーブ＝LOC　　ゆっくりだ -ADJVLZ　　　　する .IMP

「カーブではゆっくりしろ（＝ゆっくり運転しろ）」

(363) tɕʰo　　　tytsʰo　　　səm＝kə　　{tʰok＝ni/*tʰok＝na}　　çok.

2SG　　　時間　　　3＝GEN　　　上＝ABL/ 上＝LOC　　　　来る .IMP

「あなたは 3 時に来て」

(364) {lam＝ni/*lam＝na}　　de-mo　　　　　　　　ɕi.

道＝ABL/ 道＝LOC　　　　元気だ -ADJVLZ　　　　する .IMP

「道中お気をつけて」

(365) {kʰok＝ni/*kʰok＝na}　　　　kʰu-gə.

腹＝ABL/ 腹＝LOC　　　　　痛い -EV

「お腹が痛い」

(366) ti　　　　zaŋ-no　　　　{dzi＝ni/*dzi＝na}　　tɕʰəzək　　re.

DEM　　　建てる .HON-NMLZ　　後＝ABL/ 後＝LOC　　　何　　　　　COP.O

「それをお建てになった後でどうしたか」

(367)（「私はこの本を読んだ後で」という発話に続けて）

ndi　　　{tʰo＝ni/*tʰo＝na}　　xitɕʰa　　te　　　　　hta-dzi.

DEM　　　後＝ABL/ 後＝LOC　　　本　　　　DEM.DAT　　見る .IPF-FUT.S

「この後で、その本を読もう」

(368)（高僧が亡くなったという文脈で）

{ti＝ni/*ti＝na}　　　tagi　　　hkədoŋ　　　zaŋ-no.

DEM＝ABL/DEM＝LOC　　FIL　　　霊塔 .HON　　建てる .HON-NMLZ

「そして、御霊塔をお建てになったこと」

[6] 場所格

　場所格助詞（LOC）＝na は、対象物が存在する場所（例は（369）（370））や
動作が進行中である場所（動詞は進行形で現れる）を表す（例は（371）
（372））。その他、時間を表す名詞（句）の属格形に tʰok「上」、hŋen「前」、
zək「後」といった名詞が続き、＝na が接続することで、存在する時間を表

156

す（例は (373) (374)）。

　動作を行っている場所を表す例では、起格 ＝ni（[5]）で置きかえることも可能である（例は (371) (372)）。その場合、場所格を用いた場合と起格を用いた場合で意味に違いは現れない。

(369) ŋa　　**jə＝na**　　jo.
　　　1SG　　家＝LOC　　EXST

　　　「私は家にいる」

(370) alak　　ʈʰəwa　　ʈʰə　　　**tʰok＝na**　　jok-kə.
　　　高僧　　PSN　　座.HON　　上＝LOC　　EXST-EV

　　　「チュワ高僧は、御座にいる」

(371) ŋi　　　{**jə＝na/jə＝ni**}　　lihka　　li-gə　　jo.
　　　1SG.ERG　　家＝LOC/家＝ABL　　仕事　　する [-SUF　EXST] PROG.EGO

　　　「私は家で仕事をしている」

(372) kʰəgi　　ɬopʈa　　{**naŋ＝na/naŋ＝ni**}　　xitɕʰa＝a
　　　3SG.M.ERG　　学校　　中＝LOC/中＝ABL　　本＝DAT

　　　hta＝go-kə.
　　　見る.IPF [＝PROG.EGO-EV] PROG.EV

　　　「彼は学校で本を読んでいる」

(373) tytsʰo　　htɕək＝kə　　{**tʰok＝na/*tʰok＝ni**}　　ŋa　　jə＝na　　jo.
　　　時間　　1＝GEN　　上＝LOC/上＝ABL　　1SG　　家＝LOC　　EXST

　　　「一時に私は家にいる」

(374) tytsʰo　　htɕək＝kə　　{**hŋen＝na/*hŋen＝ni**}　　ŋa　　jə＝na　　jo.
　　　時間　　1＝GEN　　前＝LOC/前＝ABL　　1SG　　家＝LOC　　EXST

　　　「一時間前に私は家にいた」

[7] 到格

　時間的、空間的な到着点「～まで」は、到格助詞（TERM）＝tʰəksʰi で表される。

(375) ŋi   teraŋ＝ni   **naŋhka＝tʰəksʰi**   ɬopdzoŋ   jet-tɕi.

      1SG.ERG   今日＝ABL   明日＝TERM   勉強   する.IPF-FUT.S

    「私は今日から明日まで勉強する」

(376) ndəkmotsʰo   **ŋekʰa＝tʰəksʰi**   tʰon＝zək.

      PSN   私の家 **9** ＝TERM   到着する＝IE

    「ドゥクモツォは私の家まで着いた」

5.2　形容詞句

　形容詞句は「（名詞）形容詞」の構造をもつ。形容詞と同様に、コピュラ動詞の補語になったり、名詞（句）を修飾したりする。以下では、それぞれの説明を行い、例文をあげる。

　単独の形容詞については §3.3.4 で述べたので、以下では、名詞と形容詞の組み合わせによって形成された形容詞句について述べる。

　「名詞　形容詞」の構造をもつ形容詞句は、1 音節目の後ろに音声的なポーズが入るため、複合した 1 語ではなく、2 語からなる句である。また、このような形容詞句は、「主要部　形容詞」（§5.1.1 の図 2 における HN ADJ）という構造の名詞句のようにもみえるが、名詞句だとすれば、名詞を後ろから修飾することはできない。名詞と形容詞の組み合わせによって形成された形容詞句は、§5.1.1 の図 2 における形容詞（ADJ）の位置に現れることから、名詞句とは別ものであることがわかる。

　このような形容詞句の意味は、その構成要素から容易にわかるものもあるが、「鼻　短い」で「気が短い」などのように慣用的なものもある。以下ではこのような慣用的な形容詞句を扱う。

　tʰak raŋ-wo（距離 長い -ADJVLZ）「遠い」、dza tɕʰe-nbo（広さ 大きい -ADJVLZ）「広い」、lo tɕʰoŋ~tɕʰoŋ（年 小さい~RDP）「若い」、lo tɕʰe-nbo（年 大きい -ADJVLZ）「年をとった、年老いた」、lak ndzok-mo（手 速い -ADJVLZ）「仕事が速い」、htap de-mo（方法 元気だ -ADJVLZ）「便利だ」、hna tʰoŋ-wo（鼻 短い -ADJVLZ）「気が短い、怒りっぽい」、hna raŋ-wo（鼻

長い -ADJVLZ)「気が長い」、hŋaŋ dzi-mo（心　？ -ADJVLZ)「かわいい」、
zək tʰoŋ-wo（背丈　短い -ADJVLZ)「背が低い」、zək raŋ-wo（背丈　長い
-ADJVLZ)「背が高い」など。

　形容詞句は、コピュラ動詞を伴って動詞述語になったり（例は (377)）、主
要部（HN）の後ろに現れて修飾要素になったりする（例は (378)(379)）。

(377) kʰəga　　　**lo　tɕʰoŋ-tɕʰoŋ**　　re.
　　　3SG.M　　　年　小さい-RDP　　　COP.O

　　　「彼は若い」

(378) kʰoŋwa　　　**dza　tɕʰe-nbo**
　　　家　　　　　広さ　大きい -ADJVLZ

　　　「広い家」

(379) sʰatɕʰa　　　**tʰak　　raŋ-wo**＝zək＝a　　　　sʰoŋ＝ni.
　　　土地　　　　　距離　　長い -ADJVLZ＝INDF＝DAT　　行く .PF＝AFF.S

　　　「（私は）遠い場所に行った」

5.3　副詞句

　副詞句には、単独の副詞の他、複数の副詞の組み合わせや、副詞以外の語
に格助詞が接続し、文中で副詞的に機能するものがある。

　副詞句は副詞と同様、動詞の直前の位置に現れることができる。単独の副
詞については §3.3.6 で述べた。以下では、複数の副詞の組み合わせと、副
詞以外の語に格助詞が接続した副詞句の構成、そして、それらの副詞句が用
いられた例文をあげる。

5.3.1　複数の副詞の組み合わせによる副詞句

　副詞句には、2 つの副詞の連続からなるもの、あるいは 3 つの副詞の連続
からなる、「副詞 副詞（副詞）」の組み合わせがある。みつかった例には、
単独でも使われる程度副詞 ɕigi「とても」が他の副詞の前に現れるもの（ɕigi

tɕək（とても ちょっと）「とても、よく」（例は（380））や単独で「今、もう」という意味を表す ta が 3 つ連続する副詞句、ta ta ta（今 今 今）「すぐ」（例は（381））などがある。

(380) **ɕigi**   **tɕək**   so.
      とても   ちょっと   食べる .IMP

      「よく食べなさい」

(381) ŋa   **ta**   **ta**   **ta**   joŋ.
      1SG   今   今   今   来る

      「私はすぐ来よう」[10]

5.3.2　副詞以外の語に格助詞が接続した副詞句

　副詞以外の語に格助詞が接続した副詞句については、それらの意味の違いから、[1]「様態」、[2]「方向」、[3]「場所」、[4]「時」、[5]「理由」、[6]「目的」、[7]「～に関して」、[8]「～の割に」、の 8 つにわけて述べる。

[1] 様態

　様態を表す副詞句は、名詞（句）に格助詞（主に与格）を付加したものが多いが、nɖok＝i（伴う＝SEQ）「一緒に」のように、動詞に接続助詞が後続した例もある。以下に示す副詞句は、いずれも慣用的によく使われるものである。

　loklok＝a（全体＝DAT）「1 つになって」、raŋ＝ŋa（自分＝DAT）「目的なく、勝手に」、kʰarok＝a（無言＝DAT）「こっそり」、ŋem＝gi（一緒＝ERG）「一緒に」、tɕep htɕək＝ni（列 1＝ABL）「一緒に」、tɕep htɕək＝a（列 1＝DAT）「一緒に」、nɖok＝i（伴う＝SEQ）「一緒に」、jən＝na mən＝na（COP. S＝COND COP.S.NEG＝COND）「絶対に」、dek＝ki dek＝ki（居る .PF＝PUR 居る .PF＝PUR）「だんだんに」、htɕek-htɕek＝ki（恐れる -NMLZ＝ERG）「非常に」、htɕek-htɕel＝a（恐れる -NMLZ＝DAT）「非常に」など。「一緒に」という複数の表現の間に意味の違いはみられない。

(382) kʰəga **kʰarok＝a** dzara＝a sʰoŋ＝zək.
3SG.M 無言＝DAT PLN＝DAT 行く.PF＝IE

「彼はこっそりジャラへ行ったそうだ」

(383) tɕʰo **jən＝na** **mən＝na** matsʰəri＝a tɕək çok.
2SG COP.S＝COND COP.S.NEG＝COND PLN＝DAT 少し 来る.IMP

「あなたは、絶対にマツリに来い」

[2] 方向

　方向を表す副詞句は、移動や動作の方向を明示するものである。har＝a
と tsʰər＝a は発話者を基準として離れるか近づくかという方向を表す。jar
＝a と mar＝a は、場所の高低、川上・川下、身分の高低など様々な上下関
係に用いる。

　har＝a（あちら＝DAT）「あちらへ（発話者から離れる方向）」、tsʰər＝a（こ
ちら＝DAT）「こちらへ（発話者に近づく方向）」、jar＝a（上＝DAT）「上へ、
川上へ」、mar＝a（下＝DAT）「下へ、川下へ」、har＝a tsʰər＝a（あちら＝DAT
こちら＝DAT）「あちこちへ」、zok-zok＝a（方面-RDP＝DAT）「あちこちに」、
jar＝a mar＝a（上＝DAT 下＝DAT）「あちこち」など。

(384) **har＝a** sʰoŋ.
あちら＝DAT 行く.IMP

「あっち行け」

(385) ŋə-zo jeke **mar＝a** tsʰamdʑi＝a sʰoŋ-nə re.
1EXCL-PL みな 下＝DAT 挨拶＝DAT 行く.PF[-NMLZ COP.O]AFF.O

「私たちはみな、下（の方の土地）に、挨拶をしに行ったのだ」

(386) **jar＝a** hter＝no sʰa＋jək
上＝DAT 与える.IPF＝NMLZ 土地＋文書

kaŋ＝ŋa wət＝tsʰoŋ＝zək?
どこ＝DAT 出る.PF＝ACMP＝IE

「上（の人）に渡す土地に関する文書はどこに行ったのだ？」

第 5 章 句 161

(387) **jar＝a**　　　**mar＝a**　　　ma-ndʑo.
　　　上＝DAT　　　下＝DAT　　　NEG- 行く .IPF

　　　「あちこち行くな！」

[3] 場所

　場所を表す名詞（句）の属格に、さらに、相対的位置関係を表す名詞に格
助詞が接続した形で副詞句を形成する。相対的位置関係を表す名詞には、
jentɕʰel「向こう側」、mentɕʰel「こちら側」、tʰok「上」、lakʰa「上」、htaŋ
「上」、ok「下」、naŋ「中」、ngo「頭」、dʑep「後」などがある。相対的位置
関係を表す名詞が、tʰok「上」または naŋ「中」の場合には、場所を表す名
詞（句）が属格ではなく絶対格をとることもある。

(388) ŋədaŋəkka＝kə　　　{**jentɕʰel＝na/mentɕʰel＝na**}
　　　PLN＝GEN　　　　　向こう側＝LOC/こちら側＝LOC

　　　「日月山 [11] の向こう側に / 日月山のこちら側に」

(389) tɕoktse（＝ki）　　　{**tʰok＝na/lakʰa＝ni**}
　　　机 .Ch.（＝GEN）　　上＝LOC/ 上＝ABL

　　　「机の上に」

(390) tɕoktse＝ki　　　{**htaŋ＝na/ok＝na**}
　　　机 .Ch.＝GEN　　上＝LOC/ 下＝LOC

　　　「机の上に / 机の下に」

(391) kʰoŋwa（＝ki）　　　**naŋ＝na**　　　ŋə　　　jo.
　　　家（＝GEN）　　　　中＝LOC　　　人　　　EXST

　　　「家の中に人がいる」

(392) soŋnbəm　　　hɲi-wa（＝ki）　　　**naŋ＝na**　　　jo.
　　　著書 .HON　　2-NUM（＝GEN）　　中＝LOC　　　EXST

　　　「御著書の 2 巻目にある」

(393) soŋnbəm   hɲi-wa=ki   **ngo=na**   jo.
著書.HON   2-NUM=GEN   最初=LOC   EXST

「御著書の2巻目の最初にある」

(394) kʰoŋwa=ki   **dʑep=na**   ŋə   jo.
家=GEN   裏=LOC   人   EXST

「家の裏に人がいる」

[4] 時

時を表す副詞句には、名詞（句）に、格助詞（与格、能格）が後続する例が
みつかっている。

hŋa-wi tsʰe ɕək=a（5-NUM.GEN 日にち 1=DAT）「5月1日に」、dza tsʰək
=a（月 1=DAT）「1ヶ月間」、hŋen=na（前=DAT）「以前に」、zək=ni/dzi
=ni/dza=ni[12]（後=ABL/ 後=ABL/ 後=ABL）「後で」、naŋhka=tʰəksʰi（明
日=TERM）「明日まで」、goŋ+dzaŋ=ŋa（晩＋毎=DAT）「毎晩」、tsʰem
tsʰem=a（境 境=DAT）「時々」、ngomakoŋ=ŋa（最初=DAT）「最初に」、jən
=gi（期間=ERG）「しばらくして」などがある。

この他、hŋen「前」、zək/dʑi/dza「後」、tʰok/htaŋ「上」、jentɕʰel「以前」、
tsʰəntɕʰel「以後」、mentɕʰel「以後」のような相対的な関係を表す名詞に格
助詞を伴ったものを主要部とし、基準となる時を表す名詞句の属格形がそれ
に先行することで「〜の前に」、「〜の時に」のような副詞句を形成する（例
は（395）-（400））。

(395) lo   htɕək=ki   **hŋen=na**
年   1=GEN   前=LOC

「1年前に」

(396) lo   htɕək=ki   {**zək=ni/dʑi=ni/dza=ni**}
年   1=GEN   後=ABL/ 後=ABL/ 後=ABL

「1年後に」

第 5 章　句　163

(397) tytsʰo　　　ʈək＝kə　　　{tʰok＝ni/htaŋ＝ni}
　　　時間　　　　6＝GEN　　　上＝ABL/ 上＝ABL

　　　「6 時に」

(398) goŋ-lo　　　hŋa＝ki　　　{tʰok＝ni/htaŋ＝ni}
　　　HON- 年　　5＝GEN　　　上＝ABL/ 上＝ABL

　　　「御年 5 歳の時に」

(399) ʈəktɕə　　　tʰamba＝ki　　jentɕʰel＝a
　　　60　　　　　ちょうど＝GEN　以前＝DAT

　　　「60 年以前に」

(400) ʈəktɕə　　　tʰamba＝ki　　{tsʰəntɕʰel＝a/mentɕʰel＝a}
　　　60　　　　　ちょうど＝GEN　以後＝DAT/ 以後＝DAT

　　　「60 年以後に」

　指示代名詞に、起格助詞 ＝ni や能格が後続して、全体で接続詞のような
役割をすることがある。近称や中称の指示代名詞が起格助詞を伴った、ti＝ni
(DEM＝ABL)「その後、そうして」、ndi＝ni (DEM＝ABL)「この後、こう
して」や、指示代名詞に名詞 nʈʰo（または ʈʰo）「後、残り」が後続して起格
助詞を伴った、ti nʈʰo＝ni（または ti ʈʰo＝ni）(DEM 後＝ABL)「その後、そ
うして」、ndi nʈʰo＝ni（または ndi ʈʰo＝ni）(DEM 後＝ABL)「この後、こう
して」、ti＝ki (DEM＝ERG)「そうして」、ndi＝ki (DEM＝ERG)「こうし
て」などがある（例は (401)）。

(401) ti＝ki　　　　ji　　　　ta　　　kʰəga　　ŋa＝taŋ＝zək.
　　　DEM＝ERG　する .PF　INTJ　3SG.M　寝る＝ACMP＝IE
　　　「そうして、彼は寝た」

[5] 理由

　理由を表す副詞句（「〜という理由で」、「〜なので」）には、「原因、理由」
を意味する名詞、kʰu、dzəntsʰen、htɕen のいずれかを使った 3 つの構成が

164

ある。すなわち、(a) -no kʰu＝ERG、(b) -no (＝GEN) dzəntsʰen＝ERG、(c) -no (＝GEN) htɕen＝ERG である。(b) と (c) では属格助詞の付加は任意的である。なお、kʰu, dzəntsʰen, htɕen は全て「原因、理由」という意味の名詞であり、意味の違いはない。

(402) kʰəga   me-po   jən-no   kʰu＝ki
      3SG.M   EXST.NEG-NMLZ   COP.S-NMLZ   理由＝ERG

      gemo   len   ma-tʰəp＝zək.
      妻   取る.IPF   NEG-できる＝IE

「彼は、貧乏人だという理由で、妻を娶れなかった」

(403) ŋa   gormo   me-no (＝ki)   dzəntsʰen＝kə
      1SG   お金   EXST.NEG-NMLZ (＝GEN)   理由＝ERG

      hta   ŋo   ma-tʰəp＝zək.
      馬   買う.IPF   NEG-できる＝IE

「私はお金がないという理由で馬を買えなかった」

(404) ŋa   gormo   me-no (＝ki)   htɕen＝kə
      1SG   お金   EXST.NEG-NMLZ (＝GEN)   理由＝ERG

      hta   ŋo   ma-tʰəp＝zək.
      馬   買う.IPF   NEG-できる＝IE

「私はお金がないという理由で馬を買えなかった」

[6] 目的

「〜のために」、「〜するために」といった目的を表す副詞句には、(a) NP＝GEN tɕʰet＝tə[13] (NP＝GEN ため＝DAT)、(b) NP＝GEN ton＝na (NP＝GEN ため＝DAT)、(c) V-dzi tɕʰel＝a (V-NMLZ.GEN ため＝DAT)、(d) V-dzi ton＝na (V-NMLZ.GEN ため＝DAT) の 4 種類がある。tɕʰet は tɕʰel の末尾の /l/ が /t/ に交替した形である。なお、(a), (b), (c), (d) の間に意味の違いはない。

第5章　句　165

(405) sonam＝ki　　{tɕʰet＝tə/ton＝na}　　sama　　hku-a.
　　　PSN＝GEN　　ため＝DAT/ ため＝DAT　　食事　　調理する -EGO

　　「ソナムのために食事をつくった」

(406) kʰə-tɕʰo　　　ɬasʰa＝a　　　ndzo-dzi　　　　　{tɕʰet＝tə/ton＝na}
　　　3-PL　　　　　PLN＝DAT　　行く .IPF-NMLZ.GEN　　ため＝DAT/ ため＝DAT

　　　pʰio　　　　　　ŋi-nə　　　　　　　re.
　　　チケット .Ch.　　買う .PF[-NMLZ　　COP.O]AFF.O

　　「彼らはラサに行くために切符を買った」

[7]「〜に関して」

　「〜に関して」という意味を表す副詞句は、ɕok「方面」、hkor「関連」という名詞を用い、(a) V-dzo＝GEN ɕok＝ABL「〜の方面で」、(b) V-dzo ＝GEN hkor＝ABL「〜関して」で表す。(a), (b) に意味の違いはない（例は (407)）。

(407) kʰə-tɕʰo　　　　　　　ɬasʰa＝a　　　　　　　ndzo-dzo＝ki
　　　3-PL　　　　　　　　　PLN＝DAT　　　　　　行く .IPF-NMLZ＝GEN

　　　{ɕok＝ni/hkor＝ni　　　tɕi　　　ji＝zək.
　　　方面＝ABL/ 関連＝ABL　　議論　　する .PF＝IE

　　「彼らがラサに行くことに関して議論した」

[8]「〜の割に」

　逆接的な内容を表す副詞句は、tsʰo「程度」という名詞を用い、-no（＝GEN）tsʰo＝ERG で表す。-no の後の属格助詞の付加は任意的である（例は (408)）。

(408) kʰəga　　　tɕʰoŋ-no（＝ki）　　　　tsʰo＝kə　　sama　　sa-gə.
　　　3SG.M　　小さい -NMLZ（＝GEN）　　程度＝ERG　　食事　　食べる .IPF-EV

　　「彼は小さい割に食事をよく食べる」

5.4 動詞句

　動詞句とは、「(名詞) 動詞 (動詞)」という動詞を主要部とする構造をとり、文中で動詞として機能するものである。単独の動詞については、§3.3.5で述べたので、以下では、§5.4.1「名詞と動詞からなる動詞句」、§5.4.2「動詞連続からなる動詞句」を扱う。これらの動詞句は相補的なものではない。

5.4.1　名詞と動詞からなる動詞句

　以下には慣用的によく使われる動詞句を示す。

　一部の動詞は、特定の名詞を項としてとることにより、それぞれの構成要素からは推測できない意味を表す。これらの表現に含まれる名詞は、単独では使われないものが多く、動詞にも、単独では使われないものがまれにある。

　このような動詞句の語順には、「名詞 動詞」の例のみがみつかっている。具体的には、「N 状態動詞」、「N Vi」、「N Vt」、「N (ERG) Vt」の構造をとる。表47にその例を示す。「N 状態動詞」については、§5.2で示した、慣用的な形容詞句から形容詞化接辞をのぞいたものも含まれる (tʰak raŋ (距離長い)「遠い」など)。表47にはその一部のみを示す。

　軽動詞 (§3.3.5 [3-1-3]) を用いた動詞句も存在する。軽動詞とは動作動詞に属する動詞で、名詞と組み合わせて様々な意味を表す動詞である。現段階でみつかっている軽動詞には dzek (未完了形) /dzep (完了形) /dzop (命令形)「する (打つ)」、jel (未完了形) /ji または ɕi (完了形) /ɕi (命令形)「する」、htoŋ (未完了形) /taŋ (完了形) /htoŋ (命令形)「放つ」の3つの動詞がある。これらが形成する動詞句を表48に示す。なお、表48中では未完了形のみを示す。

　表中に？で表記した要素は動詞句の中でのみ使われ、単独では意味が不明なものである。

表 47　動詞句（軽動詞以外のもの）

構成	動詞句の例
「N 状態動詞」	ŋo tsʰa（顔 熱い）「恥ずかしい」
	kʰa tsʰa（口 熱い）「辛い」
	tʰak raŋ（距離 長い）「遠い」
	dza tɕʰi（広さ 大きい）「広い」
	lo tɕʰoŋ（年 小さい）「若い」
	hŋaŋ dzi（心　？）「かわいい」
「N Vi」	hep laŋ（執着 起こる）「うらやましがる」
	hpo laŋ（怒り 起こる）「怒る」
	lak tɕʰek（手 成る）「成長する」
	tʰo tʰək（額 会う）「会う」
	ma ʂo（？回復させる）「休む」
	lam＝a laŋ（道＝DAT 立つ）「準備する」
「N Vt」	tokka sa（疑い 食べる）「疑う」
	kʰi len（口.ERG 取る）「約束する、誓う」
	na htɕa（誓い 運ぶ／行う）「誓う」
	ngo htsom（頭 着手する）「始める」
	tsʰem ndzok（境 置く）「やめる、区切りをつける」
	kʰa kar（口 わける）「わける」
	tʰo htək（額 合わせる）「合わせる」
	ɕek tsʰa（手.HON 行う）「拝礼する」
	ha tʰaŋ（？？）「言うことを聞く」
	laji tʰen（歌垣 引く）「（男女が交互に）歌垣を歌い合う」
「N（ERG）Vt」	tʰak＝ki htɕol（綱＝ERG 切る）「決める」

表48 動詞句(軽動詞)

軽動詞の種類	動詞句の例
dzek「する(打つ)」	tsʰa dzek(熱 する)「熱が出る」
	go dzek(門 する)「門を閉める」
	tsʰoŋ dzek(商売 する)「商売する」
	ɬanba dzek(つぎ する)「つぎをする」
	doŋri dzek(けんか する)「けんかする」
	ço dzek(サイコロ する)「賭けをする、賭博をする」
	hnarəl dzek(くしゃみ する)「くしゃみする」
	ndaŋ dzek(考え する)「考える」
	lep dzek(大口 する)「大口を叩く」
	sa dzek(錠前 する)「鍵をかける」
	doktʰo dzek(蹴り する)「蹴る」
	kʰapar dzek(電話 する)「電話をかける」
jel「する」	htoppa jel(称賛 する)「褒める」
	dokdzə jel(踏み する)「踏む」
	sʰemtcʰoŋ jel(注意 する)「気をつける」
	tsʰorhta jel(試し する)「試す」
htoŋ「放つ」	goŋa htoŋ(卵 放つ)「卵を産む」
	htɕokkwa htoŋ(大便 放つ)「排便する」
	htɕia htoŋ(糞 放つ)「(ヤクが)糞をする」
	htɕənba htoŋ(布施 放つ)「布施をする」

(409)(410)は「N 状態動詞」、(411)(412)は「N Vi」、(413)(414)は「N Vt」、(415)は「N(ERG)Vt」、(416)は軽動詞の例である。

(409) sama　　　ndə　　　kʰa　　　tsʰa-gə.
　　　食事　　　DEM　　　口　　　熱い -EV

　　　「この食事は辛い」

(410) ɕaji tə hŋaŋ dzɨ-gə.
　　 子供　　DEM　　心　　？-EV

　　「その子供はかわいい」

(411) hpo ma-laŋ.
　　 怒り　　NEG- 起こる

　　「怒るな」(「ごめんなさい、すみません」の代わりによく用いられる)

(412) lam＝a laŋ＝taŋ-ŋa?
　　 道＝DAT　　立つ＝ACMP-EGO.Q

　　「準備したか？」

(413) ŋi lihka tsʰem ndzok-dzi.
　　 1SG.ERG　　仕事　　境　　置く .IPF-FUT.EGO

　　「私は仕事を終わりにしよう」

(414) ŋi rama＝ra lək hɲi-ka kʰa kar＝taŋ-ŋa.
　　 1SG.ERG　　ヤギ＝PP　　羊　　2-NUM　　口　　わける＝ACMP-EGO.Q

　　「私はヤギと羊をわけた」

(415) ando＝a ndzo-dzo tʰak＝ki tɕet＝taŋ-ŋa.
　　 PLN＝DAT　　行く .IPF-NMLZ　　綱＝ERG　　切る .PF＝ACMP-EGO

　　「アムドに行くことを決めた」

(416) kʰapar dzop.
　　 電話　　する .IMP

　　「電話しろ」

5.4.2　動詞連続からなる動詞句

　動詞連続は、「1 つの述語として振る舞い、並列、従属、いかなる統語的な独立性に関わる明示的なマーカーも伴わない動詞の連続である」(Aikhenvald and Dixon 2006: 1) とされる。ここで扱うアムド・チベット語の動詞連続も、動詞と動詞の間に接続助詞が挿入されずに、2 つの動詞が連続する構造 (V1 V2) のことを指すものとする。

　全ての動詞が V2 となることができるわけではなく、どの動詞であるかが

決まっている（表49、表50）。V2になることができる動詞にはçi「知る」、
ŋen「してもよい」、tʰəp「できる」、go「要る」、ren「ふさわしい」、jol「あ
る」、joŋ「来る」、ŋoŋ「経験する」がある。

　動作動詞の場合[14]、V2の動詞によって、V1の動詞が未完了形をとるか、
完了形をとるかが異なる。以下では、[1]「V1が未完了形の場合」と[2]「V1
が完了形の場合」にわけて示す。

　V1が未完了形、完了形であるに関わらず、動詞連続の最後の動詞（V2ま
たはV3）のアスペクト標示が全体のアスペクトを決定する。否定接頭辞や
疑問接頭辞も最後の動詞に接続する。

[1] V1が未完了形

　V1が未完了形をとるV2には、表49に示すものがある。ŋoŋ「経験する」
は未完了形、完了形どちらにも後続するが、それらに意味の違いはない。

表49　V1が未完了形の場合の動詞連続

V2の動詞	動詞連続の意味	例
çi「知る」	V1する方法を知っている、（知っていて）V1できる	(417)
ŋen「してもよい」	（法律や宗教、慣習、倫理的な理由で許されて）V1できる	(418)
tʰəp「できる」	（体力や時間的制約など条件が整っていて）V1できる	(419)
go「要る」	V1しなければならない	(420)
ren「ふさわしい」	V1する頃合いになる	(421)
ŋoŋ「経験する」	V1したことがある	(422)

(417) kʰəgi　　　　　laji　　　　tʰen　　　çi-gə.
　　　 3SG.M.ERG　　歌垣　　　引く　　　知る -EV

　　　「彼は歌垣の歌い方を知っている」

(418) çimo＝ki　　　 ʈawa＝a　　　 tʰək　　　 mə-ŋen-gə.
　　　 女＝ERG　　　僧侶＝DAT　　触る　　　NEG- できる -EV

第 5 章　句　171

「女性は僧侶に触ってはいけない」

(419) kʰəgi　　　　sama　　li　　　**tʰək**-kə.
　　　3SG.M.ERG　　食事　　つくる　できる -EV

「彼は食事をつくることができる」

(420) ŋa　　hmen＋kʰaŋ＝ŋa　　ndzo　　**go**-gə.
　　　1SG　薬＋建物＝DAT　　　行く .IPF　要る -EV

「私は病院へ行かなくてはいけない」

(421) ŋa　　ndzo　　　　**ren**＝taŋ-ŋa.
　　　1SG　行く .IPF　　ふさわしい＝ACMP-EGO

「私は行く頃合いになった」

(422) ŋa　　　ɬasʰa＝a　　　ndzo　　**ŋoŋ**-ŋa.
　　　1SG　　PLN＝DAT　　行く .IPF　経験する -EGO

「私はラサに行ったことがある」

[2] V1 が完了形

V1 が完了形をとる V2 には、表 50 に示すものがある。

表 50　V1 が完了形の場合の動詞連続

V2 の動詞	動詞連続の意味	例
jol「ある、いる」	V1 してある	(423)
joŋ「来る」	V1 しに来る	(424)
ŋoŋ「経験する」	V1 したことがある	(425)

(423) hjəntsʰo＝ki　　xitɕʰa＝a　　hti　　**jok**-ki.
　　　PSN＝ERG　　　本＝DAT　　見る .PF　EXST-EV

「ユムツォは(すでに)本を読んである」

(424) ŋi　　　　　ama　　wi　　　**joŋ**-ŋa.
　　　1SG.ERG　　母　　呼ぶ .PF　来る -EGO

「私は母を呼びに来た」

(425) ŋa   ɬasʰa=a   sʰoŋ   **ŋoŋ**-ŋa.
    1SG   PLN=DAT   行く.PF   経験する-EGO

「私はラサに行ったことがある」

5.4.3   動詞と動詞の間に接続助詞が挿入された動詞句

動詞と動詞の間に接続助詞 =Ni「～て」(動作連続・付帯状況)が挿入された「V1=接続助詞 V2」という表現で、「～し終わる」、「～している」、「～しておく」という意味を表すものがある。これらの表現はいずれも接続助詞を用いているものの、意味的には動詞連続と変わらず、V2 は名詞項をとれないことから、複文ではなく、動詞句として扱う。V2 の動詞は、表 51 に示す、tsʰar「終わる」、ndək(未完了形)/del(完了形)/dol(命令形)「居る」、ndzok(未完了形)/zek(完了形)/zok(命令形)「置く」の 3 つがある。いずれも「V1=Ni V2」全体でアスペクト的な意味を表す。

V1 の動詞が母音終わりの場合には、=i(母音終わりの語幹に接続する =Ni の異形態)が現れる場合と現れない場合がある。両者の間に意味の違いはない。=i が現れるかどうかは音声的な問題であると思われる。

表 51　「V1=Ni V2」となる V2

V2 の動詞	動詞連続の意味	例
ndək/del/dol「居る」	(ずっと)V1 している / ある	(426)－(428)
ndzok/zek/zok「置く」	V1 しておく / ある	(429)(430)
tsʰar「終わる」	V1 し終わる	(431)－(433)

以下に、[1]V1=Ni ndək/del/dol「(ずっと)～している / ある」、[2]V1=Ni ndzok/zek/zok「～しておく / ある」、[3]V1=Ni tsʰar「～し終わる」の説明と例を示す。

[1]V1=Ni ndək/del/dol「(ずっと)～している / ある」

「(ずっと)～している」、「～してある」という結果状態の維持を表す。del の後ろに動詞連続の後部要素として jol「ある、いる」(§5.4.2 参照)が現れ

第 5 章　句　173

る頻度が高い。del の語末の /l/ は脱落することが多い。

(426) go　　dzew＝i　　　　**de**　　　　jo.
　　　門　　する.PF＝SEQ　　居る.PF　　EXST

　　　「(私は)門を閉めてある」[15]

(427) tcʰi　　　　łopdzoŋ　　ci (＝i)　　　　　**de**　　　　jo＝ni?
　　　2SG.ERG　　勉強　　　する.PF (＝SEQ)　居る.PF　　EXST＝AFF.Q

　　　「あなたはずっと勉強しているの？」

(428) ŋi　　　　xitcʰa＝a　　hti (＝i)　　　　**de**＝ni.
　　　1SG.ERG　　本＝DAT　　見る.PF (＝SEQ)　居る.PF＝AFF.S

　　　「私はずっと本を読んでいた」

[2] V1＝Ni ndʐok/ʐek/ʐok「～しておく / ある」

「～しておく」、「～してある」という、ある目的のための動作の結果状態の維持を表す。ʐek の後ろに動詞連続の後部要素として jol「ある、いる」（§5.4.2 参照）が現れることがある。

(429) ŋi　　　　do　　hpoŋ＝ŋi　　**ʐek**　　jo.
　　　1SG.ERG　　石　　積む＝SEQ　　置く.PF　　EXST

　　　「私は石を積んでおいた」

(430) ŋi　　　　akʰə　　hloʈi＝a　　kʰada ji (＝i)　　　**ʐek**　　jo.
　　　1SG.ERG　おじさん　PSN＝DAT　話　する.PF (＝SEQ)　置く.PF　EXST

　　　「私はロチおじさんに話をしてある」

[3] V1＝Ni tsʰar「～し終わる」

V1 と「終わる」という動詞の間に接続助詞 ＝Ni が挿入された動詞句は、動作の終結段階を表す。

174

(431) tsʰəte   kʰor＝i   **tsʰar**＝tʰa.
カセットテープ.Ch.   回る＝SEQ   終わる＝DE

「カセットテープが回り終わった」

(432) kʰərgi   sama   si（＝i）   **tsʰar**＝sʰoŋ＝zək.
3SG.M.ERG   食事   食べる.PF（＝SEQ）   終わる＝ACMP＝IE

「彼は食事を食べ終わった」

(433) ŋi   jegi   ʈi（＝i）   **tsʰar**＝sʰoŋ-ŋa.
1SG.ERG   手紙   書く.PF（＝SEQ）   終わる＝ACMP-EGO

「私は手紙を書き終わった」

5.5 助動詞句

　助動詞句には、単独の助動詞、助動詞が2つ連続したものの他、接辞とコピュラ動詞、あるいは、接辞または接語と存在動詞が動詞語幹に後続し、全体で述語にアスペクト、ウチ・ソト、モダリティなどの文法的な意味を付加することがある。本書ではこのうち3つ目を「複合助動詞句」と呼ぶ。この場合の「複合」とは複合語の「複合」とは異なる。単独の助動詞については§3.3.11で述べたので、以下では、「助動詞　助動詞」（§5.5.1）、「複合助動詞句」（§5.5.2）、そして、「助動詞　複合助動詞句」（§5.5.3）、「複合助動詞句　複合助動詞句」「複合助動詞句　助動詞」（§5.5.4）について述べる。

5.5.1 助動詞と助動詞からなる助動詞句
　助動詞と助動詞の組み合わせによる助動詞句には表52に示すものがある。

表52 　助動詞と助動詞の組み合わせによる助動詞句

助動詞句	意味（略号）	例文
＝Go＝ni	進行・習慣（定着知）、確信（ウチ） （＝PROG.EGO＝AFF.EGO）	(434)

第 5 章　句　175

=taŋ=ni	完遂、確信（ウチ） （＝ACMP＝AFF.EGO）	(435)
=taŋ=tʰa	完遂、現場観察 （＝ACMP＝DE）	(436)
=taŋ=zək	完遂、結果観察 （＝ACMP＝IE）	(437)
=sʰoŋ=zək	完遂、結果観察 （＝ACMP＝IE）	(438)

(434) ŋi 　　　　 lihka 　　 li＝**go**＝**ni.**
　　　 1SG.ERG 　　 仕事 　　 する＝PROG-EGO＝AFF.EGO

　　 「私は仕事をしているのだ」

(435) ŋi 　　　　 lihka 　　 li＝**taŋ**＝**ni.**
　　　 1SG.ERG 　　 仕事 　　 する＝PROG-EGO＝AFF.EGO

　　 「私は仕事をしたのだ」

(436) dzawo＝ki 　　　 ɬawa 　　　　　 wi＝**taŋ**＝**tʰa.**
　　　 王様＝ERG 　　　 シャーマン 　　 呼ぶ.PF＝ACMP＝DE

　　 「王様がシャーマンを呼んだ」

(437) kʰərgi 　　　 kori 　　 si＝**taŋ**＝**zək.**
　　　 3SG.ERG 　　 パン 　　 食べる.PF＝ACMP＝IE

　　 「彼はパンを食べたようだ」

(438) kʰəga 　　　 hlonbo＝ki 　　　 lok＝**sʰoŋ**＝**zək.**
　　　 3SG 　　　 大臣＝ERG 　　　 変わる＝ACMP＝IE

　　 「彼は大臣になったそうだ」

5.5.2　複合助動詞句

　複合助動詞句は、統語的には、接辞または接語とコピュラ動詞・存在動詞によって構成されているが、意味的には分析することができず、この構造は、単独の助動詞（§3.3.11）と相補的な関係にある。

　略号における複合助動詞句の表記については、「略号」でも説明した。略

号では全体を［　］でくくった特殊な表記方法を採用している。

　複合助動詞句の一覧を表53に示し、各形式の例を提示した。複合助動詞句に現れる接辞には名詞化接辞の -Dzi（§4.1.1［12］）と -nə（§4.1.1［13］）の他、接辞 -Gə がある。-Dzi と -nə は、コピュラ動詞とのみ組み合わされ、-Gə は存在動詞とのみ組み合わされる。複合助動詞句中に現れる接語には、「進行・習慣（ウチ）」を表す助動詞 =Go がある。=Go は、複合助動詞句 -Gə jol の短縮形である。=Go 単独では「進行・習慣（ウチ）」を表す。さらに、「状態・属性（観察知）」を表す動詞語尾 -Gə を伴って、-Gə jok-kə, =Go-kə という形で「進行・習慣（観察知）」を表す。

　これらの複合助動詞句は、助動詞を伴った動詞（例は（441））や、動詞連続（例は（440））、動詞と動詞の間に接続助詞が挿入された動詞句（例は（441））にも後続が可能である。

　これらの複合助動詞句各々の意味と機能については§7で詳しく述べる。

　rel, jol の末尾の /l/ は、現れる環境に応じて交替・脱落する（§2.6.2参照）。

表53　複合助動詞句一覧

複合助動詞句	意味（略号）	例、説明
IPF-Dzi jən	未完了・非継続（ウチ） （［-NMLZ COP.S］FUT.S）	（439），§7.2.1.［2］
IPF-Dzi rel	未完了・非継続（ソト） （［-NMLZ COP.O］FUT.O）	（440），§7.2.1［2］
IPF/PF-nə jən	確信（ウチ） （［-NMLZ COP.S］AFF.S）	（441），§7.5.3［1］
IPF/PF-nə rel	確信（ソト） （［-NMLZ COP.O］AFF.O）	（442），§7.5.3［2］
IPF-Gə jol	進行・習慣（定着知） （［-SUF EXST］PROG.EGO）	（443），§7.2.1［4］
IPF-Gə jok-kə, IPF=Go-kə	進行・習慣（観察知） （［-SUF EXST-EV］PROG.EV） （［=PROG.EGO-EV］PROG.EV）	（444）（445），§7.2.1［4］

第 5 章　句　177

(439) ŋi　　　　sama　　sa-**dʑi**　　　　　　　**jən.**
　　　1SG.ERG　　食事　　食べる.IPF［-NMLZ　　　COP.S］FUT.S

　　　「私は食事をする」

(440) kʰəga　　hmen＋kʰaŋ＝ŋa　　ndzo　　　go-**dʑi**　　　**re.**
　　　3SG.M　　薬＋建物＝DAT　　　行く.IPF　　要る［-NMLZ　COP.O］FUT.O

　　　「彼は病院へ行かなくてはいけない」

(441) ŋi　　　　kʰada　　ɕel＝i　　　tsʰar＝sʰoŋ-**nə**　　　　**jən.**
　　　1SG.ERG　話　　　話す＝SEQ　終わる＝ACMP［-NMLZ　　COP.S］AFF.S

　　　「私は話を話し終えた」

(442) kʰəgi　　　sama　　si-**nə**　　　　　　**re.**
　　　3SG.M.ERG　食事　　食べる.PF［-NMLZ　　COP.O］AFF.O

　　　「彼は食事をした」

(443) ŋi　　　　lihka　　li-**gə**　　　　**jo.**
　　　1SG.ERG　仕事　　する［-SUF　　　EXST］PROG.EGO

　　　「私は仕事をしている」

(444) kʰəgi　　　sama　　sa-**gə**　　　　　　**jok-kə.**
　　　3SG.M.ERG　食事　　食べる.IPF［-SUF　　　EXST-EV］PROG.EV

　　　「彼は食事をしている」

(445) kʰəgi　　　sama　　sa＝**go-kə.**
　　　3SG.M.ERG　食事　　食べる.IPF［＝PROG.EGO-EV］PROG.EV

　　　「彼は食事をしている」

5.5.3　助動詞と複合助動詞句による助動詞句

助動詞と複合助動詞句の組み合わせによる助動詞句を表 54 に示す。

表 54　助動詞と複合助動詞句の組み合わせによる助動詞句

助動詞句	意味（略号）	例
＝toŋ-dʑi rel	完遂、未完了・非継続（ソト） （＝ACMP［-NMLZ COP.O］FUT.O）	(446)

=taŋ-dʑi rel	完遂、未完了・非継続（ソト） （=ACMP［-NMLZ COP.O］FUT.O）	(447)
=taŋ-nə jən	完遂、確信（ウチ） （=ACMP［-NMLZ COP.S］AFF.S）	(448)
=taŋ-nə rel	完遂、確信（ソト） （=ACMP［-NMLZ COP.O］AFF.O）	(449)
=ndzo-dʑi rel	完遂、未完了・非継続（ソト） （=ACMP［-NMLZ COP.O］FUT.O）	(450)
=ndzo-nə jən	完遂、確信（ウチ） （=ACMP［-NMLZ COP.S］AFF.S）	(451)
=ndzo-nə rel	完遂、確信（ソト） （=ACMP［-NMLZ COP.O］AFF.O）	(452)
=sʰoŋ-nə jən	完遂、確信（ウチ） （=ACMP［-NMLZ COP.S］AFF.S）	(453)
=sʰoŋ-nə rel	完遂、確信（ソト） （=ACMP［-NMLZ COP.O］AFF.O）	(454)
=Go-nə jən	進行・習慣（定着知）、確信（ウチ） （=PROG.EGO［-NMLZ COP.S］AFF.S）	(455)
=Go-nə rel	進行・習慣（定着知）、確信（ソト） （=PROG.EGO［-NMLZ COP.O］AFF.O）	(456)

(446) dak　　ma-ji＝na　　　　　tcʰə＝kə　　mer

　　　管理　　NEG- する .PF＝COND　　犬＝ERG　　バター

si＝toŋ-dʑi　　　　　　　**re.**

食べる .PF＝ACMP［-NMLZ　　COP.O］FUT.O

「保管しないと、犬がバターを食べてしまうだろう」

(447) akʰə　　　hloʈi＝kə　　ɖaja　　da＝**taŋ-dʑi**　　　　**re.**

　　　おじさん　　PSN＝ERG　　敵　　追う＝ACMP［-NMLZ　　COP.O］FUT.O

「ロチおじさんは敵を追い出したらしい」

(448) ŋi　　　　　ɖaja　　da＝**taŋ-nə**　　　　**jən.**

　　　1SG:ERG　　敵　　追う＝ACMP［-NMLZ　　COP.S］AFF.S

「私は敵を追い出した」

第 5 章　句　179

(449) kʰərgi　　　kori　　　si＝**taŋ-nə**　　　　　　　**re.**
　　　3SG.ERG　　パン　　食べる.PF＝ACMP［-NMLZ　　COP.O］AFF.O

　　　「彼がパンを食べたのだ」

(450) tək　　　tʰoŋ＝na　　　　ɕə＝**ndʐo-dʑi**　　　　　　**re.**
　　　毒　　　飲む＝COND　　死ぬ.ACMP［-NMLZ　　COP.O］FUT.O

　　　「毒を飲んだら死んでしまうだろう」

(451) har＝a　　　　　sʰoŋ＝na　　　　　dehtɕəl＋tʰaŋ＝ŋa
　　　向こう＝DAT　　行く.PF＝COND　　幸福＋平原＝DAT

　　　wə＝**ndʐo-nə**　　　　　jən.
　　　出る.PF＝ACMP［-NMLZ　　COP.S］AFF.S

　　　「向こうに行くと、幸福平原 [16] に出てしまう」

(452) ɬawa＝ki　　　　kʰo＝ki　　　　se-no
　　　シャーマン＝ERG　　1SG.LOG＝ERG　　殺す.PF-NMLZ1

　　　çi＝**ndʐo-nə**　　　　　**re.**
　　　知る＝ACMP［-NMLZ　　COP.O］AFF.O

　　　「シャーマンは、私が殺したのを知ってしまう」

(453) ŋi　　　kʰada　　　ɕel（＝i）　　　tsʰar＝**sʰoŋ-nə**　　　　**jən.**
　　　1SG.ERG　　話　　話す（＝SEQ）　　終わる＝ACMP［-NMLZ　　COP.S］AFF.S

　　　「私は話を話し終わった」

(454) sʰa＋jək　　　ti　　　kaŋ＝ŋa　　　wət＝**tsʰoŋ-nə**　　　　　**re?**
　　　土地＋文書　　DEM　　どこ＝DAT　　出る.PF＝ACMP［-NMLZ　　COP.O］AFF.O

　　　「その土地に関する文書はどこに行ったのだ？」

(455) ŋa　　　jə＝a　　　ndʐo＝**go-nə**　　　　　　jən.
　　　1SG　　家＝DAT　　行く.IPF＝PROG.EGO［-NMLZ　　COP.S］AFF.S

　　　「私は家に向かっている」

　　　（-gə jo-nə jən でも発話可能であるが、＝go-nə jən に比べて許容度が

　　　落ちるという）

(456) kaŋ＝ni　　　nbek＝**ko-nə**　　　　　　　**re.**
　　　どこ＝ABL　　湧く.IPF＝PROG.EGO［-NMLZ　　COP.O］AFF.O

「(甘露は)どこから湧いているのか？」

(-kə jo-nə re でも発話可能であるが、＝ko-nə re に比べて許容度が落ちるという)

5.5.4　複合助動詞句と複合助動詞句または助動詞による助動詞句

　複合助動詞句のうち、IPF-Gə jol「進行・習慣（定着知）」のみは、他の複合助動詞句、助動詞を後続させることができる。表 55 に示す組み合わせがある。

表 55　複合助動詞句と複合助動詞句の組み合わせによる助動詞句

助動詞句	意味（略号）	例
-Gə jot-tɕi rel	進行・習慣（定着知）、未完了・非継続（ソト） （[-SUF EXST] PROG.EGO [-NMLZ COP.O] FUT.O）	(457)
-Gə jo-nə jən	進行・習慣（定着知）、確信（ウチ） （[-SUF EXST] PROG.EGO [-NMLZ COP.S] AFF.S）	(458)
-Gə jo-nə rel	進行・習慣（定着知）、確信（ソト） （[-SUF EXST] PROG.EGO [-NMLZ COP.O] AFF.O）	(459)
-Gə jot＝tsək	進行・習慣（定着知）、結果観察 （[-SUF EXST] PROG.EGO＝IE）	(460)

(457) kʰəga　　　jə＝a　　　　ndzo-**gə**　　　**jot-tɕi**
　　　3SG.M　　　家＝DAT　　行く.IPF [-SUF　　　EXST] PROG.EGO [-NMLZ

re.
COP.O] FUT.O

「彼は家に向かっているだろう」

(458) ŋa　　jə＝a　　ndzo-**gə**　　　**jo-nə**　　　　　　　**jən**.
　　　1SG　家＝DAT　行く.IPF [-SUF　　EXST] PROG.EGO [-NMLZ　COP.S] AFF.S

「私は家に向かっている」

(-gə jo-nə jən でも発話可能であるが、＝go-nə jən に比べて許容度が落ちるという)

第5章　句　181

(459) kaŋ＝ni　　　nbek-**kə**　　　**jo-nə**　　　　　　　　　　**re**.
　　　どこ＝ABL　　湧く.IPF［-SUF　　EXST］PROG.EGO［-NMLZ　　COP.O］AFF.O

　　　「（甘露は）どこから湧いているのか？」

　　　(-kə jo-nə re でも発話可能であるが、＝ko-nə re に比べて許容度が落ちるという)

(460) kʰəga　　　jə＝a　　　　ndzo-**gə**　　　**jot＝tsək**.
　　　3SG　　　　家＝DAT　　行く.IPF［-SUF　　EXST］PROG.EGO＝IE

　　　「彼は家に向かっていたそうだ」

注

1　宗教的な仮面舞踏。

2　母音 /ə/ で終わる ＝kə, ＝gə という形は牧区方言で、母音 /i/ で終わる ＝ki, ＝gi という形は農区方言でよく用いられる。

3　-ŋi-ka の -ka は「全体の数」を表す接辞（§4.1.1［10］）に由来している。

4　sonam＝ma は「ソナムのために」という意味にはならない。「ソナムのために」という表現は sonam＝kə tɕʰet＝tə（PSN＝GEN ため＝DAT）（§5.3.2［6］参照）という副詞句で表す。

5　本書で用いる階層は、Silverstein（1976: 122）をもとにして角田（2009: 41）が修正、追加を行ったものである。訳も角田（2009）にしたがう。

6　lam＝a laŋ（道＝DAT 立つ）は、「準備する」という意味を表す慣用表現である。

7　haba とは、マルチーズやチワワ、パグ、チンなどの小型犬一般を指す単語である。

8　注 4 参照。

9　ŋekʰa「私の家」、tɕʰikʰa「あなたの家」という表現がある。3 人称や 1 人称、2 人称複数形にはこのような表現はないようである。ŋe は 1 人称代名詞単数属格形の ŋi と関係があると思われるが、なぜ母音が /i/ から /e/ に交替しているのかはよくわからない。tɕʰikʰa の tɕʰi も 2 人称代名詞単数属格形の tɕʰi と関係があると思われる。kʰa には「グループ、方向」という意味がある。

10　発話者が相手のいる場所へ移動する場合は ndzo「行く」ではなく、joŋ「来る」を用いる。ndzo「行く」と joŋ「来る」の使いわけについては、§3.3.5［3-4-1］で詳しく述べた。

11 青海省湟源県の地名。かつて唐と吐蕃の境界とされた歴史的な場所。

12 3つの表現には意味の違いはない。

13 $tc^het=tə$ の $=tə$ は、文語で使われる与格形 du に対応するものである。アムド・チベット語では通常は $=Ca$ の形が用いられるが、副詞句の中で $=tə$ がまれに用いられることがある。これは文語形式が副詞句の中で化石的に使用されている例である。

14 状態動詞にこれらの V2 が後続する例もあるが、例は多くない。たとえば、ṣa go（よい 要る）「よくなくてはいけない」など。

15 dzew は、動詞 dzep「する」の末子音 /p/ が /w/ に交替したものである。

16 西寧からチャプチャに向かう際に通る平原の名前。

第 6 章　単文

　アムド・チベット語の文の大部分には動詞が含まれる。コピュラ文や存在文にも必ず動詞が含まれている。動詞が含まれない文は、呼びかけなどで用いられる一語文や、挨拶文[1] などの一部の特殊な文型にみられる。

　以下、この章では、動詞を含む文について扱う。まず、単文の基本語順を示し、その後、否定文、疑問文の構造について述べる。

6.1　基本語順

　まず、文を構成する [1]「述語と名詞項」について説明を行い、その後で、[2]「自動詞と他動詞」の観点から基本語順について述べる。

[1] 述語と名詞項

　単文は、1 つの述語と複数の名詞項からなる。名詞項の数による動詞の分類については §3.3.5 [3–3] でも述べた。名詞項には主語、直接目的語、補語を含む核項と、接触を表す自動詞の接触対象や他動詞の間接目的語を含む拡大核項 (§3.3.5 [3–3] 参照) がある。

　主語は、コピュラ動詞が述語の場合 (コピュラ文) における「A は B である」の A にあたるもの、存在動詞が述語の場合 (存在文) における存在主体、動作動詞が述語の場合における動作者、知覚の主体、または、状態動詞が述語の場合における状態変化・属性の主体を指す。目的語とは、動作動詞の動作が及ぶ対象のことを指す。補語とは、コピュラ文「A は B である」

のBにあたるものを指す。ただし、これらの名詞項は必ず文中に現れるわけではなく、文脈でわかる場合には発話されないことが多い。

（461）には、各動詞と名詞項の組み合わせとその語順を示した。

（461）動詞と名詞項

コピュラ動詞　　　　　［主語　補語　コピュラ動詞］
存在動詞　　　　　　　［主語　存在動詞］
動作動詞（自動詞）　［主語　（拡大核項）　自動詞］
動作動詞（他動詞）　［主語　目的語　（拡大核項）　他動詞］
状態動詞　　　　　　　［主語　状態動詞］

[2] 自動詞と他動詞

アムド・チベット語の動作動詞は、自動詞と他動詞にわけることができる（§3.3.5［3-1-1］）。以下では、自動詞と他動詞の観点から基本語順について述べる。

自動詞文の語順はSV、他動詞文の語順はAOVを基本とする。ただし、各名詞項は文脈でわかる場合には省略されることが多い。

自動詞（Vi）と他動詞（Vt）が述語となる場合の、名詞項の主要な格標示のパターン（a, b）とその例を示す。ABS［S］とは自動詞の主語が絶対格をとることを、DAT［E］とは拡大核項が与格で現れることを表す。ERG［A］とは他動詞の主語が能格をとることを、ABS［O］は目的語が絶対格で現れることを表す。

自動詞文には、名詞項を1つだけとる一般的な自動詞文と、接触を表す自動詞のように、主語と拡大核項（接触の対象）という2つの名詞項をとる自動詞文がある。3項動詞におけるOは目的語（直接目的語）、Eは拡大核項（間接目的語）である。この節の中では、絶対格は略号でABSと表記する。なお、コピュラ文、存在文の格標示は、以下の格標示とは異なる（§3.3.5参照）。

第 6 章　単文　185

(a) 自動詞文

| ABS[S] | Vi | | | (462) |
| ABS[S] | DAT[E] | Vi | | (463) |

(b) 他動詞文

ERG[A]	ABS[O]	Vt		(464)
ERG[A]	DAT[O]	Vt		(465)
ERG[A]	DAT[E]	ABS[O]	Vt	(466)

(462) ŋa　　　　　　　　　ndzo-dzi.
　　　1SG.ABS[S]　　　　行く.IPF-FUT.S[Vi]

　　　「私は行こう」

(463) ŋa　　　　　　　　　sonam＝ma　　　tʰək＝tʰa.
　　　1SG.ABS[S]　　　　PSN＝DAT[E]　　会う＝DE[Vi]

　　　「私はソナムに会った」

(464) ŋi　　　　　　　　　sama　　　　　sa-dzi.
　　　1SG.ERG[A]　　　　食事.ABS[O]　　食べる.IPF-FUT.S[Vt]

　　　「私は食事を食べよう」

(465) ŋi　　　　　　　　　soŋnbəm＝ma　　　　　hti＝taŋ-ŋa.
　　　1SG.ERG[A]　　　　著書.HON＝DAT[O]　　見る.PF＝ACMP-EGO[Vt]

　　　「私は御著書を読んだ」

(466) ŋi　　　　　　　　　sonam＝ma　　　gormo　　　　hter.
　　　1SG.ERG[A]　　　　PSN＝DAT[E]　　お金.ABS[O]　与える.IPF[Vt]

　　　「私はソナムにお金をあげる」

　自動詞文、他動詞文ともに主語が文頭に位置するのが基本語順であるが、他動詞文で、OAVのように目的語が文頭に位置することもある（例は(467)）。他の要素との対比、取り立てのためにこうした基本語順からの逸脱が起こると考えられる。

(467) tɕʰaŋ　　　ŋi　　　　　　　tʰoŋ-dzi.
　　　酒.ABS［O］1SG.ERG［A］　飲む-FUT.S［Vt］

　　　「酒は私が飲もう」（いろいろ飲食物がある中で、酒を取り立てている）

　副詞は、述語より前の位置に置かれ、述語または文全体を修飾する。
(468) は tɕaŋ「全然」が副詞の例である（§3.3.6 参照）。

(468) tontak　　　tɕaŋ　　　ma-wət＝tsək.
　　　問題［S］　　全然　　　NEG-出る.PF＝IE［Vi］

　　　「問題は全く起こらなかった」

6.2　平叙文／肯定文

　平叙文／肯定文の語順は、§6.1 でも述べたとおり、自動詞文の SV（例は
(469)(470)）、他動詞文は AOV（例は (471)(472)）を基本とする。自動詞
文、他動詞文ともに主語が文頭に位置するのが基本語順となるが、たとえば
他動詞文で OAV のように目的語が文頭に位置することもある（例は
(467)）。主語の制限などは特になく、他の要素との対比、取り立てのため
にこうした基本語順からの逸脱が起こると考えられる。

(469) ŋa　　　　　ɬasʰa＝a　　　　　sʰoŋ-ŋa.
　　　1SG.ABS　PLN＝DAT　　　行く.PF-EGO

　　　「私はラサに行った」

(470) sonam　　　go＝o　　　　　ndzo-dzi　　　　　re.
　　　PSN　　　門＝DAT　　　行く.IPF［-NMLZ　COP.O］FUT.O

　　　「ソナムは外に行く」

(471) ŋi　　　　　lihka　　　li-dzi.
　　　1SG.ERG　仕事　　　する-FUT.S

　　　「私は仕事をしよう」

第6章　単文　187

(472) sonam＝kə lihka　　li＝go-kə.
　　　 PSN＝ERG　仕事　　する［＝PROG.EGO-EV］PROG.EV

　　　「ソナムは仕事をしている」

6.3　命令文

　命令文の語順は、平叙文（§6.2）と変わらない。命令文の主語は必ず2人称である。主語は文中に現れなくてもよい。最初に意志動詞を用いた例について述べる（例は(473)–(477)）。肯定命令文には、動詞の命令形が用いられる。

(473) nde　　　　　　　çok.
　　　 DEM.DAT　　　　来る.IMP

　　　「こちらに来い」

(474) kori　　　 so.
　　　 パン　　　 食べる.IMP

　　　「パンを食べろ」

(475) tɕa　　　 tʰoŋ.
　　　 茶　　　 飲む

　　　「お茶を飲め」

　否定命令文には否定接頭辞 ma- を前置させた、動詞の未完了形が用いられる（例は(476)(477)）。

(476) xitɕʰa　　　 ma-ɳo.
　　　 本　　　　　 NEG- 買う.IPF

　　　「本を買うな」

(477) nde　　　 ma-joŋ.
　　　 DEM.DAT　NEG- 来る

　　　「ここに来るな」

動詞の命令形は (478)(479) のように、単独で命令文をつくることができる。

(478) dol.
　　　居る .IMP

　　　「いろ」

(479) so.
　　　食べる .IMP

　　　「食べろ」

　動詞の命令形には文末助詞が後続する場合もある。命令形に後続する助詞 ＝ Go (＝ko/ ＝go) と ＝ Ra (＝ra/ ＝ṭa) はともに「強意」を表す文末助詞である。動詞の命令形だけの場合と文末助詞が接続する場合とでは、ポライトネスに違いが出ることがある。たとえば、(480)(481) のように ＝ko が後続するとより丁寧な命令 (＝依頼) に、(482) のように ＝ra が後続するとよりぞんざいな命令になる。

(480) dok ＝ ko.
　　　居る .IMP ＝ EMP

　　　「いてくださいね」

(481) çok ＝ ko.
　　　来る .IMP ＝ EMP

　　　「来てくださいね」

(482) sʰoŋ ＝ ra.
　　　行く .IMP ＝ EMP

　　　「行けよ」

　否定命令 (＝禁止) は動詞の未完了形に否定接頭辞 ma- を前置することで形成する (例は (483)(484))。否定接頭辞 ma- は命令形に接続することはない (例は (485))。

第 6 章　単文　189

(483) tcʰo　　　　nde　　　　　　　ma-joŋ.
　　　2SG　　　　DEM.DAT　　　　NEG- 来る

　　　「あなたはここに来るな」

(484) ma-ndək.
　　　NEG- 居る .IPF

　　　「いるな」

(485) * ma-dol.
　　　NEG- 居る .IMP

　　　「いるな」

　否定命令にも文末助詞が接続することが可能である（例は (486) (487)）。

(486) tcʰo　　　　nde　　　　　　　ma-joŋ＝go.
　　　2SG　　　　DEM.DAT　　　　NEG- 来る＝EMP

　　　「（あなたは）ここに来ないでね」

(487) tcʰo　　　　nde　　　　　　　ma-joŋ＝ra.
　　　2SG　　　　DEM.DAT　　　　NEG- 来る＝EMP

　　　「（あなたは）ここに来ないでよ」

　無意志動詞の命令文は、無意志動詞の使役文からつくられる。すなわち、
無意志動詞に ndzək（未完了形）/zək（完了形）/cək（命令形）「入れる」を後続
させた使役文をつくる（§7.1.1 参照）。肯定命令文は、その「入れる」の命
令形 cək を用いて表す（例は (488)）。否定命令文は、「入れる」の未完了形
ndzək に否定接頭辞を接続させたものを用いて表す（例は (489) (490)）。

(488) tcʰo　　　　dzek＝kə　　　　cək.
　　　2SG　　　　満腹になる＝PUR　　入れる .IMP

　　　「あなたのお腹をいっぱいにしろ」

(489) tɕʰo　　　htok＝kə　　　ma-ndzək.
　　　2SG　　　腹が空く＝PUR　　　NEG- 入れる .IPF

「あなたのお腹をすかせるな」

(490) tɕʰo　　　sʰən＝gə　　　ma-ndzək.
　　　2SG　　　退屈する＝PUR　　　NEG- 入れる .IPF

「あなたをつまらなくさせるな［＝退屈させるな］」

6.4　疑問文

　疑問文は、平叙文と対立する文である。平叙文はより無標な文であり、その語順については「平叙文 / 肯定文」（§6.2 参照）においてすでに扱った。ここでは、疑問文の語順について詳しく扱う。

　疑問語の有無により、疑問語疑問文（§6.4.1）と、真偽疑問文（§6.4.2）、選択疑問文（§6.4.3）の 3 種類にわかれる。疑問語疑問文は疑問語を伴う疑問文である。真偽疑問文、選択疑問文は疑問語を伴わない疑問文である。疑問語や疑問文末助詞を用いて、反語を表す修辞疑問文（§6.4.4）を形成することもある。疑問語は、独立の品詞としては設定していない。それぞれ代名詞、数詞、副詞に属する、疑問代名詞と疑問数詞、疑問副詞の 3 種類にわかれる（§3.3.14 の表 40 参照）。

　いずれも語順は平叙文と変わらない。疑問文のイントネーションは、疑問語、疑問文末助詞、疑問接頭辞、動詞の疑問形または文末の音調が高くなる点で平叙文と異なる。

　疑問文中にコピュラ動詞が現れる場合、ウチ / ソトは、聞き手の視点に合わせて選択されることが多い。つまり、聞き手がウチとしてとらえていると考えられる事態はウチで、聞き手がソトとしてとらえていると考えられる事態はソトのコピュラ動詞で疑問文をつくるのが無標な表現である。

第 6 章 単文　191

6.4.1　疑問語疑問文

　疑問語疑問文とは、疑問語を伴う疑問文である。疑問語には、疑問代名詞 (tɕʰəzək「何」、tɕʰə「何」、sʰə「誰」、kaŋ「どこ、どれ」) と疑問数詞 (tə「いくつ、いくら」、tɕʰəmozək「いくつくらい、いくらくらい」)、疑問副詞 (tɕʰəmo「どのような」、nem「いつ」) がある。疑問代名詞はその代名詞の文中の役割に応じて格変化する (§3.3.14 の表 41 参照)。すなわち、自動詞主語なら絶対格 (例は (491)(a))、他動詞主語なら能格 (例は (492)(a))、他動詞目的語なら絶対格 (例は (493)(a)) をとる。

　疑問語の位置は、平叙文において名詞や代名詞、数詞、副詞が現れる位置と同じである。主語が疑問語の場合 (例は (491)(492)) と目的語が疑問語の場合 (例は (493)) それぞれについて例を示す。各例では疑問文 (a) と平叙文 (b) を対照して示す。

(491) (a) sʰə　　　　sʰoŋ-nə　　　　　re?
　　　　　誰　　　　行く.PF[-NMLZ　COP.O]AFF.O

　　　　「誰が行ったのか？」

　　 (b) sonam　sʰoŋ-nə　　　　　re.
　　　　　PSN　　行く.PF[-NMLZ　COP.O]AFF.O

　　　　「ソナムが行った」

(492) (a) sʰi　　　　　　　htak　　set＝taŋ-nə　　　　　　re?
　　　　　誰.ERG　　　　虎　　　殺す.PF＝ACMP[-NMLZ　COP.O]AFF.O

　　　　「誰が虎を殺したのか？」

　　 (b) sonam＝kə　　htak　　set＝taŋ-nə　　　　　　re.
　　　　　PSN＝ERG　　虎　　　殺す.PF＝ACMP[-NMLZ　COP.O]AFF.O

　　　　「ソナムが虎を殺した」

(493) (a) htak＝ki　　　sʰə　　set＝taŋ-nə　　　　　　re?
　　　　　虎＝ERG　　　誰　　殺す.PF＝ACMP[-NMLZ　COP.O]AFF.O

　　　　「虎が誰を殺したのか？」

(b) htak＝ki   sonam   set＝taŋ-nə   re.

虎＝ERG   PSN   殺す.PF＝ACMP[-NMLZ   COP.O]AFF.O

「虎がソナムを殺した」

　疑問代名詞と疑問数詞の格標示は名詞の格標示と同様である。s^hə「誰」は、能格、属格において語幹の母音交替（/ə/ > /i/）によって格を標示することもある。つまり、s^hi で「誰」の能格、属格を表すことがある。格助詞付加による格標示（s^hə＝gə, s^hə＝gi「誰が、誰の」）とも交換可能である（例は(494)）。

(494)｛s^hi/s^hə＝gə/s^hə＝gi｝   ɕe-nə   re?

誰.ERG/誰＝ERG/誰＝ERG   話す[-NMLZ   COP.O]AFF.O

「誰が話したのか？」

[1] 疑問語を用いた疑問文

　以下に各疑問語の例を示す。以下、（495）–（498）は疑問代名詞の例、（499）–（503）は疑問数詞の例、（504）–（506）は疑問副詞の例である。

　tə「いくつ、いくら」と tc^həmozək「いくつくらい、いくらくらい」はともに数をたずねる疑問語である。tə がはっきりした数をたずねているのに対し、tc^həmozək はおおよその数をたずねる表現である。ともに金額、人数、年齢をたずねる場合に使用可能である。ただし、曜日をたずねる場合には tə しか使用できない（（500）参照）。

(495) ndə   **tc^həzək**   re?

DEM   何   COP.O

「これは何だ？」

(496) **tc^həzək＝kə**   htɕon   re?

何＝GEN   せい   COP.O

「何のせいだ？」

(497) gonpa　　　naŋ＝na　　　　ʈawa　　**tɕʰəzək＝a**
　　　寺　　　　中＝LOC　　　　僧侶　　何＝DAT

　　　me-nə　　　　　re?
　　　EXST.NEG［-NMLZ　COP.O］AFF.O

　　　「お寺になぜお坊さんがいないの？」

(498) tɕʰo　　　**sʰə**　　　jən?
　　　2SG　　　誰　　　COP.S

　　　「あなたは誰だ？」

(499) hjek　　　**tə**　　　me＝ni?
　　　ヤク　　　いくつ　　EXST.NEG＝AFF.Q

　　　「ヤクは何頭いないの？」

(500) teraŋ　　　cəntɕʰi　**tə**　　　re?
　　　今日　　　曜日.Ch　いくつ　COP.O

　　　「今日は何曜日か？」

(501) tɕʰo　　　tsʰewa　**te**　　　sʰoŋ＝ni?
　　　2SG　　　日にち　いくつ.DAT　行く.PF＝AFF.Q

　　　「あなたは何日に行ったか？」

(502) tɕʰo＝o　　gormo　**tɕʰəmozək**　　jo?
　　　2SG＝DAT　お金　いくつくらい　　EXST

　　　「あなたはお金がいくらくらいあるか？」

(503) ndə　　　　gormo　**tɕʰəmozək＝kə**　　　re?
　　　DEM　　　お金　いくつくらい＝GEN　　COP.O

　　　「これはいくらくらいのものか？」

(504) ndə　　　**tɕʰəmo**　　　re?
　　　DEM　　どのような　　COP.O

　　　「これはどうか？」

(505) htonmo　**nem**　jet-tɕi　　　re?
　　　結婚式　いつ　する.IPF［-NMLZ　COP.O］FUT.O

　　　「結婚式はいつするか？」

(506) lihka　　　**nem＝tʰəkšhi**　　jok-kə?
　　　仕事　　　いつ＝TERM　　　EXST-EV

　　「仕事はいつまであるか？」

　tɕʰəzək「何」、sʰə「誰」、kaŋ「どこ、どれ」が2回反復されると、発話者が複数の指示対象を想定していることを明示する（例は(507)–(509)）。格は繰り返された疑問語の後者のみに標示される（例は(509)）。

(507) **sʰə**　　　　**sʰə**　　　sʰoŋ＝zək?
　　　誰　　　　　誰　　　　行く.PF＝IE

　　「誰（2人以上の複数）が行ったのか？」

(508) **tɕʰəzək**　　**tɕʰəzək**　　go?
　　　何　　　　　何　　　　　要る

　　「何（2つ以上の複数）がほしい？」

(509) tɕʰo　　　　sʰatɕʰa　　**kaŋ**　　**kaŋ＝ŋa**　　sʰoŋ-ŋa?
　　　2SG　　　　場所　　　どこ　どこ＝DAT　行く.PF-EGO.Q

　　「あなたは場所はどこ（2つ以上の複数）に行った？」

[2] 疑問文末助詞 ＝ni を伴った疑問語疑問文

　疑問語疑問文には疑問文末助詞は必須ではないが、疑問文末助詞 ＝ni を伴うこともある。

　疑問語疑問文が疑問文末助詞の ＝ni を伴う場合、疑問文末助詞が用いられない場合と意味やポライトネスが異なる。疑問文末助詞が用いられない例を(a)、用いられる例を(b)として示す。未完了形と完了形の形態的区別のある動詞に ＝ni が後続する場合、(a)と(b)の意味は大きくは変わらないが、(a)よりも(b)のほうが自然な表現となる（例は(510)）。未完了形と完了形の形態的区別のない動詞に ＝ni が後続する場合、(a)は未完了の事態、完了した事態どちらにも解釈できるあいまいな表現となり、逆に(b)は完了の意味しか表さず、解釈がはっきりした表現となる（例は(511)）。コピュラ

　　　　　　　　　　　　　　　　　　　　　　　　　第 6 章　単文　195

動詞の場合は、(a) と (b) にポライトネスの違いがある。(a) がよりやわらか
い口調の疑問文となるのに対して、(b) は直接的で、聞き手を問い詰めるよ
うな強い口調の疑問文となる (例は (512))。

(510) (a) tɕʰo　　　nem　　　sʰoŋ?
　　　　　　2SG　　　いつ　　　行く .PF

　　　　「あなたはいつ行ったの？」

　　　(b) tɕʰo　　　nem　　　sʰoŋ＝ni?
　　　　　　2SG　　　いつ　　　行く .PF＝AFF.Q

　　　　「あなたはいつ行ったの？」

(511) (a) tɕʰo　　　nem　　　joŋ?
　　　　　　2SG　　　いつ　　　来る

　　　　「あなたはいつ来るの？ / あなたはいつ来たの？」

　　　(b) tɕʰo　　　nem　　　joŋ＝ni?
　　　　　　2SG　　　いつ　　　来る＝AFF.Q

　　　　「あなたはいつ来たの？」

(512) (a) tɕʰo　　　sʰə　　　jən?
　　　　　　2SG　　　誰　　　COP.S

　　　　「あなたは誰だ？」

　　　(b) tɕʰo　　　sʰə　　　jən＝ni?
　　　　　　2SG　　　誰　　　COP.S＝AFF.Q

　　　　「あなたは (いったい) 誰だ？」

　　不定を表す疑問代名詞には、従属節と主節両方に疑問語が現れる相関構文
というものもある。詳細は §8.3.1 [2] で述べる。

[3] 疑問語を用いた不定用法

　　疑問語は疑問の対象を表す機能の他に「不定」の意味も表す。各疑問語を
用いた例文 (513) – (516) 中で、「疑問」を表す例を (a) として、「不定」を表

す例を (b) として示す。(b) の例は「譲歩」を表す副詞節（＝nara 節）や名詞化接辞 -no のつく節に入っているのが特徴的である。「不定」の意味で用いられる際に、対象が複数であることが明らかであっても疑問語は反復しない。

(513) (a) ndi　　ŋaŋ＝ŋa　　　　　**tɕʰəzək**　re?
　　　　　DEM　名前＝DAT　　　何　　　　COP.O

　　　　「これの名前は何だ？」

　　(b) **tɕʰəzək**　　　　　go＝nara　　　　lak＝a　　　　　　mə-joŋ-gə.
　　　　　何　　　　　　　要る＝CONC　　　手＝DAT　　　　　NEG- 来る -EV

　　　　「なにかが必要でも、手に入らない」

(514) (a) **kaŋ＝ni**　　　　nbek＝ko-nə　　　　　　　　re?
　　　　　どこ＝ABL　　　降る.IPF＝PROG.EGO [-NMLZ　　COP.O] AFF.O

　　　　「（甘露は）どこから湧くのか？」

　　(b) **kaŋ＝ŋa**　　　sʰoŋ＝nara　　　jot＝tɕi
　　　　　どこ＝DAT　　行く.PF＝CONC　　EXST [-NMLZ

　　　　ma-re.
　　　　NEG-COP.O] FUT.O

　　　　「どこに行ってもないだろう」

(515) (a) gormo　{**tə/tɕʰəmozək**}　　　　re?
　　　　　お金　　いくつ/いくつくらい　　　COP.O

　　　　「値段はいくら/いくらくらいだ？」

　　(b) gormo　{**tə/tɕʰəmozək**}　　　　cən＝nara
　　　　　お金　　いくつ/いくつくらい　　　与える.PF＝CONC

　　　　tsoŋ-dzi　　　　ma-re.
　　　　売る [-NMLZ　　NEG-COP.O] FUT.O

　　　　「お金をいくら払われても（彼は）売らない」

(516) (a) tɕʰo　　**nem**　joŋ＝ni?
　　　　　2SG　　いつ　来る＝AFF.Q

　　　　「あなたはいつ来たのか？」

(b) **nem**　　jən＝nara　　　　joŋ＝na　　　　　tɕʰok-kə.
　　いつ　　COP.S＝CONC　　来る＝COND　　してもよい -EV

「いつでも来てよい」

6.4.2　真偽疑問文

　真偽疑問文は疑問語を含まず、yes か no かという答えを期待する疑問文
である。［1］疑問文末助詞を用いる方法、［2］主動詞に疑問接頭辞 ə- を前
置する方法、［3］動詞連続の後部要素に ə- を前置する方法、［4］複合助動
詞句中のコピュラ動詞または存在動詞に疑問接頭辞 ə- を前置する方法、［5］
コピュラ動詞の疑問形を用いる方法、［6］文末の上昇調のイントネーショ
ンのみを用いる方法、の 6 つにわけて述べる。

[1] 疑問文末助詞を用いる方法

　疑問文末助詞には表 56 に示す 4 つの形態素がある。それぞれの主な意
味・機能の説明と例文を示す。＝na は、同じく疑問文末助詞の ＝ni に接続
して、＝ni＝na 全体で「自問」を表す。

表 56　疑問文末助詞一覧

疑問文末助詞	意味・機能（略号）	例
＝ni	発話者にかなり確信がある事態について確認する（AFF.Q）	(517)–(522)
＝Ca （＝ga/＝na/＝ŋa/＝la/＝a）	発話者がある程度知っている（ただし、疑問文末助詞 ＝ni ほどは確信がない）事態について確認する（EGO.Q）	(523)–(527)
＝Ga（＝ka/＝ga）	発話者が観察したりして知った事態について確認する。動詞語尾 -Gə の疑問形である（EV.Q）	(528)(529)
＝na	（＝ni＝na の連続で）自問（Q）	(530)(531)

　＝ni による疑問文は、発話者にかなり確信がある事態について確認する
場合に用いる。たとえば(517)では、聞き手が来たのを発話者が確認した後

で質問している。発話者はすでに「聞き手が来ている」という事実を知った上で、その内容を確認したり、または単に挨拶として聞いている。(518)も、発話者は聞き手がラサに行った事実を知っており、確認するためにたずねている。「未完了・非継続(ウチ)」を表す動詞語尾 -Dzi を伴って、未来の事態を表すことも可能である(例は(519))。(520)の例は、ドゥクモツォがいることを発話者が知っており、聞き手にその事実を確認するためにたずねている。(521)(522)の例も発話者が事態を把握した上でたずねている。

(517) tɕʰo   joŋ＝**ni**?
      2SG   来る＝AFF.Q

(聞き手が来た事実を知った上で)「あなた来たの?」

(518) tɕʰo   ɬasʰa＝a   sʰoŋ＝**ni**?
      2SG   PSN＝DAT   行く.PF＝AFF.Q

(聞き手がすでにラサに行った事実を知った上で)「あなたはラサに行ったの?」

(519) tɕʰo   ndzo-dzi＝**ni**?
      2SG   行く.IPF-FUT.S＝AFF.Q

(聞き手が行こうとしている事実を知った上で)「あなた行くの?」

(520) ndəkmotsʰo   jə＝na   jo＝**ni**?
      PSN   家＝LOC   EXST＝AFF.Q

(ドゥクモツォが家にいる事実を発話者が把握した上で)「ドゥクモツォは家にいるんだよね?」

(521) kʰərga＝a   gormo   jo＝**ni**?
      3SG.M＝DAT   お金   EXST＝AFF.Q

(彼がお金を所有している事実を発話者が把握した上で)「彼にはお金があるの?」

(522) kʰərga   nde   joŋ   jo＝**ni**?
      3SG   DEM.DAT   来る   EXST＝AFF.Q

(彼が来ている事実を発話者が把握した上で)「彼はここに来てるの?」

疑問文末助詞 ＝Ca（＝ga/＝na/＝ŋa/＝la/＝a）による疑問文は、発話者が
ある程度知っている事態について確認するのに用いられる。ただし、＝ni
を用いる場合ほどは確信がない。未完了の事態、完了した事態ともに用いら
れる。

（523）の例は、聞き手がある場所に行ったという事実を発話者が知ってお
り、その事実を確認するためにたずねている。（524）は挨拶としてよく用い
る表現である。

（525）は聞き手が行こうとしている様子を見てたずねている例である。動
詞語尾 -dzi「未完了・非継続（ウチ）」には ＝na が後続する。これはおそ
らく、-dzi が複合助動詞句 -dzi jən「未完了・非継続（ウチ）」の短縮形であ
るために、＝Ca が jən の末子音に順行同化しているものと思われる。（526）
は、スイカを食べた後の皮を見るなどして、聞き手がスイカを食べたという
ことを発話者が知っており、それを確認するためにたずねている。

否定の事態を予測した上で聞く場合に ＝Ca を用いることも多い（例は
（527））。

（523）tcʰo   sʰoŋ-**ŋaʔ**
      2SG   行く .PF-EGO.Q

    （聞き手が行った事実を発話者がある程度把握していることを前提に）
    「あなた行ったんでしょ？」

（524）tcʰo   de-mo   jən＝**na**ʔ
      2SG   元気だ -ADJVLZ   COP.S＝EGO.Q

    「あなたは元気か？」（挨拶の表現としてよく用いられる）

（525）tcʰo   ndzo-dzi＝**na**ʔ
      2SG   行く .IPF-FUT.S＝EGO.Q

    （聞き手がどこかに行こうとしているという事実を、発話者がある程
    度把握していることを前提に）「あなた行くんでしょ？」（発話者と一緒
    に行く場合も含む）

(526) tɕʰi   ɕikwa   si＝taŋ＝**ŋaʔ**
      2SG.ERG   スイカ.Ch   食べる.PF＝ACMP＝EGO.Q

（聞き手がスイカを食べたという事実を、発話者がある程度知って）
「あなた、スイカ食べたんでしょ？」

(527) kʰərga   joŋ＝**ŋaʔ**
      3SG.M   来る＝EGO.Q

（彼が来ないのではないかと発話者が予測した上で）「彼は来るか？」

＝Ga（＝ka/＝ga）は、「観察知」を表す動詞語尾 -Gə（-kə~-ki、-gə~-gi）
（§7.3.4 参照）と関係がある疑問文末助詞である。発話者がなんらかの観察
を通して予測した事態について確認する場合に用いられる。コピュラ動詞や
動詞の完了形には後続できない。(528) は聞き手の様子から「これ」が好き
であることを観察し、それをたずねている。

「進行・習慣」（ソト）を表す複合助動詞句 -Gə jok-kə（否定形 -Gə mek-
kə）の疑問形は、句末の -kə を疑問文末助詞 ＝ka に入れ替えた -Gə jok＝ka
（否定形 -Gə mek＝ka）で表される（例は (529)）。

(528) tɕʰo   nde   ga＝**gaʔ**
      2SG   DEM.DAT   好く＝EV.Q

（聞き手がそれを好きである様子を発話者が観察した上で）「あなたこ
れ好きでしょ？」

(529) kʰor＝i   tsʰar-gə   mek＝**ka?**
      回る＝SEQ   終わる[-SUF   EXST.NEG]＝EV.Q

（テープが回り終わっているのではないかと発話者が予測して）
「（テープは）回り終わってないか？」

＝na は、同じく疑問文末助詞の ＝ni に接続した、＝ni＝na 全体で、発話
者が自問していることを表す（例は (530)(531)）。

第 6 章　単文　201

(530) nɖəkmotsʰo　　　　kaŋ＝ŋa　　　　sʰoŋ＝**ni**＝**na**?
　　　 PSN　　　　　　　どこ＝DAT　　　行く.PF＝AFF.Q＝Q

　　　「ドゥクモツォはどこに行ったんだろう？」

(531) kʰərga＝a　　　　　gormo　　jo＝**ni**＝**na**?
　　　 3SG.M＝DAT　　　 お金　　　EXST＝AFF.Q＝Q

　　　「彼はお金があるのかな？」

[2] 主動詞に疑問接頭辞 ə- を前置する方法

　動詞に疑問接頭辞 ə- を前置することでも疑問文を形成できる。疑問文末
助詞 ＝ni が発話者にかなり確信がある事態について確認する場合に用いら
れるのに対し、動詞に疑問接頭辞 ə- を前置する疑問文は、発話者がたずね
る内容について前提知識がなく、予測がない場合に用いられる。この疑問接
頭辞 ə- は、mel, mən などの存在動詞、コピュラ動詞の否定形、ma-V といっ
た否定接頭辞を伴った動詞とは共起しない。助動詞を伴った述語の場合にも
この方法を用いる（§3.3.11 参照）。

　（532）は、聞き手がソナムであるかどうか知らずにたずねていることを表
す。（533）は、聞き手が今さっき話題になった事態について理解したかどう
かをたずねている。いずれも発話者は聞き手の理解度について予測をせずに
聞いていることを表す。（534）は、ソナムにお金があるかどうかを発話者が
知らない状態でたずねている。

(532) tɕʰo　　　　sonam　　ə-jən?
　　　 2SG　　　　PSN　　　Q-COP.S

　　　（聞き手の素性を知らない状態で）「あなたはソナムか？」

(533) tɕʰi　　　　ə-ko＝tʰa?
　　　 2SG.ERG　 Q- わかる＝DE

　　　（聞き手が理解したかどうかについて予測のない上で）「あなたはわ
　　　かったか？」

(534) sonam＝a　　gormo　　ə-jok-kə?
　　　PSN＝DAT　お金　　Q-EXST-EV

（発話者に予測がない上で）「ソナムにはお金があるか？」

[3] 動詞連続の後部要素に ə- を前置する方法

　動詞連続（§5.4.2 参照）の場合、疑問接頭辞は、動詞連続の後部要素（つまり、V2）の前に現れる。

(535) tɕʰo　　　　joŋ　　　ə-tʰəp.
　　　2SG　　　　来る　　　Q- できる

「あなたは来ることができるか？」

[4] 複合助動詞句中のコピュラ動詞または存在動詞に疑問接頭辞 ə- を前置する方法

　複合助動詞句を伴った述語を疑問文にする場合は、複合助動詞句中のコピュラ動詞または存在動詞に疑問接頭辞 ə- を付加して表す（例は (536)－(538)）。

(536) tɕʰi　　　　sa-dʑi　　　　　　　ə-jən?
　　　2SG.ERG　　食べる .IPF［-NMLZ　　Q-COP.S］FUT.S

「あなたは食べるか？」

(537) nɖəkmotsʰo　　　　teraŋ　joŋ-dʑi　　　　ə-re?
　　　PSN　　　　　　　　今日　来る［-NMLZ　　Q-COP.O］FUT.O

「ドゥクモツォは今日来るか？」

(538) tɕʰo　　　joŋ-gə　　　　ə-jo?
　　　2SG　　　来る［-SUF　　Q-EXST］PROG.EGO

「あなたは来ているか？」

第6章 単文　203

[5] コピュラ動詞の疑問形を用いる方法

コピュラ動詞 rel は、ə-rel という疑問接頭辞を伴った疑問形の他に、疑問形 ra をもつ。ra が疑問接頭辞 ə- を伴うこともあるが、単独で用いられることも可能である（例は (539)）。ra が否定接頭辞を伴うことも可能である（例は (540)）。ə-re, ra, ə-ra の間に意味の違いはみつかっていない。

(539) sonam　　　gegen　　　{ra/ə-ra}？
　　　PSN　　　　教師　　　　COP.O.Q/Q-COP.O.Q

　　「ソナムは教師か？」

(540) sonam　　　gegen　　　ma-ra?
　　　PSN　　　　教師　　　　NEG-COP.O.Q

　　「ソナムは教師ではないか？」

[6] 文末の上昇調のイントネーションのみを用いる方法

上述のいずれの方法も用いず、文末の上昇調のイントネーションのみで疑問を表す場合がある。平叙文の文末は、通常、平板調のイントネーションで発話される。(541) には (a) として上昇調のイントネーションを用いた疑問文を、(b) として平板調のイントネーションを用いた平叙文を示す。

どのような文が上昇調のイントネーションを用いた疑問文になれるかについては特に制約がないようである。ただし、(541)(a) のようにイントネーションだけで疑問を表すよりも、疑問接頭辞を用いた ə-sa?（Q- 食べる .IPF）「食べるか？」や、助動詞の疑問形を用いた sa-dʑi ə-jən?（食べる .IPF [-NMLZ Q-COP.S]_FUT.S）「食べるか？」、疑問文末助詞を用いた sa-dʑi＝na?（食べる .IPF-FUT.S＝AFF.Q）「食べるか？」などように、イントネーション以外の方法の方が疑問文であることが明白であり、規範的な表現になるという。

(541)(a) tɕʰi　　　　　　kori　　　sa-dʑi（↗）？
　　　　　2SG.ERG　　　パン　　　食べる .IPF-FUT.S

　　　「あなたはパンを食べるか？」

(b) ŋi　　　　　　kori　　　sa-dzi (→).
　　1SG.ERG　　　　　パン　　　食べる .IPF-FUT.S

　「私はパンを食べよう」

6.4.3　選択疑問文

　選択疑問文は、「AかBか」という選択肢のうちのどちらを選ぶかをたず
ねる疑問文である。アムド・チベット語の場合、1文ではなく2文の形で形
成し、1文目の最後に、疑問文末助詞を付加する。1文目の文末は上昇調の
イントネーションで、2文目の文末は平板調のイントネーションで発話す
る。

(542) tɕʰi　　　　　nɖi　　　sa-dzi＝**na**? (↗)　　　　　　　kori
　　　2SG.ERG　　　米　　　食べる .IPF-FUT.S＝EGO.Q　　　　　パン

　　　sa-dzi? (→)
　　　食べる .IPF-FUT.S

　「あなたは米を食べるか？（それとも）パンを食べるか？」

(543) tɕʰo＝o　　　nu　　　jol＝**a**? (↗)　　　nəmo　　　jo? (→)
　　　2SG＝DAT　　弟　　　EXST＝EGO.Q　　　妹　　　　EXST

　「あなたは弟がいるか？（それとも）妹がいるか？」

(544) tɕʰo　　　　sonam＝a　　　ga＝**ga**? (↗)　　　dordze＝a
　　　2SG　　　　PSN＝DAT　　好く＝EV.Q　　　　PSN＝DAT

　　　ga? (→)
　　　好く

　「あなたはソナムが好きか？（それとも）ドルジェが好きか？」

(545) kʰərga＝a　　　　nor　　　jok＝**ka**? (↗)　　　mek-kə? (→)
　　　3SG.M＝DAT　　　ヤク　　　EXST＝EGO.Q　　　EXST.NEG-EV

　「彼にはヤクがいるか？（それとも）いないか？」

第 6 章　単文　205

6.4.4　修辞疑問文

　疑問語や疑問文末助詞 ＝Ga を用いて反語を表すことがある。これらの反語の文は疑問語や疑問文末助詞を用いてはいるものの、意味的には疑問の意味にはならない。疑問語を用いた反語の例は (546) (547) に、疑問文末助詞を用いた反語の例は (548)–(550) に示す。

(546) dzi　　　　　te＝ra＝zək　　　　　**tɕʰɔzək**　　jet-tɕi＝ja?
　　　財産　　　　DEM.DAT＝PP＝INDF　　何　　　　する.IPF-FUT.S＝INFM

　　　「それっぽっちの財産をどうしようというのか？（いや、何もできない）」

(547)（「石鹸はあるか？」と聞かれて）

　　　jidzə　　　　me＝na　　　　　　**kaŋ＝ŋa**　　　　ndzo-dzi?
　　　石鹸:Ch.　　EXST.NEG＝COND　　どこ＝DAT　　　行く.IPF-FUT.S

　　　「石鹸がなければどこに行こう？（いや、どこにも行くところはない）」

　　　（「石鹸はもちろんある」という意味になる）

(548) tɕʰo＝o　　　ndək＋sʰa　　　jok＝**ka**?
　　　2SG＝DAT　居る.IPF＋場所　　EXST＝EV.Q

　　　「あなたに泊まる場所があるのか？（いや、あるわけがない）」

(549) kʰərga＝a　　　　　gormo　　maŋ＝**ga**?
　　　3SG.M＝DAT　　　　お金　　多い＝EV.Q

　　　「彼はお金が多いのか？（いや、多いわけがない）」

(550) kʰərga　　　　tɕʰikʰa＝na　　　jok＝**ka**?
　　　3SG.M　　　あなたの家＝LOC　EXST＝EV.Q

　　　「彼はあなたの家にいるのか？（いや、いるわけがない）」

6.5　否定文

　否定文は、肯定文と対立する文である。肯定文はより無標な文であり、その語順については「平叙文 / 肯定文」（§6.2 参照）においてすでに扱った。ここでは、否定文について詳しく扱う。否定文の語順は肯定文と変わらない。

否定は、否定接頭辞（§6.5.1 参照）または否定動詞（§6.5.2 参照）を用いて表される。複合助動詞句の否定形は §6.5.3 で、動詞連続の否定形については §6.5.4 で扱う。

6.5.1　否定接頭辞を用いた否定

動詞の否定形は動詞に否定接頭辞を接続することによって形成される。否定接頭辞には、mə- と ma- の 2 種類がある。未完了の事態の否定は、mə-IPF（例は (551) (b)）、完了した事態の否定は、ma-PF（例は (552) (b)）で表す。否定命令（禁止命令）は、ma-IPF で表す（例は (553) (b)）。(551) (552) いずれも (c) のように言うことはできない。命令形には否定接頭辞は接続しない（(553) (c)）。以下、肯定形 (a) と否定形 (b) の例を対照して示す。

主語が 1 人称の場合の否定文では、肯定文と異なり、動詞に動詞語尾（§7.2, §7.3 参照）や助動詞（§3.3.11 参照）、複合助動詞句（§5.5.2 参照）が続かないことが多い（(552) (c) 参照）。

(551) (a) ŋi　　　　　　ça　　　　sa-dzi.
　　　　　1SG.ERG　　　肉　　　　食べる .IPF-FUT.S

　　　　「私は肉を食べよう」

　　(b) ŋi　　　　　　ça　　　　**mə**-sa.
　　　　　1SG.ERG　　　肉　　　　NEG- 食べる .IPF

　　　　「私は肉を食べない」 **2**

　　(c) *ŋi　　　　　　ça　　　　**mə**-sa-dzi.
　　　　　1SG.ERG　　　肉　　　　NEG- 食べる .IPF-FUT.S

(552) (a) ŋi　　　　　　ça　　　　si＝taŋ-ŋa.
　　　　　1SG.ERG　　　肉　　　　食べる .PF＝ACMP-EGO

　　　　「私は肉を食べた」

　　(b) ŋi　　　　　　ça　　　　**ma**-si.
　　　　　1SG.ERG　　　肉　　　　NEG- 食べる .PF

　　　　「私は肉を食べなかった」

第 6 章　単文　207

(c) * ŋi　　　　　ça　　　　　**ma**-si＝taŋ-ŋa.

　　1SG.ERG　　　肉　　　　NEG- 食べる .PF＝ACMP-EGO

　　「私は肉を食べなかった」

(553)(a) tɕʰi　　　　　ça　　　　　so.

　　　　2SG.ERG　　　肉　　　　食べる .IMP

　　　「あなたは肉を食べろ」

(b) tɕʰi　　　　　ça　　　　　**ma**-sa.

　　2SG.ERG　　　肉　　　　NEG- 食べる .IPF

　　「あなたは肉を食べるな」

(c) * tɕʰi　　　　　ça　　　　　**ma**-so.

　　2SG.ERG　　　肉　　　　NEG- 食べる .IMP

　　「あなたは肉を食べるな」

6.5.2　否定動詞を用いた否定

　例外的に、コピュラ動詞（ウチ）（例は（554））と存在動詞（例は（555））のみは否定動詞をもつ。コピュラ動詞（ウチ）の否定動詞が mən、存在動詞の否定動詞が mel である。表 57 に、コピュラ動詞（ウチ）と存在動詞の、肯定形と否定形それぞれを提示する。

表 57　コピュラ動詞と存在動詞の肯定形・否定形

	肯定形	否定形
コピュラ動詞（ウチ）	jən	mən
存在動詞	jol	mel

(554)(a) ŋa　　　hlama　　jən.

　　　　1SG　　　高僧　　　COP.S

　　　「私は高僧だ」

(b) ŋa　　　hlama　　**mən**.

　　1SG　　　高僧　　　COP.S.NEG

　　「私は高僧ではない」

(555) (a) ndəkmotsʰo   jə=na   jok-kə.
　　　 PSN   家=LOC   EXST-EV

　　　 「ドゥクモツォは家にいる」

　　 (b) ndəkmotsʰo   jə=na   **mek-kə.**
　　　 PSN   家=LOC   EXST.NEG-EV

　　　 「ドゥクモツォは家にいない」

6.5.3　複合助動詞句の否定

　複合助動詞句（§5.5.2）とは、接辞とコピュラ動詞、あるいは、接辞または接語と存在動詞が動詞語幹に後続したものからなり、全体で述語にアスペクト、証拠性、ウチ／ソト、モダリティなどの文法的な意味を付加する。この否定は、複合助動詞句中のコピュラ動詞または存在動詞を否定形にすることで表す（例は (556)(b), (557)(b)）。

(556) (a) ŋi   ça   sa-dʑi.
　　　 1SG.ERG   肉   食べる.IPF-FUT.S

　　　 「私は肉を食べよう」

　　 (b) ŋi   ça   sa-dʑi   **mən.**
　　　 1SG.ERG   肉   食べる.IPF[-NMLZ   COP.S.NEG]

　　　 「私は肉を食べない」

(557) (a) kʰəgi   çaŋ   ndek-kə   jok-kə.
　　　 3SG.M.ERG   畑   耕す.IPF[-SUF   EXST-EV] PROG.EV

　　　 「彼は畑を耕している」（進行あるいは習慣）

　　 (b) kʰəgi   çaŋ   ndek-kə   **mek-kə.**
　　　 3SG.M.ERG   畑   耕す.IPF[-SUF   EXST.NEG-EV] PROG.EV

　　　 「彼は畑を耕している」（進行あるいは習慣）

6.5.4　動詞連続の否定

　2つの動詞が連続する動詞連続（§5.4.2参照）の否定は、後部要素の動詞

のみを否定形にすることで表す（例は (558) (b), (559) (b)）。

(558) (a) nd̪əkmotsʰo＝ki sama　　li　　　jo.
　　　　　PSN＝ERG　　　食事　　つくる　　EXST

　　　　「ドゥグモツォは食事をつくって（用意して）ある」

　　(b) nd̪əkmotsʰo＝ki sama　　li　　　**me.**
　　　　　PSN＝ERG　　　食事　　つくる　　EXST.NEG

　　　　「ドゥグモツォは食事をつくって（用意して）いない」

(559) (a) sonam＝kə　　　sama　　li　　　çi-gə.
　　　　　PSN＝ERG　　　食事　　つくる　　知る -EV

　　　　「ソナムは食事のつくり方を知っている」

　　(b) sonam＝kə　　　sama　　li　　　**mə**-çi-gə.
　　　　　PSN＝ERG　　　食事　　つくる　　NEG- 知る -EV

　　　　「ソナムは食事のつくり方を知らない」

注

1　tɕʰo de-mo.(2SG.ABS 元気だ -ADJVLZ)「こんにちは」、de-mo.（元気だ -ADJVLZ）
　　「こんにちは、やあ、お元気で」など。

2　ŋi ça sa-dzi mən.(1SG.ERG 肉 食べる .IPF［-NMLZ COP.S.NEG］FUT.S) とい
　　う複合助動詞句の否定形も可能である。複合助動詞句の否定形については §6.5.3
　　を参照。

第7章　文法範疇

　本章では、アムド・チベット語の述語に関わる主な文法範疇である、ヴォイス、アスペクト、証拠性（エヴィデンシャリティ）、ウチ / ソト、モダリティについて述べる。

　この中でも特に、証拠性とウチ / ソトは、アムド・チベット語、ひいてはチベット諸語における特徴的な文法範疇であるため、詳しく説明を行う。

7.1　ヴォイス

　アムド・チベット語のヴォイスには、使役はあるが、受動、逆受動、授受を表す特定の形式はない。

　使役は、使役表現を用いない非使役とヴォイスにおいて対立する。本節では無標な表現である非使役について特に説明はしないが、例文において使役と対立する非使役の例文も示す。また、使役文においては、使役者と被使役者が同一文中に表示された例を示すが、実際の発話では使役者や被使役者は省略されることが多い。

7.1.1　使役の基本的表現

　アムド・チベット語で一般的に使われる使役表現は一種類のみである。アムド・チベット語で使われる使役は、使役する動作を表す動詞に、「目的」を表す接続助詞である ＝Gə（＝gə~＝gi/＝kə~＝ki）を付し、その直後に単独では「入れる」という意味を表す動詞 ndzək（未完了形）/zək（完了形）/cək

212

（命令形）を伴って表す。（560）にその構造を示す。

(560) V＝Gə   ndzək/zək/cək
      V＝PUR   入れる.IPF/ 入れる.PF/ 入れる.IMP

　使役は2つの節からなる複文の一種であるという解釈も可能である。しかし、主節の動詞にあたるものが ndzək（未完了形）/zək（完了形）/cək（命令形）「入れる」1つに限られており、その主節の動詞自体は名詞項をとれないことから、本書では使役を複文としては扱わない。

　各名詞項の格標示は、使役化される動詞が自動詞か他動詞かで異なる。使役化される動詞が自動詞であれば、使役者（causer）は「能格」、被使役者（causee）は「絶対格」で現れる。使役化される動詞が他動詞であれば、使役者は「能格」、被使役者は「与格」、使役行為の目的語は「絶対格」で現れる。

　使役が「強制」であっても「許可」であっても格標示は変わらない。

　以下では、§7.1.2「自動詞の使役文」、§7.1.3「他動詞の使役文」にわけて述べる。§7.1.2、§7.1.3 では意志動詞の例のみを示すが、「無意志動詞の使役」も可能であり、それを §7.1.4 で述べる。§7.1.5 では「使役の否定形」、§7.1.6 では「二重使役」を扱う。

　以降、非使役文を (a)、使役文を (b) として対で例示する。

7.1.2　自動詞の使役文

　最初に、自動詞のうち意志動詞の使役の例を示す（例は (561)(b), (562)(b)）。

(561)(a) sonam jar＝a   laŋ-dzi   re.
         PSN   上＝DAT   起きる[-NMLZ   COP.O]FUT.O

「ソナムは起きるだろう」

第 7 章　文法範疇　213

   (b) dordze＝kə　　　sonam　　jar＝a　　　　　　laŋ＝gə
       PSN＝ERG　　　　PSN　　上＝DAT　　　　起きる＝PUR

       ndzək-dzi　　　　　　　re.
       入れる.IPF［-NMLZ　　COP.O］FUT.O

       「ドルジェがソナムを起こすだろう」

(562) (a) ɬəndəp　ɬasʰa＝a　　　　sʰoŋ＝zək.
       PSN　　PLN＝DAT　　　行く.PF＝IE

       「ルンドゥプはラサに行ったそうだ」

   (b) ŋi　　　　　　ɬəndəp　　ɬasʰa＝a　　　　ndzo＝gə
       1SG.ERG　　　PSN　　PLN＝DAT　　　行く.IPF＝PUR

       zək＝taŋ-ŋa.
       入れる.PF＝ACMP-EGO

       「私はルンドゥプをラサに行かせた」

7.1.3　他動詞の使役文

　次に、他動詞のうち無意志動詞の使役文の例を示す（例は（563）(b)，(564)
(b)）。

(563) (a) hjəntsʰo＝kə　　sama　　si＝zək.
       PSN＝ERG　　　食事　　食べる.PF＝IE

       「ユムツォが食事をとった」

   (b) sonam＝kə　　ɬəndəp＝wa　　sama　　sa＝gə
       PSN＝ERG　　　PSN＝DAT　　　食事　　食べる.IPF＝PUR

       zək＝zək.
       入れる.PF＝IE

       「ソナムはルンドゥプに食事をとらせた」

(564) (a) ɬəndəp＝ki　　xitɕʰa　　ŋo-dzi　　　　　　re.
       PSN＝ERG　　　本　　買う.IPF［-NMLZ　COP.O］FUT.O

       「ルンドゥプは本を買うだろう」

(b) tɕʰi　　　　　ɬəndəp=wa　　xitɕʰa

2SG.ERG　　　PSN=DAT　　本

ŋo=gə　　　　ɕək.

買う.IPF=PUR　入れる.IMP

「あなたはルンドゥプに本を買わせろ」

7.1.4　無意志動詞の使役文

§7.1.2,§7.1.3 では意志動詞の例のみを示したが、無意志動詞の場合にも使役が可能である。以下では、自動詞と他動詞の例を示す。

自動詞の無意志動詞は、「形態的に対応関係のある他動詞をもつ有対自動詞」と、「形態的に対応関係のある他動詞をもたない無対自動詞」どちらにも使役が可能である。

「形態的に対応関係のある他動詞をもつ有対自動詞」の例としては、tɕʰek「壊れる」の例をあげる。(565)(a)には非使役文を、(565)(b)には使役文を示す。(565)(c)には対応する他動詞の例を示す。(565)(b)は「動作者が窓ガラスを直接的な働きかけではなく、放置することによって壊した」ことを表し、(565)(c)は直接的な働きかけによって「窓ガラスを壊した」ことを表す文である。

(565) (a) ɕergo　　　　　tɕʰek=sʰoŋ=zək.

　　　　窓ガラス　　　壊れる=ACMP=IE

「窓ガラスが割れた」

(b) kʰərgi　　　　ɕergo　　tɕʰek=kə　　　zək=taŋ=zək.

　　3SG.ERG　　窓ガラス　壊れる=PUR　　入れる.PF=ACMP=IE

「彼は窓ガラスを壊れさせた」

(c) kʰərgi　　　　ɕergo　　　　　tɕek=taŋ=zək.

　　3SG.ERG　　窓ガラス　　　壊す.PF=ACMP=IE

「彼は窓ガラスを壊した」

第 7 章　文法範疇　215

　無対自動詞の場合、使役者と被使役者が異なる例の他（(566)(b)）、主語
と目的語がともに 2 人称となる再帰的な表現も可能である（例は (567)(b)，
(568)(b)）。再帰的な例では、主語は 2 人称能格形 tcʰi であるが、主語は発
話しないことのほうが自然である。

(566) (a) ŋa　　　　sʰən-dzi　　　　　　　　　re.
　　　　　1SG　　　つまらない [-NMLZ　　　　COP.O] FUT.O

　　　　　「わたしはつまらなくなるだろう [＝退屈するだろう]」

　　　(b) dordze＝kə　　　ŋa　　　sʰən＝gə　　　　zək＝taŋ＝tʰa.
　　　　　PSN＝ERG　　　　1SG　　つまらない＝PUR　入れる.PF＝ACMP＝DE

　　　　　「ドルジェが私をつまらなくさせた [＝退屈させた]」

(567) (a) hoŋwo　　　　　ŋar-gə.
　　　　　体　　　　　　　熱い -EV

　　　　　「体が熱い」

　　　(b) hoŋwo　　　　　ŋar＝gə　　　　cək.
　　　　　体　　　　　　　熱い＝PUR　　　入れる.IMP

　　　　　「(あなたは) 体を熱くさせろ」

(568) (a) sʰem　　htcək-kə.
　　　　　心　　　楽しい -EV

　　　　　「心が楽しい」

　　　(b) sʰem　　htcək＝kə　　　cək.
　　　　　心　　　楽しい＝PUR　　入れる.IMP

　　　　　「(あなたは) 心を楽しくさせろ」

他動詞の無意志動詞でも使役が可能である（(569)(b)，(570)(b)）。

(569) (a) sonam＝kə　　　hkənbəm＝a　　rək-kə.
　　　　　PSN＝ERG　　　　PLN＝DAT　　　見える -EV

　　　　　「ソナムにはクンブム寺が見える」

(b) ŋi   sonam＝ma   hkənbəm＝a   rək＝kə
   1SG.ERG   PSN＝DAT   PLN＝DAT   見える＝PUR

zək＝taŋ-ŋa.
入れる.PF＝ACMP-EGO

「私はソナムにクンブム寺を見せた」

(570) (a) sonam＝kə   hkel   ko-gə.
         PSN＝ERG   声   聞こえる-EV

「ソナムには声が聞こえる」

(b) dordʑe＝kə   sonam＝ma   hkel   ko＝gə
   PSN＝ERG   PSN＝DAT   声   聞こえる＝PUR

zək＝taŋ＝tʰa.
入れる.PF＝ACMP＝DE

「ドルジェがソナムに声を聞かせた」

7.1.5　使役の否定形

　使役の否定形は、主節の動詞にあたる ndzək（未完了形）/zək（完了形）「入
れる」が構成する動詞句を否定形にすることで形成する（(571)(b), (572)
(b), (573)(b)）。否定命令は、「入れる」の未完了形 ndzək を否定形にする
ことで表す（(574)(b), (575)(b), (576)(b)）。各例文では肯定形(a)と否定
形(b)を対照して示す。

　使役化される動詞を否定形にすることはできない。例は各例文の(c)とし
て示す。

(571) (a) dordʑe＝kə   sonam   jar＝a   laŋ＝gə
         PSN＝ERG   PSN   上＝DAT   起きる＝PUR

ndzək-dzi   re.
入れる.IPF［-NMLZ   COP.O］FUT.O

「ドルジェがソナムを起こすだろう」

(b) dordze＝kə　　　sonam　jar＝a　　　　laŋ＝gə
　　PSN＝ERG　　　PSN　　上＝DAT　　　　起きる＝PUR

　　ndzək-dʑi　　　　　ma-re.
　　入れる.IPF［-NMLZ　　NEG-COP.O］FUT.O

　　「ドルジェはソナムを起こさないだろう」

(c) *dordze＝kə　　　sonam　jar＝a　　　　mə-laŋ＝gə
　　 PSN＝ERG　　　PSN　　上＝DAT　　　　NEG-起きる＝PUR

　　ndzək-dʑi　　　　　re.
　　入れる.IPF［-NMLZ　　COP.O］FUT.O

　　「ドルジェはソナムを起こさないだろう」

(572) (a) ŋi　　　　　　ɬəndəp　ɬasʰa＝a　　　ndzo＝gə
　　　　　1SG.ERG　　PSN　　PLN＝DAT　　　行く.IPF＝PUR

　　　　zək＝taŋ-ŋa.
　　　　入れる.PF＝ACMP-EGO

　　　　「私はルンドゥプをラサに行かせた」

(b) ŋi　　　　　　ɬəndəp　ɬasʰa＝a　　　ndzo＝gə
　　1SG.ERG　　PSN　　PLN＝DAT　　　行く.IPF＝PUR

　　ma-zək.
　　NEG-入れる.PF

　　「私はルンドゥプをラサに行かせなかった」

(c) *ŋi　　　　　　ɬəndəp　ɬasʰa＝a　　　mə-ndzo＝gə
　　 1SG.ERG　　PSN　　PLN＝DAT　　　NEG-行く.IPF＝PUR

　　zək＝taŋ-ŋa.
　　入れる.PF＝ACMP-EGO

　　「私はルンドゥプをラサに行かせなかった」

(573) (a) sonam＝kə　　　ɬəndəp＝wa　　　sama　　sa＝gə
　　　　　PSN＝ERG　　　PSN＝DAT　　　　食事　　食べる.IPF＝PUR

　　　　zək＝zək.
　　　　入れる.PF＝IE

　　　　「ソナムはルンドゥプに食事をとらせた」

(b) sonam = kə   ɬəndəp = wa   sama   sa = gə

     PSN = ERG   PSN = DAT   食事   食べる.IPF = PUR

     ma-zək = zək.

     NEG- 入れる.PF = IE

     「ソナムはルンドゥプに食事をとらせなかった」

(c) *sonam = kə   ɬəndəp = wa   sama   mə-sa = gə

      PSN = ERG   PSN = DAT   食事   NEG- 食べる.IPF = PUR

     zək = zək.

     入れる.PF = IE

     「ソナムはルンドゥプに食事をとらせなかった」

(574) (a) tɕʰi   ɬəndəp = wa   xitɕʰa   ŋo = gə

        2SG.ERG   PSN = DAT   本   買う.IPF = PUR

        ɕək.

        入れる.IMP

        「あなたはルンドゥプに本を買わせなさい」

(b) tɕʰi   ɬəndəp = wa   xitɕʰa   ŋo = gə

     2SG.ERG   PSN = DAT   本   買う.IPF = PUR

     ma-ndzək.

     NEG- 入れる.IPF

     「あなたはルンドゥプに本を買わせるな」

(c) *tɕʰi   ɬəndəp = wa   xitɕʰa   mə-ŋo = gə

      2SG.ERG   PSN = DAT   本   NEG- 買う.IPF = PUR

     ɕək.

     入れる.IMP

     「あなたはルンドゥプに本を買わせるな」

(575) (a) tɕʰo   tɕaŋ-dzi   re.

        2SG   寒い [-NMLZ   COP.O] FUT.O

        「あなたは寒くなるだろう」

(b) tɕʰo　　tɕaŋ＝gə　　　　ma-ndzək.
　　　2SG　　寒い＝PUR　　　NEG- 入れる .IPF

「あなたを寒くさせるな［＝寒くするな］」

(c) *tɕʰo　　mə-tɕaŋ＝gə　　cək.
　　　2SG　　NEG- 寒い＝PUR　入れる .IMP

「あなたを寒くさせるな［＝寒くするな］」

(576) (a) tɕʰo　　htok-dzi　　　　re.
　　　　　2SG　　腹がすく［-NMLZ　COP.O］FUT.O

「あなたはお腹がすくだろう」

(b) tɕʰo　　htok＝kə　　　　ma-ndzək.
　　　2SG　　腹がすく＝PUR　　NEG- 入れる .IPF

「あなたはお腹をすかせるな」

(c) *tɕʰo　　mə-htok＝kə　　　　cək.
　　　2SG　　NEG- 腹がすく＝PUR　　入れる .IMP

「あなたはお腹をすかせるな」

7.1.6　二重使役

　アムド・チベット語では、「A が B に C に～させる［＝A が B に命じて C に～させる］」という意味を表す二重使役は、自動詞の場合には可能であるが（例は（577）(b)）、他動詞の場合には非文ではないものの不自然な文となる（例は（578）(b)）。他動詞の二重使役に対応する表現は、「A が B に言って、B が C に～させる」のように、節をわけて表したほうがより自然である（例は（578）(c)）。他動詞の二重使役は与格目的語が同一文中に 2 つ以上現れることになる。おそらく、アムド・チベット語では、与格が 2 つ現れることを好まない、つまり Comrie（1976: 277–284）のいう「二重間接目的語」（doubling on indirect object）を許さないために、これが不自然な文だとみなされるのだと思われる。

　以下の例では、二重使役のもとになる使役表現を (a) として示す。

(577) (a) sonam＝kə　　　ɬəndəp　ɬasʰa＝a　　　　ndzo＝gə
　　　　 PSN＝ERG　　　 PSN　　 PLN＝DAT　　　　行く.IPF＝PUR

　　　　 zək＝taŋ＝zək.
　　　　 入れる.PF＝ACMP＝IE

　　　　「ソナムはルンドゥプをラサに行かせた」

　　(b) ŋi　　　　　　　sonam＝ma　　　ɬəndəp　ɬasʰa＝a
　　　　 1SG.ERG　　　　 PSN＝DAT　　　 PSN　　 PLN＝DAT

　　　　 ndzo＝gə　　　 zək＝taŋ-ŋa.
　　　　 行く.IPF＝PUR　入れる.PF＝ACMP-EGO

　　　　「私はソナムにルンドゥプをラサに行かせた」

(578) (a) ɬəndəp＝kə　　　sonam＝ma　　　xitcʰa　　ŋo＝gə
　　　　 PSN＝ERG　　　　 PSN＝DAT　　　 本　　　 買う.IPF＝PUR

　　　　 zək＝taŋ＝zək.
　　　　 入れる.PF＝ACMP＝IE

　　　　「ルンドゥプはソナムに本を買わせた」

　　(b) ʔŋi　　　　　　　ɬəndəp＝wa　　　sonam＝ma
　　　　 1SG.ERG　　　　 PSN＝DAT　　　 PSN＝DAT

　　　　 xitcʰa　　ŋo＝gə　　　　　 zək＝taŋ-ŋa.
　　　　 本　　　 買う.IPF＝PUR　　入れる.PF＝ACMP-EGO

　　　　「私はルンドゥプにソナムに本を買わせた」

　　(c) ŋi　　　　　　　ɬəndəp＝wa　　　ɕel＝i　　　　　sonam＝ma
　　　　 1SG.ERG　　　　 PSN＝DAT　　　 話す＝SEQ　　　PSN＝DAT

　　　　 xitcʰa　　ŋo＝gə　　　　　 zək＝taŋ-ŋa.
　　　　 本　　　 買う.IPF＝PUR　　入れる.PF＝ACMP-EGO

　　　　「私はルンドゥプに言って、ソナムに本を買わせた」

7.2　アスペクト

　アムド・チベット語の動詞述語はアスペクトによって整理することができ

る。まず、未完了アスペクトと完了アスペクトに大きくわけられる。未完了とは当該の時点において事態が完了していないことを、完了とは当該の時点において事態が完了していることを表す。

　未完了アスペクトは、さらに、非継続アスペクトと継続アスペクトにわけられる。未完了・非継続アスペクトはさらに、「未完了・非継続」、「適時」に、未完了・継続アスペクトは「進行・習慣」、「状態・属性」に分類できる。

　完了アスペクトもさらに、非継続アスペクトと継続アスペクトにわけられる。完了・非継続アスペクトには「完了・非継続」、「完遂」、「動作の終結」の3種類がある。完了・継続アスペクトには「経験」、「結果状態」の2種類がある。

　以上の内容をまとめたものが表58である。

表58　アスペクトの分類

未完了	非継続	「未完了・非継続」	§7.2.1[1], [2]
		「適時」	§7.2.1[3]
	継続	「進行・習慣」	§7.2.1[4]
		「状態・属性」	§7.2.1[5]
完了	非継続	「完了・非継続」	§7.2.2[1], [2]
		「完遂」	§7.2.2[3]
		「動作の終結」	§7.2.2[4]
	継続	「結果状態」	§7.2.2[5]
		「経験」	§7.2.2[6]

　動詞にはコピュラ動詞、存在動詞、一般動詞（動作動詞、状態動詞）があることはすでに述べた（§3.3.5参照）。各動詞は、語幹のみで述語を形成することもあるが、多くの場合は、動詞語尾（§7.2, §7.3参照）、助動詞（§3.3.11参照）、複合助動詞句（§5.5.2参照）を伴って述語を形成する。動作動詞は、§3.3.5[4]でも述べたように、アスペクトに関して未完了形、完了形の区別をもつ。ただし、未完了形、完了形の形態的区別があるのは動作

動詞の一部のみで、未完了形と完了形が同形の動作動詞も多く存在する。

　動詞語幹のみで述語となりうるのは、発話者や発話者を含む集団が主語になる場合、または、対句という特殊な文型に限定される。その他の場合については、動詞語尾、助動詞、複合助動詞句、文末助詞を伴って現れる。

　以下では、主に、文末における述語のアスペクトを考察していく。非文末位置における述語のアスペクト、（相対）テンスは、複文に関わる問題であるため、§8で扱う。

7.2.1　未完了

　未完了アスペクトは、さらに継続アスペクトと非継続アスペクトにわけられる。継続アスペクトとは、進行や状態を表すアスペクトを指す。未完了・継続アスペクトはさらに、「進行・習慣」、「状態・属性」に分類できる。

　未完了・非継続アスペクトには、動詞の未完了語幹のみの形式（[1]）と、複合助動詞句 -Dzi jən（ウチ）とその短縮形である動詞語尾 -Dzi（ウチ）、そして、複合助動詞句 -Dzi rel（ソト）がある（[2]）。その他、「ふさわしい頃合い」を表す「適時」がある（[3]）。

　未完了・継続アスペクトはさらに、「進行・習慣」、「状態・属性」に分類できる。「進行・習慣」は未完了語幹に複合助動詞句 -Gə jol（定着知）、-Gə jok-kə（観察知）、＝Go-kə（観察知）、または助動詞 ＝Go（定着知）を後続させて表す（[4]）。「状態・属性」は動詞語尾 -Gə を後続させて表す（[5]）。

表 59　未完了を表す形式一覧

		意味	形式
非継続	[1]	未完了・非継続	動詞の未完了語幹のみ
	[2]	未完了・非継続	複合助動詞句 -Dzi jən（ウチ）、動詞語尾 -Dzi（ウチ）と複合助動詞句 -Dzi rel（ソト）
	[3]	適時	動詞連続 ren
継続	[4]	進行・習慣	複合助動詞句 -Gə jol（定着知）、-Gə jok-kə（観察知）、＝Go-kə（観察知）、

		または助動詞 ＝Go（定着知）
	［5］状態・属性	動詞語尾 -Gə

以下では、［1］-［5］について説明を行い、例文を示す。

［1］動詞の未完了語幹のみで「未完了・非継続」を表す場合

　動作動詞の未完了形が語幹のみで「未完了・非継続」を表す述語となる場合、発話者または発話者を含む集団に関わる意志的な行為（例は（579）-（581））、または勧誘（例は（582））を表す。

　発話者または発話者を含む集団に関わる意志的な行為は、［2］のうちの、複合助動詞句 -Dʑi jən「未完了・非継続（ウチ）」、動詞語尾 -Dʑi「未完了・非継続（ウチ）」でも表すことが可能である。1 人称単数が主語になる際、文末が動詞の未完了語幹で終わる場合と、それに -Dʑi jən または -Dʑi が後続する場合には大きな意味の違いはみられない[1]。ただし、1 人称複数形包括形が主語になる際には、文末が動詞の未完了語幹で終わると「勧誘」を表す（例は（582））。

（579）ŋa　　　　**ndʐo**.
　　　 1SG　　　 行く .IPF

　　　「私は行こう」

（580）ŋi　　　　xitcʰa　　　ndi　　　 tcʰo＝o　　　**hter**.
　　　 1SG.ERG　本　　　　 DEM　　2SG＝DAT　　 与える .IPF

　　　「私はこの本をあなたにあげよう」

（581）ŋa　　　　torgoŋ　　　ndi＝ni　　　　**ndək**.
　　　 1SG　　　 今晩　　　　DEM＝ABL　　 滞在する .IPF

　　　「私は今晩ここに滞在しよう」[2]

（582）ə-tcʰo　　**ndʐo**.
　　　 1INCL-PL　行く .IPF

　　　「私たちみんなで行こう」

否定形は、動詞語幹に接頭辞 mə- を付加して表す(例は(583))。

(583)(満腹になった後で、さらに食べ物をすすめられている状況で)

ŋi   ta   **mə-sa.**
1SG.ERG もう   NEG- 食べる .IPF

「私はもう食べない」

[2] 複合助動詞句・動詞語尾で「未完了・非継続」を表す場合

　複合助動詞句・動詞語尾によって未完了・非継続を表すこともできる。未完了語幹に名詞化接辞の -Dzi が接続し、さらにコピュラ動詞が続くことで「未完了・非継続」を表す。この時の名詞化接辞 -Dzi とコピュラ動詞の組み合わせを「複合助動詞句」と呼ぶ(§5.5.2 参照)。コピュラ動詞のウチ / ソト(§7.4.1 参照)の違いにしたがって、未完了・非継続を表す助動詞句にもウチとソトの 2 つがある。ウチの形式は -Dzi jən、ソトの形式は -Dzi rel で表す。-Dzi jən にはその短縮形である動詞語尾 -Dzi がある [3]。-Dzi rel には短縮形が存在しない。いずれの形式も、動作動詞に後続する場合には動詞の未完了形に後続する。それぞれ -Dzi には -tɕi/-dzi という異形態がある。交替規則は表 78 と同様である。

　-Dzi jən と -Dzi は意志動詞のみに後続し、発話者や発話者を含む集団の未完了・非継続における意志的な行為を表す((584)–(586) 参照)。1 人称複数包括形が主語となる場合に -Dzi が後続すると平叙文とはならないが、上昇イントネーションを伴って疑問文をつくることができる(例は(587))。-Dzi rel は意志動詞、無意志動詞の他、存在動詞、状態動詞にも後続し、発話者や発話者を含む集団以外に関する未完了・非継続の行為を述べるのに用いられる((588)(589) 参照)。意志動詞に後続する場合でも、-Dzi jən、-Dzi とは異なり、意志を全面に出した表現ではなく、予定や推量を表す。-Dzi jən, -Dzi, -Dzi rel いずれも多くの場合は発話時点を基準とした「未来」の事態を表す [4]。

　-Dzi rel は推量を表すこともあり((590)(591) 参照)、その場合には、現

在の状態を表すこともある（(591) 参照）。-Dʑi rel の推量の用法については、§7.3.5 で詳しく扱う。

(584) ŋa　　　　teraŋ　　**ndʐo-dʑi**　　　**jən**.
　　　1SG　　　今日　　行く.IPF［-NMLZ　COP.S］FUT.S

　　　「私は今日行こう」

(585) ŋi　　　　sama　　**sa-dʑi**.
　　　1SG.ERG　食事　　食べる.IPF-FUT.S

　　　「私は食事をとろう」

(586) ŋə-tɕo　　　**ndʐo-dʑi**.
　　　1EXCL-PL　行く.IPF-FUT.S

　　　「私たちは行こう」

(587) ə-tɕʰo　　　**ndʐo-dʑi**?（↗）
　　　1INCL-PL　行く.IPF-FUT.S

　　　「私たち行こうか？」[5]

(588) kʰəgi　　　　　sama　　**sa-dʑi**　　　　　　**re**.
　　　3SG.M.ERG　　食事　　食べる.IPF［-NMLZ　　COP.O］FUT.O

　　　「彼は食事をとる」

(589) kʰə-ɳika　　nd̥ok=i　　　**ndʐo-dʑi**　　　**re**.
　　　3-DU　　　伴う=SEQ　　行く.IPF［-NMLZ　COP.O］FUT.O

　　　「彼ら 2 人は一緒に行く」

(590) hnɛm　　**nbep-tɕi**　　　**re**.
　　　空　　　降る.IPF［-NMLZ　COP.O］FUT.O

　　　「雨が降るだろう」

(591) kɛn=na　　　　**jot-tɕi**　　　　**re**.
　　　DEM=LOC　　EXST［-NMLZ　　COP.O］FUT.O

　　　「あっちにあるだろう」

　発話者や発話者を含む集団の意志的な行為であっても、-Dʑi rel を用いる

ことがある。その場合、発話者の意志的な行為であることを強調して述べて
いるわけではなく、単に予定として述べているという意味を表す(例は
(592))。対応する意志的な行為は(584)に示した。

発話者や発話者を含む集団に関わる事態であっても、無意志的な行為につ
いては、-Dʑi, -Dʑi jən いずれも用いることはできず((593)参照)、-Dʑi rel
で表す((594)参照)。

(592) ŋa　　　　teraŋ　　**ndzo-dʑi**　　　**re.**
　　　1SG　　　今日　　　行く.IPF[-NMLZ　COP.O]FUT.O

　　「私は今日行く予定だ」

(593) *ŋa　　　　{**kʰu-dʑi/kʰu-dʑi**　　　**jən**}.
　　　1SG　　　病む -FUT.S/ 病む[-NMLZ　COP.S]FUT.S

　　「私は病気になる」⁶

(594) ŋa　　　　**kʰu-dʑi**　　　　**re.**
　　　1SG　　　病む[-NMLZ　　COP.O]FUT.O

　　「私は病気になるだろう」

これらの否定形は、複合助動詞句中のコピュラ動詞を否定形にすることで
表す。すなわち、ウチの形式は -Dʑi mən、ソトの形式は -Dʑi ma-rel であ
る(例は(595)(a), (596)(a))。主動詞を否定形にすることはできない(例は
(595)(b), (596)(b))。ちなみに、-Dʑi mən には短縮形はない。

(595) (a) ŋə-tɕo　　　　**ndzo-dʑi**　　　**mən.**
　　　　　1EXCL-PL　　行く.IPF[-NMLZ　　COP.S.NEG]FUT.S

　　　　「私たちは行かない」

　　(b) *ŋə-tɕo　　　**mə-ndzo-dʑi**　　　**jən.**
　　　　　1EXCL-PL　　NEG- 行く.IPF[-NMLZ　COP.S]FUT.S

　　　　「私たちは行かない」

第7章　文法範疇　227

(596) (a) kʰə-ŋika　　　**ndzo-dzi**　　　　**ma-re**.
　　　　3-DU　　　　　行く.IPF［-NMLZ　NEG-COP.O］FUT.O

　　　「彼ら 2 人は行かない」

　　(b) *kʰə-ŋika　　　**mə-ndzo-dzi**　　　　　**re**.
　　　　3-DU　　　　　NEG- 行く.IPF［-NMLZ　　　COP.O］FUT.O

　　　「彼ら 2 人は行かない」

[3] 適時

　動詞連続の後部要素 ren「ふさわしい」は、動詞の未完了形に後続し、「～
する頃合いになる」という適時のアスペクトを表す。状態動詞、存在動詞、
コピュラ動詞には後続できない。否定形は、(598)のように、後部要素 ren
「ふさわしい」に否定接頭辞を付加して表す（§6.5.4 参照）。

(597) do　　　　　sor　　　**ren**＝taŋ＝zək.
　　　石　　　　　替える　　頃合いになる＝ACMP＝IE

　　　「石を取り替える頃合いになった」

(598) taroŋ　　　　ndzo　　　　**ma-ren**＝tʰa.
　　　まだ　　　　行く.IPF　　NEG- 頃合いになる＝DE

　　　「まだ行く頃合いになっていない」

[4] 進行・習慣

　進行・習慣のアスペクトは、接尾辞 -Gə と存在動詞を組み合わせた複合
助動詞句、または、その短縮形である助動詞によって表される。

　進行は一回的な事態を、習慣は「何度も～する」といった多回的な事態を
それぞれ表す。どちらの意味になるかは文脈や副詞との共起によって判断さ
れる。たとえば「今」という副詞が文中で共起すれば進行を、「毎日」のよ
うな副詞が共起すれば習慣を表す。

　これらの意味を表す複合助動詞句には、定着知と観察知の対立がある（定
着知、観察知については §7.3 参照）。定着知の「進行・習慣」は、-Gə jol

とその短縮形である助動詞 ＝Go で表される。観察知の「進行・習慣」は、-Gə jok-kə とその短縮形 ＝Go-kə で表される。動作動詞に後続する場合には、どちらも未完了形に後続する。

定着知 -Gə jol（短縮形 ＝Go）は、-kə jol/-gə jol（短縮形 ＝ko/＝go）という異形態をもつ。観察知の -Gə jok-kə（短縮形 ＝Go-kə）は、-kə jok-kə~-kə jok-ki/-gə jok-kə~-gə jok-ki（短縮形 ＝ko-kə~＝ko-ki/＝go-kə~＝go-ki）という異形態をもつ。交替規則は表 79 と同様である。

定着知の -Gə jol（短縮形 ＝Go）は、発話者や発話者に関わる集団、発話者がよく知っていたり、発話者が近いと感じている者に関わる事態について用いられる（(599)–(601) 参照）。-Gə jok-kə（短縮形 ＝Go-kə）は、発話者が観察、知覚した事態や、発話者が自身に関わる事態ではないためによく把握していない事態に用いられる（(602)(603) 参照）。「定着知」、「観察知」という証拠性の点からの考察は §7.3.4 で扱う。

定着知の否定形は、-Gə jol の jol を否定形にした -Gə mel（(600)(601) 参照）で、観察知の否定形は、-Gə jok-kə の jol を否定形にした -Gə mek-kə で表す（例は (603)）。

(599) ŋi   xitɕʰa＝a   **hta-gə**   **jo.**
      1SG.ERG   本＝DAT   見る.IPF[-SUF   EXST]PROG.EGO

「私は本を読んでいる」（進行あるいは習慣）

(600) ŋi   towa   **tʰen-gə**   **me.**
      1SG.ERG   煙草   吸う[-SUF   EXST.NEG]PROG.EGO

「私は煙草を吸っていない」（進行あるいは習慣）

(601) ɕilə   hŋi-ka＝məndi   ɬopʈa＝a   **ndzo-gə**
      息子   2-NMLZ＝PP   学校＝DAT   行く.IPF[-SUF

me.
EXST.NEG]PROG.EGO

「（うちの子供の中では）息子 2 人以外、学校に行っていない」（進行あるいは習慣）

第 7 章　文法範疇　229

(602) kʰəgi　　　　ɕaŋ　　ndek＝ko-kə.
　　　3SG.M.ERG　　畑　　耕す.IPF［＝PROG.EGO-EV］PROG.EV

　　「彼は畑を耕している」(進行あるいは習慣)

(603) tɕʰo　　　　tɕək　　ndək-kə　　　　mek-kə.
　　　2SG　　　ちょっと　合う［-SUF　　　EXST.NEG-EV］PROG.EV

　　「あなたはちょっと間違ってる」

　いずれの形式もテンスには関与せず、過去の事態も未来の事態も表しう
る。発話時を基準とした未来や過去といった時間を明示する際には時の副詞
(句)を用いる((604)–(606)参照)。

(604) ŋi　　　naŋhka　xitɕʰa＝a　　　hta-gə
　　　1SG.ERG　明日　　本＝DAT　　　見る.IPF［-SUF

　　jo.
　　EXST］PROG.EGO

　　「私は明日、本を読んでいる」

(605) kʰahtsaŋ　　ŋi　　　　　xitɕʰa＝a　　　hta-gə
　　　昨日　　　1SG.ERG　　　本＝DAT　　　見る.IPF［-SUF

　　jo.
　　EXST］PROG.EGO

　　「昨日、私は本を読んでいた」

(606) kʰahtsaŋ　　kʰəgi　　　　　ɕaŋ
　　　昨日　　　3SG.M.ERG　　　畑

　　ndek＝ko-kə.
　　耕す.IPF［＝PROG.EGO-EV］PROG.EV

　　「昨日、彼は畑を耕していた」

[5] 状態・属性

　状態・属性のアスペクトは、動詞語尾 -Gə で表す。この接辞は「観察

知」という証拠性の意味も表すが、証拠性からの考察については §7.3.4 で述べる。-Gə には、-kə~-ki/-gə~-gi という異形態がある。/ə/ で発話するのは牧区方言の、/i/ で発話するのは農区方言の特徴である。ロチ・ギャンツォ氏の発話では、-Gə に関しては牧区方言と農区方言の特徴がどちらもみられ、/ə/ と /i/ は自由変異として現れる。子音 /k/ と /g/ の違いは、この形態素が接続する音韻的な環境による。交替規則については、表 79 に示す。

-Gə が動作動詞に後続する場合、動詞未完了形のみに後続する（例は（607）-（612））。存在動詞（例は（613））、状態動詞（例は（614））にも後続する。動作動詞に後続する場合は特に -Gə のもつ、状態・属性のアスペクト的意味がより明確に現れる。また、習慣を表すこともある（例は（609）（612））。

否定形は、主動詞に否定接頭辞 mə- を接続させて表す（（610）参照）。

(607) ŋi　　　　naŋhka　ndzo＝pa　　**ndok-kə.**
　　　 1SG.ERG　 明日　　 行く.IPF＝INFM　 思う -EV

　　　「私は明日行こうと思う」（状態）

(608) ŋa＝a　　　xitɕʰa　　**go-gə.**
　　　 1SG＝DAT　 本　　　 要る -EV

　　　「私には本が要る」（状態）

(609) kʰəgi　　　　　　　　**sa-gə.**
　　　 3SG.M.ERG　　　　　 食べる.IPF-EV

　　　「彼はよく食べる［彼は大食いだ］」（属性、習慣）

(610) hem　　　 ndi　　　kon＋sʰa　　　**mə-ndzo-gə.**
　　　 靴　　　　DEM　　 着る＋場所　　 NEG- 行く.IPF-EV

　　　「この靴は（小さくて）入らない」（属性）

(611) htonka＝ta hnem　　　**nbek-kə.**
　　　 秋＝PP　　　空　　　 降る.IPF-EV

　　　「秋は雨が降る [7]」（属性）

(612) ndə＝ki　　　　　　**mə-ɕek-kə.**
　　　 DEM＝ERG　　　　 NEG- 話す -EV

「こういうふうに言わない」(習慣)

(613) hjəntsʰo＝o　　　　gormo　**jok-kə**.
　　　PSN＝DAT　　　　お金　　EXST-EV

　　　「ユムツォはお金をもっている」(状態)

(614) kʰoŋwa　　ndə　　dza　**tɕʰi-gi**.
　　　家　　　DEM　　広さ　大きい -EV

　　　「この家は広い」(状態)

　この形式もテンスには関与せず、一般的には、現在の状態、属性的な事態を表すことが多いが、副詞的要素を伴うなどして、未来や((615)参照)、過去の状態・属性も表す((616)参照)。

(615) ɕilə　　　**naŋhka jə**＝na　　　　**jok-kə**.
　　　息子　　　明日　　家＝LOC　　　　EXST-EV

　　　「息子は明日家にいる」(未来の状態)

(616) kʰəgi　　　**tɕʰoŋ**＝ri　　　ɕigi　　**sa-gə**.
　　　3SG.M.ERG　小さい＝TIME　非常に　食べる .IPF-EV

　　　「彼は若い頃よく食べた［彼は若い頃大食いだった］」(過去の属性)

7.2.2　完了

　完了とは、当該の時点において事態が完了していることを表す。完了アスペクトは、非継続アスペクトと継続アスペクトにわけられる。完了・非継続アスペクトには「完了・非継続」、「完遂」、「動作の終結」がある。「完了・非継続」を表すものには、動詞の完了語幹のみの形式([1])と、動詞の完了語幹に動詞語尾 -Ca, 助動詞 ＝tʰa, ＝zək, ＝ni、複合動詞句 -nə jən, -nə rel が後続する形式([2])の2種類がある。「完遂」は、動詞の完了語幹に完遂を表す助動詞 ＝toŋ, ＝taŋ, ＝ndzo, ＝Sʰoŋ を後続して表す([3])。「動作の終結」は動詞連続「V1 tsʰar」で表す([4])。

　完了・継続アスペクトには、[5]結果状態、[6]経験の2種類がある。そ

れぞれ動詞語幹に、jol, ŋoŋ を後続させた動詞連続で表す。

表60　完了を表す形式一覧

	意味	形式
非継続	[1] 完了・非継続	動詞完了語幹のみ
	[2] 完了・非継続	動詞語尾 -Ca、助動詞 =tʰa, =zək, =ni, 複合助動詞句 -nə jən, -nə rel
	[3] 完遂	完遂を表す助動詞 =toŋ, =taŋ, =ndzo, =Sʰoŋ
	[4] 動作の終結	動詞連続 V1 tsʰar
継続	[5] 結果状態	動詞連続 V1 jol
	[6] 経験	動詞連続 V1 ŋoŋ

[1] 動詞の完了語幹のみで「完了・非継続」を表す場合

　動詞の完了語幹は、それ単独で完了の意味を表すことができるが、動作動詞の完了語幹のみで述語を形成するのは、対句の場合と、発話者や発話者を含む集団に関わる事態の否定形の場合のみである。

　(617) は、対句という特殊な構文であるために例外的に動詞完了形が文末で使用されている例である。発話者に関する完了の事態を表す否定形の例は (618) である。これに対応する肯定形は、助動詞や複合助動詞句を伴って表し、語幹だけでは述語を形成できない (例は (619))。

(617) adza　　　sok　　　tsʰo=gə　　　　　　　　　**sʰoŋ**.
　　　父　　　　家畜　　　放牧する .IPF=PUR　　　行く .PF

　　　ama　　　caŋkʰa=a　　　**sʰoŋ**.
　　　母　　　　畑=DAT　　　　行く .PF

　　　「父は放牧に行った。母は畑に行った」

(618) ŋa　　　　**ma-sʰoŋ**.
　　　1SG　　　NEG- 行く .PF

　　　「私は行かなかった」

第 7 章　文法範疇　233

(619) *ŋa　　　　sʰoŋ.
　　　1SG　　　　行く .PF

　　「私は行かなかった」

**[2] 動詞の完了語幹に動詞語尾、助動詞、複合助動詞句などを後続させて
「完了・非継続」を表す場合**

　動詞の完了語幹に動詞語尾 -Ca「定着知」((620)，§7.3.1 参照)、助動
詞 =tʰa「現場観察」((621)，§7.3.2 参照)、=ni「確信（ウチ）」(§7.5.3 参
照)、=Zək「結果観察」((622)，§7.3.3 参照)、複合助動詞句 -nə jən「確信
（ウチ）」、-nə rel「確信（ソト）」((623)，いずれも §7.5.3 参照) などが付加さ
れて述語となることがある。ただし、これらの動詞語尾、助動詞、複合助動
詞句は完了を表す専用の形式というわけではなく、証拠性、ウチ / ソト、モ
ダリティを表す専用の形式である。完了を表しているのは、動詞の完了語幹
や副詞句、または文脈である。しかしながら、完了の意味を表す述語を形成
する際には、多くの場合、これらの要素を伴わないと述語としてすわりが悪
いようである。「完遂」を表す一連の助動詞 (§7.2.2 [3])、「動作の終結」を
表す動詞連続 (§7.2.2 [4]) の後にもこれらの要素が後続することが一般的
である。

　これらの否定形式は §6.5 で扱う。

(620) ŋi　　　　soŋbəm＝ma　　hti-a.
　　　1SG.ERG　著作 .HON＝DAT　見る .PF-EGO

　　「私は御著作を読んだ」

(621) kʰəga　　　joŋ＝tʰa.
　　　3SG.M　　　来る＝DE

　　「彼が来た」

(622) kʰəga　　　go＝o　　　　　sʰoŋ＝zək.
　　　3SG.M　　　門＝DAT　　　行く .PF＝IE

　　「彼は外に行ったようだ」

(623) ŋa　　　kʰahtsaŋ　　　**joŋ-nə**　　　**jən.**
　　　1SG　　　昨日　　　来る[-NMLZ　　　COP.S]AFF.S

　　　「私は昨日来た」

[3] 完遂

　当該時点での、ある動作や状態変化が(一旦)終わったことを明示する「完遂」を表す助動詞には、=toŋ, =taŋ, =ndzo, =Sʰoŋ (=sʰoŋ/=tsʰoŋ) がある。これらが動作動詞に後続する場合は、動詞の完了語幹に後続する。その他、存在動詞、コピュラ動詞に後続することもある。=toŋ は動詞「放つ」の未完了形、=taŋ は「放つ」の完了形、=ndzo は「行く」の未完了形、=Sʰoŋ (=sʰoŋ/=tsʰoŋ) は「行く」の完了形を語源とし、それぞれ語彙的な意味が薄れて接語化したものである。ただし、未完了、完了というアスペクト的な意味は接語化しても残っている。これらの助動詞を用いた述語は日本語の「〜てしまう」に近い意味をもつ。

　「完了形=toŋ」、「完了形=ndzo」は、「状態・属性」を表す動詞語尾 -Gə と共起して、習慣的に起こる事態(例は(624)(627)参照)や、現在の状態(例は(625))を表す例がみつかっている。「完了形=taŋ」、「完了形=Sʰoŋ」は、過去における完遂を表す例がほとんどである(例は(626)(628)参照)が、=Sʰoŋ を用いて未来における完遂を表す例も存在する(例は(629))。

　完遂を表す助動詞 =toŋ, =taŋ, =ndzo, =Sʰoŋ が[2]に示した動詞語尾、助動詞、複合助動詞句を伴って現れることもよくある((626)(628)(629)参照)。

　=toŋ, =taŋ は意志動詞に、=ndzo, =Sʰoŋ は無意志動詞に後続することが多いが、それだけでは説明できない例もある。それは「方向」(求心的、遠心的)に関わる事態である。この点からの考察については§7.6で詳しく行う。

(624)(「バターをちゃんとしまっておきなさい」という発話の後で)

ti	me＝na		tɕʰə＝kə	**si＝toŋ-gə.**
DEM	EXST.NEG＝COND		犬＝ERG	食べる.PF＝ACMP-EV

「そうしないと（＝しまわないと）、犬が食べてしまう」

(625) ŋi kʰəga **set＝toŋ＝na** **ndok-kə.**
1SG.ERG 3SG.M 殺す.PF＝ACMP＝COND 思う-EV

「私は彼を殺してしまいたい」

(626) kʰəgi kondzə **kon＝taŋ＝zək.**
3SG.M.ERG 服 着る＝ACMP＝IE

「彼は服を着た」

(627) ndə tʰoŋ＝taŋ＝na hta jeke
DEM 飲む＝ACMP＝COND 馬 みな

ɕə＝ndzo-gə.
死ぬ＝ACMP-EV

「これ（＝毒の水）を飲むと、馬はみんな死んでしまう」【TX4】

(628) tytsʰo **ngor＝sʰoŋ＝zək.**
時間 過ぎる＝ACMP＝IE

「時間が過ぎた」

(629) lo htɕək＝kə zək＝ni ando＝a
年 1＝GEN 後＝ABL PLN＝DAT

sʰoŋ＝na ta tʰaŋma zə＝a **wəs＝sʰoŋ＝zək.**
行く.PF＝COND FIL 回 4＝DAT 出る.PF＝ACMP＝IE

「1年後にアムドに行ったら、4回行ったことになる」

　習慣的に起こっている事態における完遂は、＝toŋ, ＝ndzo を用いなければ表すことはできないため、意味・機能がわかりやすい。しかし、過去の事態を表す例において、＝taŋ, ＝Sʰoŋ を用いた場合と用いない場合の意味の違いはわかりにくいことが多い。ただし、＝taŋ, ＝Sʰoŋ を用いた述語のほうが当該事態が完了していることがより明白であるという。(630)(a), (b)の例はいずれも、「私は本を読んだ」と訳すことのできる文である。完遂を

表す助動詞 ＝taŋ が後続している (a) の文は、完遂を表す助動詞の後続していない (b) の文に比べて、より、「読む」(動詞単独での意味は「見る」) という動作の完了を明示した表現となる。これらの文は日本語では訳しわけることは難しいが、(a) の方は「本を読み終わったのか？」(読み終わったかどうか、すなわち、動作を終えたかどうかをたずねている) という疑問文の答えとなる文である。この場合、必ずしも、その本を全て読み終わらなくてもよく、「読む」動作を一旦終えた場合にも用いることが可能である。(b) は「本を読んだのか？」(本を読むという動作をしたかどうか、すなわち、動作の種類をたずねている疑問文である) という疑問文の答えとなる文である。この 2 つの例文を比べると、(a) の方が、「本を読む動作を終えた」という「完遂」の意味がよりはっきりしているという。

(630) (a) ŋi　　　　　xitɕʰa＝a　　　　**hti＝taŋ-ŋa.**
　　　1SG.ERG　　本＝DAT　　　　見る.PF＝ACMP-EGO
　　　「私は本を読んだ」

　　(b) ŋi　　　　　xitɕʰa＝a　　　　**hti-a.**
　　　1SG.ERG　　本＝DAT　　　　見る.PF-EGO
　　　「私は本を読んだ」

　従属節中に ＝taŋ, ＝Sʰoŋ が現れる場合、特に「完遂」の意味が明確に現れることがある。(631) の例では、＝taŋ を用いた (a) の例は「字を書く」という動作の前に「読む」という動作が完了していることを意味するが、＝taŋ を用いない (b) の例では「読みながら」という付帯状況の意味になる。

(631) (a) ŋi　　　　　tsʰakpar＝a　　　**hti＝taŋ＝ŋi**
　　　1SG.ERG　　新聞＝DAT　　　　見る.PF＝ACMP＝SEQ

　　　jegi　　ʈi-nə　　　　　jən.
　　　手紙　　書く.PF[-NMLZ　COP.S] AFF.S
　　　「私は新聞を読み終わってから、手紙を書いた」

(b) ŋi　　　　　　　　tsʰakpar＝a　　　**hti**＝i

　　1SG.ERG　　　　　新聞＝DAT　　　見る.PF＝SEQ

　　jegi　　ʈi-nə　　　　　　　jən.

　　手紙　　書く.PF［-NMLZ　　COP.S］AFF.S

　　「私は新聞を読みながら、手紙を書いた」

[4] 動作の終結

　動作の終結のアスペクトは、後部要素 tsʰar「終わる」（§5.4.3 も参照）を用いた動詞連続で表す。後部要素 tsʰar「終わる」は動詞完了形に後続して、「〜し終わる／〜し終える」という動作の終結の局面を表す。

(632) kʰərgi　　　　　liɕa　　　ʈi　　　**tsʰar**＝sʰoŋ＝zək.

　　　3SG.M.ERG　　　宿題　　書く.PF　終わる＝ACMP＝IE

　　「彼は宿題をやり終えた」

(633) ŋi　　　　hlokhɳen＝na　　**hti**　　**tsʰar**＝sʰoŋ-ŋa.

　　　1SG.ERG　映画＝DAT　　　見る.PF　終わる＝ACMP-EGO

　　「私は映画を見終えた」

(634) ŋi　　　　kʰada　　**cel**　　**tsʰar**＝sʰoŋ-ŋa.

　　　1SG.ERG　話　　　話す　　終わる＝ACMP-EGO

　　「私は話を話し終えた」

[5] 結果状態

　結果状態とは、すでに完了した事態の結果が継続している状態を表す。結果状態のアスペクトは、存在動詞を用いた動詞連続「V jol」という形式で表す（§5.4.2 も参照）。

　V1 が動作動詞の場合には、動詞の完了形が現れる。(635)(a) が結果状態の例である。(635)(b) には比較のため、対応する「進行」の事態の例を示した。

(635) (a) hjəntsʰo＝ki   xitɕʰa＝a   **hti**   **jok-kə.**
       PSN＝ERG   本＝DAT   見る.PF   EXST-EV

「ユムツォは本を(すでに)読んでいる」(結果状態)

   (b) hjəntsʰo＝ki   xitɕʰa＝a   hta-gə
       PSN＝ERG   本＝DAT   見る.IPF[-SUF

jok-kə.
EXST-EV]PROG.EV

「ユムツォは本を読んでいる」(進行)

　結果状態、動作継続を表す jol は、(636)(a) のように「(ずっと)〜している」を表す動詞連続の後部要素 de(動詞「居る」の完了形)や、(637)(a) のように「〜しておく、〜してある」を表す動詞連続の後部要素 zek(動詞「置く」の完了形)と共起することが多い。動作継続とはある時点で開始した動作が継続して行われていることを表す。
　いずれも (b) には対応する進行の例を示した。

(636) (a) tɕʰi   ɬopdzoŋ   **ɕi**   **de**   **jo＝ni?**
       2SG.ERG   勉強   する.PF   居る.PF   EXST＝AFF.Q

「あなたはずっと勉強しているの(勉強し続けているの)？」(結果状態)

   (b) tɕʰi   ɬopdzoŋ   jek＝kə
       2SG.ERG   勉強   する.IPF[-SUF

jo＝ni?
EXST-EV]PROG.EV＝AFF.Q

「あなたは(今)勉強をしているの？」(進行)

(637) (a) ŋi   akʰə   hloʈi＝a   kʰada   **ji**
       1SG.ERG   おじさん PSN＝DAT   話   する.PF

zek   jo.
置く.PF   EXST

「私はロチおじさんに(すでに)話をしてある」(結果状態)

第 7 章　文法範疇　239

(b) ŋi　　　　　　akʰə　　hloʈi＝a　　　kʰada　jek-kə
　　1SG.ERG　　おじさん　PSN＝DAT　　話　　する.IPF[-SUF

jo.
EXST]PROG.EGO

「私はロチおじさんに（今）話をしている」（進行）

[6] 経験

　経験「〜したことがある」というアスペクトは、動作動詞（未完了形、完了形）または存在動詞、コピュラ動詞に、ŋoŋ「経験する」（§5.4.3 も参照）が続いた動詞連続で表す。過去の事態を表すことが多いが（(638)–(641) 参照）、未来の事態を表すこともできる（(642) 参照）。肯定形、否定形ともに、動詞未完了形を用いる場合と完了形を用いる場合で意味に違いはない（肯定形は (638)(639)、否定形は (645)(646) 参照）

(638) ŋa　　　　　ɬasʰa＝a　　　**ndzo**　　　ŋoŋ-ŋa.
　　　1SG　　　　PLN＝DAT　　行く.IPF　経験する-EGO

　　　「私はラサに行ったことがある」

(639) ŋa　　　　　ɬasʰa＝a　　　**sʰoŋ**　　ŋoŋ-ŋa.
　　　1SG　　　　PLN＝DAT　　行く.PF　経験する-EGO

　　　「私はラサに行ったことがある」

(640) kənga＝kə　ndʐarpen＝kə　　sama　　**si**
　　　PSN＝ERG　PLN＝GEN　　　食事　　食べる.PF

　　　ŋoŋ-nə　　　　　　　re.
　　　経験する[-NMLZ　　COP.O]AFF.O

　　　「クンガは日本料理を食べたことがある」

(641) ŋa　　　　　gegen　　**jən**　　**ŋoŋ**-ŋa.
　　　1SG　　　　教師　　COP.S　経験する-EGO

　　　「私は教師だったことがある」

(642) lo　　　htɕək=kə　　　　zək=ni　ando=a　　　sʰoŋ=na
　　　年　　　1=GEN　　　　　後=ABL　PLN=DAT　　　行く.PF=COND

　　　ta　　　tʰaŋma　zə=a　　**sʰoŋ**　　**ŋoŋ**=zək.
　　　FIL　　　回　　　4=DAT　行く.PF　経験する=IE

「1年後にアムドに行ったら、4回行ったことになる」

　経験を表す文では、有情物が主語になることが多いが、無情物が主語になることも可能である。その場合、基準時までにおける無情物の存在、状態変化を発話者の経験にもとづいて述べていることを表す（例は（643）（644））。

(643) wol=a　　　sʰangu　**joŋ**　　**ŋoŋ**=zək.
　　　PLN=DAT　地震　　来る　　経験する=IE

「チベットには地震が来たことがある」

(644) ndə=na　　　　tʰok+kʰaŋ　　　　**jo**　　**ŋoŋ**=zək.
　　　DEM=LOC　　　上+建物　　　　　EXST　経験する=IE

「（かつて）ここに建物があった」

　「経験がない」という否定の事態は、ŋoŋ に否定接頭辞 ma- を接続した ma-ŋoŋ で表す。

(645) ŋa　　　ɬasʰa=a　　　　**ndzo**　　　**ma-ŋoŋ**.
　　　1SG　　PLN=DAT　　　行く.IPF　　NEG-経験する

「私はラサに行ったことがない」

(646) hkep　　ti　　　ŋa　　ɬasʰa=a
　　　時　　　DEM　1SG　PLN=DAT

　　　sʰoŋ　　**ma-ŋoŋ**=zək.
　　　行く.PF　NEG-経験する=IE

「その時、私はラサに行ったことがなかった」

(647) go　　　　ndə　　　**ɕi**　　　**ma-ŋoŋ**＝zək.
　　　門　　　　DEM　　　開く　　　NEG- 経験する＝IE

　　「この門は開いたことがない」

7.3　証拠性（エヴィデンシャリティ）

　証拠性は、発話された内容に関する情報が何にもとづいているのかを明示する文法範疇である。アムド・チベット語の証拠性はまず、定着知、観察知、推量という 3 つの範疇に大別される。さらに観察知は、どの場面を知覚・観察したかによって、現場観察、結果観察、状態観察の 3 つに下位区分がなされ、それぞれ異なる形式で表現される。

　「定着知」、「観察知」という用語は、星（2003, 2010, 2016）が中央チベット語ラサ方言や古典チベット語に関して用いている用語である。これらは、そもそも発話者が当該の情報を把握しているか否かの違いを表す。「定着知」が「話し手にとって既に把握し、定着している知識」（同上）を表すのに対し、「観察知」は「話し手にとって観察・知覚して得た新しい知識」（星2003: 6）を表す。推量は、発話者が観察・知覚した事態や、もともともっている知識から推察した事態を表す。

　Aikhenvald（2004）では、「定着知」にあたるものは証拠性の一種としてとりあげられていないようである。しかしながら本書では、1）定着知は「話し手がすでにもっている知識」という情報源にもとづいて述べていることを表す表現であるので証拠性の一種であると解釈することが可能であり、2）定着知が観察知、推量と意味的に対立し、また共起不可能であるため、これらがひとつの体系をなしていると考えられることから、定着知を含めて、証拠性の体系として記述を行う。

　「定着知」、「観察知」という証拠性の対立は、モダリティの一種である「ウチ」、「ソト」（§7.4 参照）とは異なるものであるが、「状態」や「進行・習慣」を表す場合に「定着知」、「観察知」と「ウチ」、「ソト」が重なり合うという現象がみられる（§7.3.4 参照）。

証拠性を表す形式を表 61 にまとめ、例文を示す。

表 61　証拠性を表す形式一覧

意味・機能		形式	例文
定着知		状態動詞、存在動詞の語幹、(動作動詞の場合) 動詞語尾 -Ca (-pa/-na/-ŋa/-wa/-a)、助動詞 (句) -Gə jol, =Go	(648)(649)
観察知	現場観察	助動詞 =tʰa	(650)
	結果観察	助動詞 =Zək	(651)
	状態観察	動詞語尾 -Gə、複合助動詞句 -Gə jok-kə, =Go-kə	(652)(653)
推量		複合助動詞句 (=文末助詞) -Dzi rel (=ba)	(654)

(648) kʰəga　　　nde　　　　　**joŋ-ŋa.**
　　　3SG　　　　DEM.DAT　　来る -EGO

　　「彼はここに来る / 彼はここに来た」(彼が来る / 来た事実を発話者が
　　よく把握している、または、発話者自身が彼を来させた)

(649) kʰəga　　　nde　　　　　**joŋ-gə**　　　　**jo.**
　　　3SG　　　　DEM.DAT　　来る [-SUF　　　EXST] PROG.EGO

　　「彼はここに来つつある」(彼が来つつあることを発話者がよく把握し
　　ている、または、発話者自身が彼を来させた)

(650) kʰəga　　　nde　　　　　**joŋ=tʰa.**
　　　3SG　　　　DEM.DAT　　来る =DE

　　「彼はここに来た」(姿をみかけたり、足音を聞いたりして彼が来たこ
　　とに発話者が気づいた)

(651) kʰəga　　　nde　　　　　**joŋ=zək.**
　　　3SG　　　　DEM.DAT　　来る =IE

　　「彼はここに来た」(部屋の中に彼の持ち物が残されているという痕跡
　　を発話者が見た、または、彼が来たことを他の人から聞いた)

(652) kʰəga　　　nde　　　　　**joŋ-gə.**
　　　3SG　　　　DEM.DAT　　来る -EV

「彼は（いつも）ここに来る」（彼がいつもここに来ることを発話者が観察して知った）

(653) kʰəga　　　nde　　　　　　　**joŋ＝go-kə.**
　　　3SG　　　 DEM.DAT　　　　来る［＝PROG.S-EV］PROG.EV

「彼はここに来つつある」（彼が来つつあることを発話者が観察して知った）

(654) kʰəga　　　nde　　　　　　　**joŋ-dzi　　　　re.**
　　　3SG　　　 DEM.DAT　　　　来る［-NMLZ　　　COP.O］FUT.O

「彼はここに来るだろう」（観察・知覚した事態や自分のもっている知識から発話者が推察した）

7.3.1　定着知

　定着知は、「話し手にとって既に把握し、定着している知識」を表す。具体的には、以下のような事態に用いられる。発話者や発話者を含む集団に関わる事態については、定着知を用いるのが無標な表現である（例は (655) – (660)）。その他、発話者がもともとよく知っている事態（例は (661)）、発話者が動作者と親しい関係にあるなどでその人の行動をよく知っている事態（例は (662) – (664)）、または発話者が行わせた事態（例は (662) (664)）などを表す。

　動作動詞の肯定形は、動詞語尾 -Ca を伴うことで定着知の意味が表される（例は (655) (656) (661) – (664)）。-Ca は動作動詞の未完了形、完了形ともに接続可能である。-Ca は -pa/-na/-ŋa/-wa/-a という異形態をもつ。交替規則は表 80 に示す。状態動詞は、動詞語尾を伴わずに動詞語幹のみで用いられることで観察知と対立する [8]（例は (657) – (660)）。一部の環境において無標で現れ、動作動詞に -Ca という単純な形で後続することから、証拠性のうち、定着知がもっとも無標な表現であることがわかる。

　コピュラ動詞においてはそもそも定着知 / 観察知の区別は明瞭ではない。jən, rel ともに -Ca は後続せず、無標の形でも観察知と対立しないようである。おそらくウチ / ソトと定着知 / 観察知が意味的に近接した概念であるた

めと思われる。この点については §7.3.4 で扱う。コピュラ動詞に観察知の
形式が後続することがあるが、その場合、特殊な意味を表す（例は (711)）。

否定形式は (665) – (668) のように表す。

(655) ŋi   **çi-a**.
     1SG.ERG   知る -EGO

「私は知っている」（発話者がその事態をもともとよく知っていること
を意味する）

(656) ŋa   gegen   jeʈ＝ʈokko   jegi   ndə＝gi
     1SG   教師   する .IPF＝ANT   字   書く .IPF＝PUR

     del-a.
     居る .PF-EGO

「私は教師をしている間、字を書いていた（＝字を書く仕事をしていた）」

(657) ŋa＝a   xitcʰa   **jo**.
     1SG＝DAT   本   EXST

「私は本をもっている」

(658) dawa＝a   gormo   **jo**.
     PSN＝DAT   お金   EXST

「ダワ（＝発話者の娘）はお金をもっている」（自身の娘のことなのでよ
く把握している、または、発話者がお金をあげた）

(659) ŋa＝a   xitcʰa   **maŋ**.
     1SG＝DAT   本   多い

「私は本が多い」

(660) jə＝kə   sama   **ɕən**.
     家＝GEN   食事   おいしい

「家の食事はおいしい」

(661) ndi   tʰoŋ＝taŋ＝na   **dʐek-a**.
     DEM   飲む＝ACMP＝COND   満腹になる -EGO

「これを飲むと、お腹がいっぱいになるよ」

第 7 章　文法範疇　245

(662) kʰəga　　　go＝o　　**wəs＝sʰoŋ-ŋa.**
　　　3SG.M　　　門＝DAT 出る.PF＝ACMP-EGO

　　　「彼は出て行った」（発話者が彼と親しい関係にあるなどで彼の行動を
　　　よく知っている、または、発話者が彼を行かせた）

(663) ḍoma＝kə　**çi-a.**
　　　PSN＝ERG　知る-EGO

　　　「ドルマが知っている」（発話者がドルマと親しい関係にあるなどで彼
　　　女についてよく知っている、または発話者が彼女にその情報を教えた）

(664) ḍoma　　　ta　　　**joŋ-ŋa.**
　　　PSN　　　もう　　来る-EGO

　　　「ドルマはもう来る」（発話者がドルマと親しい関係にあるなどで彼女
　　　の行動をよく知っている、または、発話者が彼女を来させた）

(665) ŋi　　　**mə-çi.**
　　　1SG.ERG　NEG- 知る

　　　「私は知らない」

(666) ŋa　　　**ma-sʰoŋ.**
　　　1SG　　　NEG- 行く.PF

　　　「私は行かなかった」

(667) ŋa＝a　　　xitcʰa　　**mə-maŋ.**
　　　1SG＝DAT　本　　　　NEG- 多い

　　　「私は本が多くない」

(668) ŋa＝a　　　xitcʰa　　**me.**
　　　1SG＝DAT　本　　　　EXST.NEG

　　　「私は本をもっていない」

　「進行、習慣」を表す複合助動詞句 -Gə jol（短縮形 ＝Go）も定着知を表
し、これらの形式にさらに動詞語尾 -kə（-Gə の異形態の 1 つ）を接続した
形式 -Gə jok-kə, ＝Go-kə（§7.3.4）と定着知 / 観察知で対立する。
　-Gə jol（短縮形 ＝Go）は、発話者自身や発話者を含む集団に関する事態

（例は(669)）のみならず、発話者と親しい関係にあるなどでその人の行動を
よく知っている事態（例は(671)）、または発話者が行わせた事態（例は
(649)）についても用いられる。-Gə jol（短縮形 ＝Go）は、意志動詞のみに
後続する。無意志動詞には接続することができない（例は(670)）。

　否定形式は§6.5.3でも述べたように、複合助動詞句中の存在動詞を否定
形にすることで表す（例は(671)）。

(669) ŋi　　　　　xitcʰa＝a　　　　**hta-gə**　　　　　**jo.**
　　　1SG.ERG　　本＝DAT　　　　見る.IPF［-SUF　　EXST］PROG.EGO

　　　「私は本を読んでいる」（進行、習慣）

(670) *ŋi　　　　 ho　　**kʰu-gə**　　　　　**jo.**
　　　1SG.GEN　腹　　痛い［-SUF　　　　EXST］PROG.EGO

　　　「私はお腹が痛い」

(671) ɕilə　　　　hɲi-ka＝məndi　　ɬopʈa＝a　　　　**ndzo-gə**
　　　息子　　　2-NMLZ＝PP　　　学校＝DAT　　　行く.IPF［-SUF

　　　me.
　　　EXST.NEG］PROG.EGO

　　　「（うちの子供の中では）息子2人以外、学校に行っていない」（進行、
　　　習慣）

7.3.2　現場観察

　現場観察は、助動詞 ＝tʰa によって表される。現場観察とは、視覚、聴
覚、触覚、嗅覚、味覚などの各感覚によって発話者が事態を直接的に観察・
知覚したことを表す。＝tʰa は動詞 tʰal「去る」の語彙的意味が薄れて接語
化したものと考えられる。＝tʰa は動作動詞の完了形の他、状態動詞、存在
動詞に後続する。コピュラ動詞には後続しない。

　＝tʰa が動作動詞に接続する場合には、発話者以外の人や物の動作や状態
変化が起こったことを発話者が直接的に観察・知覚したことを表す。たとえ
ば、(672)は、足音を聞いたり、その姿をみかけたりして彼が来たことに気

づいた時の発話である。(673)は、ミルクが焦げたにおいに気づいて行った発話である。

=tʰa は、通常は発話者自身の意志的な動作には用いることができない。不注意で行った事態であっても、意志動詞には後続できず(例は(682)(a))、(682)(b)のように無意志動詞で表現する。

否定は、動詞に否定接頭辞を接続して表す(例は(674))。

(672) kʰəga   **joŋ＝tʰa.**
      3SG.M   来る＝DE

      「彼が来た」

(673) oma   **tsʰək＝tʰa.**
      ミルク   焦げる＝DE

      「ミルクが焦げた」

(674) kʰəga   **ma-joŋ＝tʰa.**
      3SG.M   NEG- 来る＝DE

      「彼は来なかった」

=tʰa が状態動詞に後続すると、発話者や発話者以外の人や物の状態変化が起こったことを発話者が直接的に観察・知覚したことを表す。(675)は、口にしたり、触ったりして、食べ物が冷たくなっているのに気づいた時の発話である。「状態・属性(観察知)」を表す動詞語尾 -Gə を用いて、tɕʰek-kə「冷たい」と言うと、状態変化ではなく、観察・知覚した単なる状態を表す。

(675) **tɕʰek＝tʰa.**
      冷たい＝DE
      「冷めた」

=tʰa が存在動詞に後続すると、どこにあるかわからないものを探してみつけた場合の発見を表す(例は(676))。

(676) gorkʰə   ndə＝na   **jot＝tʰa.**
　　 財布   DEM＝LOC   EXST＝DE

（鞄の中にある財布を探していて、やっとその財布をみつけた瞬間に）
「財布がここにあった」

　＝tʰa は、発話者以外の人や物を観察した事態を表す他、発話者自身の知
覚行為、心理活動、生理現象などの無意志的な行為、状態変化にも用いられ
る（例は (677) – (680)）。これらは、発話者の意志的行為ではないため、客
観的にその変化を確認することが可能であるからだと思われる。逆に、発話
者以外の人の知覚行為、体の内部の変化や、精神的な変化などは直接的に観
察できないため ＝tʰa を用いることはできない（例は (681)）。発話者の非意
図的な行為であっても意志動詞には後続できず（例は (682) (a)）⁹、(682) (b)
のように無意志動詞で表現しなければならない。

(677) ŋa   ɬasʰa＝ni   **htɕət＝tʰa.**
　　 1SG   PLN＝ABL   楽しい＝DE

「私はラサで楽しかった」

(678) ŋa   **tɕʰet＝tʰa.**
　　 1SG   疲れる＝DE

「私は疲れた」

(679) ŋa   **dʐek＝tʰa.**
　　 1SG   満腹になる＝DE

「私はお腹がいっぱいになった」

(680) ŋi   **ko＝tʰa.**
　　 1SG.ERG   わかる＝DE

「私はわかった」

(681) *{tɕʰo/kʰərga}   **tɕʰet＝tʰa.**
　　 2SG/3SG.M   疲れる＝DE

「あなたは疲れた / 彼は疲れた」

第 7 章 文法範疇　249

(682) (a) *ŋi　　　　　　sʰem＋tɕʰoŋ　　　ma-ji
　　　　1SG.ERG　　　心＋小さい　　　　NEG- する .PF

　　　　derma　**tɕek＝tʰa.**
　　　　皿　　　壊す＝DE

　　　　「私は注意せずに、皿を壊した」

　　(b) ŋi　　　　　　sʰem＋tɕʰoŋ　　　ma-ji
　　　　1SG.ERG　　　心＋小さい　　　　NEG- する .PF

　　　　derma　**tɕʰek＝tʰa.**
　　　　皿　　　壊れる＝DE

　　　　「私は注意せずに、皿が壊れた」

　発話者が直接的に観察した事態ではなくても、その情景を臨場感をもって
述べる場合には ＝tʰa を用いることができる。このような用法は、特に、物
語の語りの中でみられる。たとえば (683) は、実際に銃を撃った事態を発話
者自身が観察したわけではなく伝聞で聞いた話である。このような例は、臨
場感をもって述べるために、現場観察の形式が用いられているのだと考えら
れる。

(683) kʰə-ŋiki　　　tɕʰaritɕʰari　　**haŋ＝tʰa.**
　　　 3-DU.ERG　　 いくつか　　　　撃つ .PF＝DE

　　「彼ら 2 人が何発か撃った」【TX1】

7.3.3　結果観察

　発話者が動作や状態変化を直接的に観察せず、その結果や痕跡のみを見た
り、事態が起こったことを他の人から聞いたりして、その情報をもとに述べ
る場合には、＝Zək を用いて表す。＝Zək には ＝zək/＝tsək という異形態
がある。交替規則は付録 1 の表 85 に示した。＝Zək は、不定助詞 ＝zək
（§3.3.8 参照）と同源であると考えられる。助動詞 ＝Zək は動作動詞の完了
形の他、状態動詞、コピュラ動詞（ウチのみ）、存在動詞にも接続すること

ができる。

　まず、動作動詞の完了形に接続する例を示す。多くの場合は、発話者以外の人や物について、過去に当該の動作や状態変化があったということを述べるのに用いられる（例は (684) (685)）。(684) では、彼が部屋の中にいないという事実や、他の人から聞いた情報によって知ったことを表す。同じ例文で =tʰa を用いると、彼が出て行ったところを直接的に観察したことを表す。(685) の例は、久しぶりに会った友人の子供が以前に比べて大きくなっているのを見た時の発話である。発話者は子供が成長している過程を実際に見たわけではなく、成長した結果を見て述べていることを表している。

　「結果観察」は過去を表す専用の形式ではないが、必然的に過去の事態に用いられることが多い。ただし、(686) のように、未来の事態を表す例もある。

(684) kʰəga　　　　go=o　　**sʰoŋ=zək.**
　　　 3SG.M　　　 門=DAT　行く.PF=IE

　　　「彼は外に行ったようだ」

(685) ɕigi　　　　　lak　　　**tɕʰek=zək.**
　　　 非常に　　　 手　　　 成る=IE

　　　「非常に成長した」[10]

(686) lo　　htɕək=kə　　　　zək=ni ando=a　　　　　sʰoŋ=na　　　　　ta
　　　 年　　1=GEN　　　　　 後=ABL　PLN=DAT　　　　行く.PF=COND　　FIL

　　　 tʰaŋma　　 zə=a　　　**wəs=sʰoŋ=zək.**
　　　 回　　　　 4=DAT　　 出る.PF=ACMP=IE

　　　「1 年後にアムドに行ったら、4 回行ったことになる」

　=Zək がコピュラ動詞や存在動詞に後続すると、伝聞などの結果観察を通して知った、過去のある時点での状態を表す（例は (687)–(689)）。発話者が結果観察することのできない、物語上の事態についても =Zək を用いることが多い（例は (689)）。

(687) kʰəga   gegen   **jən＝zək.**
        3SG.M   教師   COP.S＝IE

        「彼は教師だったそうだ」

(688) ɖoma   jə＝na   **jot＝tsək.**
        PSN   家＝LOC   EXST＝IE

        「ドルマは家にいたそうだ」

(689) hnataŋma＝zək＝a   dzawo＝zək   **jot＝tsək.**
        昔＝INDF＝DAT   王様＝INDF   EXST＝IE

        「昔々、王様がいた」【TX2】

　発話者に関わる事態であっても、無意志的な行為を表す場合には、(690)のように助動詞＝Zək を用いることがある。(690) と同じ事態に、現場観察を表す＝tʰa を用いることも可能である。ただし、＝tʰa を用いた (677) の例と比べると、＝Zək を用いた例は、最近のことではなく、かなり以前に起こった事態について述べていることを表し、臨場感の欠けた表現となる。

(690) ŋa   ɬasʰa＝ni   **hteət＝tsək.**
        1SG   PLN＝ABL   楽しい＝IE
        「私はラサで楽しかった」

　否定形は動詞に否定接頭辞 ma- を接続させて表す（例は (691)）。

(691) kʰəga   **ma-joŋ＝zək.**
        3SG.M   NEG- 来る＝IE

        「彼は来なかったようだ」

7.3.4　状態観察

　状態観察とは、発話者や発話者以外の人や物の状態について、発話者が観察・知覚して得た情報をもとに述べるという証拠性の意味の他、発話者自身

に関わらないという、ウチ／ソトのソトの意味も表す。

　中央チベット語ラサ方言においては、「存在・存続」を表す述語動詞にˆyöö「定着知・自称モード」（「自称モード」とは本書における「ウチ」にあたる）、ˆyoo ˆree「定着知・他称モード」（「他称モード」とは本書における「ソト」にあたる）、ˆduu「観察知」の3系列があり、ˆduu は発話者が観察して得た事態の存在や事態の存続に特化して用いられるが（星 2003: 8–9）、アムド・チベット語の場合には、ˆyoo ˆree「定着知・他称モード」、ˆduu「観察知」のような分化がみられず、-Gə を用いた述語で両者に対応する内容を表すことが多い[11]。

　状態観察は、動詞語尾 -Gə で表される。-Gə には、-kə~-ki/-gə~-gi という異形態がある。母音 /ə/ と /i/ は自由変異である。§7.2.1［5］でも述べたように、この母音の違いは牧区方言と農区方言の違いに起因する。頭子音の交替規則は、§2.6.1 の表7、付録1の表79 に示した。

　-Gə は、状態観察という証拠性や、ウチ／ソトのソトの意味を表す他、「状態・属性」（§7.2.1［5］参照）というアスペクト的な意味も表す。

　-Gə は、存在動詞、状態動詞に後続することが多いが、動作動詞の未完了形にも後続する。コピュラ動詞には後続しない。

　まず、存在動詞に -Gə が接続した例をあげる。発話者が観察・知覚して知った事態（例は（692）–（694））を表したり、発話者が把握している事態を客観的に表現する場合に用いられる。（692）はこのどちらの意味も表すことができる。発話者がすでによく把握している定着知の事態は、-Gə を接続させない無標の形を用いる（例は（657）（658））。

（692）htopden＝na　　　　　xitcʰa　　**jok-kə.**
　　　 PSN＝DAT　　　　　　本　　　　EXST-EV

　　「トプデンは本をもっている」（観察して事態を知った、または、もともと把握していることを客観的に述べている場合。jo のみで定着知を表す例は、発話者と親しい関係にあるなどで発話者がよく把握している、または、発話者がその本をトプデンにあげた場合に用いられる）

第 7 章　文法範疇　253

(693) ŋi　　　　　　xitɕʰa　　　**jok-kə.**
　　　1SG.GEN　　　本　　　　EXST-EV

　　　(探していた本をみつけて)「私の本があった」

(694) xitɕʰa　　　　ndi＝na　　　**jok-kə.**
　　　本　　　　　DEM＝LOC　　EXST-EV

　　　「本がここにある / 本がここにあった」(他の人が置いた本について言
　　　及する場合や、他の人や自分が置いた本を探してみつけた際の発話)

　星(2010: 31)では、14 世紀のチベット文語における、定着知 / 観察知に
含まれるウチ / ソト(同研究では「自称モード / 他称モード」と呼ばれてい
る)の対立について述べている。星は、「観察知」のもつ、「他者を見つめる
まなざし」と「定着知」のもつ、「自分のものを開陳する」機能が、「客観的
な事実として語る(他称モード)」と「自分に関することを語る(自称モー
ド)」の対立を生み出すきっかけになったのではないかと述べている。通時
的考察からも証拠性とウチ / ソトに関連がみられることは非常に興味深い。
　次に、状態動詞に -Gə が接続した例をあげる。発話者が観察・知覚して
知った事態の他、もともと知っていることでも客観的に述べる場合(例は
(695)–(698))や、比較対象があるために相対化して述べている事態(例は
(697))などには、-Gə を後続させて表す。発話者がすでによく把握してい
る事態は、-Gə を接続させない無標の形(定着知の形式、§7.3.1 参照)を用
いる(例は (659) (660))。

(695) sama　　　　ndə　　　**ɕən-gə.**
　　　食事　　　　DEM　　おいしい -EV

　　　「この食事はおいしい」(「今食べて知った」、または、もともと把握し
　　　ているが客観的に述べている)

(696) kʰərga＝a　　　xitɕʰa　　　**maŋ-gə.**
　　　3SG.M＝DAT　　本　　　　多い -EV

　　　「彼は本が多い」(今観察した、または、もともと把握しているが客観

的に述べている）

(697) jə＝kə　　sama　　**ɛən-gə.**
　　　家＝GEN　　食事　　おいしい -EV

「家の食事はおいしい」（もともと把握しているが客観的に述べている。または、外食に比べておいしいという、他のものとの比較により相対化して述べていることが明示される。(660)のように定着知で表現することも可能である。観察知で表すとより客観性が増すという違いがある）

(698) tɕʰi　　　　ami　　sama　　**ɛən-gə.**
　　　2SG.GEN　　母 .GEN　食事　　おいしい -EV

「あなたのお母さんの食事はおいしい」（食べた後の発話、または、もともと把握しているが客観的に述べている。同じ事態を定着知で表現すると不自然になる）

　動作動詞に後続する場合も、-Gə を接続すると、発話者が観察・知覚して知った事態である場合や、もともと把握しているが客観的に述べている事態を表す（例は (699) – (702)）。

(699) kʰəga　　　nde　　　　**joŋ-gə.**
　　　3SG　　　　DEM.DAT　　来る -EV

「彼は（いつも）ここに来る」（彼がいつもここに来ることを発話者が観察して知った）

(700) ŋi　　　　ŋə　　　tə　　　**ɕi-gə.**
　　　1SG.ERG　人　　　DEM　　知る -EV

「私はその人を知っている」（その事態についてもともと知っていたわけではなく、発話直前にその事態について知った、または、もともと把握していたが客観的に述べている）

(701) kʰəgi　　　　　　**sa-gə.**
　　　3SG.M.ERG　　　　食べる .IPF-EV

「彼はよく食べる［＝彼は大食いだ］」（観察して知った、または、もともと把握していたが客観的に述べている）

(702) ḍoma＝kə   hjənjək   **çi-gə.**
　　　PSN＝ERG　英語　　　知る-EV

「ドルマは英語を知っている」

　否定形は動詞に否定接頭辞 mə- を接続させて表す。

(703) ḍoma＝kə   hjənjək   **mə-çi-gə.**
　　　PSN＝ERG　英語　　　知る-EV

「ドルマは英語を知らない」

　「進行・習慣」のアスペクトを表す複合助動詞句の定着知の形式とその短縮形、-Gə jol, ＝Go（§7.3.1 参照）に -Gə が接続した、-Gə jok-kə, ＝Go-kə という形も観察知を表す。(704)–(708) はいずれも発話者が観察・知覚した事態を表す。ただし、発話者が観察・知覚したことが明示されない事態であっても、発話者以外の人に関する「進行・習慣」を表す事態は -Gə jok-kə, ＝Go-kə で表す（例は (707)）。

(704) kʰərga   **hteək＝ko-kə.**
　　　3SG.M　　吐く［＝PROG.EGO-EV］PROG.EV

「彼は吐いている」

(705) ṭaci＝ki   hta   ŋo＝na   **ndok＝ko-kə.**
　　　PSN＝ERG　馬　　　買う.IPF＝COND　思う［＝PROG.EGO-EV］PROG.EV

「タシは馬を買いたがっている」

(706) hnem   **nbek＝ko-kə.**
　　　空　　　降る.IPF［＝PROG.EGO-EV］PROG.EV

「雨が降っている」

(707) kʰəgi   sama   sa-gə   **jok-kə＝ba.**
     3SG.M.ERG 食事   食べる.IPF［-SUF   EXST-EV］PROG.EV＝TAGQ
    「彼は食事をしているだろう」

　発話者に関わる事態の多くは、定着知（§7.3.1 参照）で表されるが、心理
活動、生理現象を表す事態は通常、状態観察で表現する（例は（708）（709））。

(708) ŋi   ngo   kʰu＝i   wək~wək~wək
     1SG.GEN   頭   病む＝SEQ   ONM-RDP-RDP

    dʑek＝ko-kə.
    する.IPF［＝PROG.EGO-EV］PROG.EV

    「私は頭が痛くてズキズキする」

(709) ŋi   ho   **kʰu＝go-kə.**
     1SG.GEN   腹   痛い［＝PROG.EGO-EV］PROG.EV

    「私はお腹が痛い」

　発話者に関わる状態を状態観察の進行・習慣で表す例がまれにみられる。
状態動詞は通常、「状態・属性（観察知）」を表す動詞語尾 -Gə を後続させ
るが、「進行・習慣（観察知）」を用いると、当該事態が「一時的な状態」で
あることを表す（例は（710））。

(710) ɬahlə＝a   tʰək＝ritʰatsʰo   ŋa   htɕek-htɕel＝a
     PSN＝DAT   会う＝TIME   1SG   恐れる -NMLZ＝DAT

    tɕʰoŋ＝go-kə.
    小さい［＝PROG.EGO-EV］PROG.EV

    「ラルに会った時、私は非常に小さかった」（一時的な状態）【TX4】

　状態観察の「進行・習慣（観察知）」は、コピュラ動詞 jən や存在動詞 jol
に後続すると、「記憶が定かでない事態」を表す（例は（711）（712））。

第 7 章　文法範疇　257

(711) ɬahlə　　　tə=ritʰatsʰo　　lo　　　tɕohŋa　ŋəçə
　　　PSN　　　　DEM=TIME　　年　　　15　　　20

　　　ti-mo=zək　　　　jən=go-kə.
　　　DEM-NMLZ=INDF　COP.S[=PROG.EGO-EV]PROG.EV

　　　「ラルはその時、15 歳か 20 歳くらいだったようだ」【TX4】

(712) çaŋdi=na　　　　　tɕʰangək=ki　　tɕʰəmtsaŋ
　　　PLN=LOC　　　　　PLN=GEN　　　家庭

　　　sʰəmdza=ra　　　tɕək　　jok=ko-ki.
　　　300=PP　　　　　少し　　EXST[=PROG.EGO-EV]PROG.EV

　　　「ヒャンディにチャングク出身者の家庭が 300 あまりあったようだ」
　　　【TX1】

　否定形式は、§6.5.3 でも述べたように、複合助動詞句中の存在動詞を否
定形にすることで表す（例は (713)）。

(713) hnem　　　nbek-kə　　　mek-kə.
　　　空　　　　降る.IPF[-SUF　EXST.NEG-EV]PROG.EV

　　　「雨が降っていない」

7.3.5　推量

　発話者が観察・知覚した事態や自分のもっている知識から推量した事態
は、「未完了・非継続（ソト）」を表す形式（§7.2.1[2] 参照）でもある -Dʑi
rel を用いて表す。-Dʑi rel は動作動詞の未完了形（例は (714)–(716)）の他、
状態動詞（例は (717)）、コピュラ動詞（ウチのみ）（例は (718)）、存在動詞
（例は (719)）に後続する。未来の事態の推量を表す例が多いが、現在の事態
の推量を表すこともある（例は (718)(719)）。

　-Dʑi rel は、文末助詞 =ba（=Ba の異形態の 1 つ）「同意要求、推量」と
共起することが多い。=Ba を用いると、-Dʑi rel だけを用いた場合（例は
(715)）よりも、確信の度合いが低くなる（例は (716)）。

否定形式は、§6.5.3 でも述べたように、複合助動詞句中のコピュラ動詞を否定形にすることで表す。

(714) kʰə-ɳika　　ndok=i　　　　**ndzo-dzi**　　　**re**.
　　　3-DU　　　伴う=SEQ　　　行く.IPF[-NMLZ　COP.O]FUT.O

　　　「彼ら2人は一緒に行くだろう」

(715) goŋmo　　ŋa　　**tɕaŋ-dzi**　　　**re**.
　　　夜　　　1SG　　寒い[-NMLZ　　　COP.O]FUT.O

　　　「夜に私は寒くなるだろう」

(716) goŋmo　　ŋa　　**tɕaŋ-dzi**　　　**re=ba**.
　　　夜　　　1SG　　寒い[-NMLZ　　　COP.O]FUT.O=TAGQ

　　　「夜に私はたぶん寒くなるだろう」

(717) torgoŋ　　kʰə-tsʰaŋ=na　　ŋə　　**maŋ-dzi**　　　**re**.
　　　今晩　　　3-NMLZ=LOC　　人　　多い[-NMLZ　　　COP.O]FUT.O

　　　「今晩、彼の家は人が多くなるだろう」

(718) ta　　　　ti　　　hkətɕʰenhtanakma-zaŋ=ki　　　　hpən
　　　INTJ　　　DEM　　PSN-HON=GEN　　　　　　　　　兄弟

　　　jən-dzi　　　　　**re=ba**.
　　　COP.S[-NMLZ　　　COP.O]FUT.O=TAGQ

　　　「さあ、それはクチェン・タナクマ様の兄弟であるのだろう」【TX1】

(719) har=a　　　　　sʰoŋ=na　　　　tsʰoŋ+kʰaŋ　　　**jot-tɕi**
　　　あちら=DAT　　行く.PF=COND　商売+建物　　　　EXST[-NMLZ

　　　raʔ?
　　　COP.O.Q]FUT.O

　　　「向こうに行ったら商店があるか？」

7.4 ウチ/ソト

　ウチ/ソトは、チベット諸語に広くみられる、叙述内容に対する発話者の態度を表す文法範疇である。当該の事態について、発話者が自分と関係が深いものとして述べるか否かを区別する。事態を自分と関係が深いものとして述べる場合は「ウチ」の形式が、自分と関係が深くないものとして述べる場合には「ソト」の形式が用いられる。

　ウチとソト(「内」と「外」)に関する議論は日本語においてもなされている(坪本他編 2009 他)。日本語では「ここ」(here)、「今」(now)、「私」(I)をダイクティック・センター(直示の中心)とする視点にもとづき、再帰代名詞の解釈や、感情・感覚述語や思考述語における主語の制限、その他の文法現象において、ウチとソト(「内」と「外」)という視点の違いが現れる。

　チベット諸語におけるウチ/ソトの対立も、このような、発話者＝私という当事者的な視点のあり方をもとにして現れるものと考えられる。

　チベット諸語の先行研究では、ウチ/ソトを証拠性の一部として扱うものが多くみられる(Delancey 2018, Hyslop 2018 参照)。ウチ/ソトを証拠性の一部として認めるか否かは、証拠性をどのように定義するかによっている。証拠性を知識へのアクセス(access to knowledge)として定義する場合にはウチ/ソトも証拠性に含まれるが、証拠性を事態の情報源(source of knowledge)として定義する場合には、ウチ/ソトは証拠性に含まれない。本書は後者の立場をとり、ウチ/ソトを認識のモダリティ[12]の一種として解釈している。したがって、ウチ/ソトは叙述内容に対する発話者の態度を反映しているもので、事態の情報源を示す証拠性とは区別される。

　ちなみに、Aikhenvald(2004: 127)では中央チベット語ラサ方言のウチ/ソトにあたる形式が証拠性のストラテジー(evidentiality strategy)として紹介されているが、この対立は証拠性によって表される意味に近似するものの、本質的には証拠性ではないと述べられている。

　ウチ/ソトと証拠性は本質的には異なるものの、意味的な近似性があり、それはアムド・チベット語にもみられる。証拠性でも述べたが、観察知のう

ち「状態観察」においてはウチ／ソトと証拠性の相関関係がみられる。具体的には、ウチ／ソトと定着知／観察知（状態観察）の対立が重なり合い、それぞれが同形式で表される（§7.3.4 参照）。

　なお、ウチのコピュラ動詞が 1 人称代名詞と、ソトのコピュラ動詞が 3 人称代名詞と共起しやすいため、一見、ウチ／ソトのコピュラ動詞が人称に対応しているようにみえるが、以下に示すような例文を観察すると、単に人称と対応しているわけではないことは明らかである。

　アムド・チベット語においてウチ／ソトの対立がみられるのは、コピュラ動詞の他、コピュラ動詞を含む複合助動詞句とそれらの短縮形である。ウチ／ソトの表す範囲は各形式によって若干異なる。以下では、コピュラ動詞、コピュラ動詞を含む複合助動詞句とそれらの短縮形にわけて、それぞれの形式の表すウチ／ソトについて考察を行う。ウチ／ソトと証拠性との共起制限については§7.4.3 で述べる。

7.4.1　コピュラ動詞

　コピュラ動詞のウチとソトを表す形式を表 62 に示す。コピュラ動詞は名詞類を補語とし、述語を形成する。

　rel の語幹末の /l/ は環境によって音の交替・脱落を起こす。頭子音も交替することがある（§2.6.2 参照）。

表62　ウチとソトのコピュラ動詞とそれらの派生形式

	肯定・平叙	否定・平叙	肯定・疑問	否定・疑問
ウチ	jən	mən	ə-jən	—
ソト	rel	ma-rel	ra, ə-ra, ə-rel	ma-ra

　以下、［1］ウチのコピュラ動詞、［2］ソトのコピュラ動詞に関する典型的な例を紹介する。ただし、ウチとソトのコピュラ動詞の使いわけは、発話者が発話時点で事態をどのようにとらえているかによるため、実際のテキストの中では使いわけのニュアンスがわかりにくいことも多い。コピュラ動詞におけるウチ／ソトの対立は特定の環境において中和する。それを［3］で扱う。

第7章　文法範疇　261

[1] ウチのコピュラ動詞

　ウチのコピュラ動詞は、発話者が事態を自分と関係が深いものとして述べる場合に用いられる。以下にそれぞれの例文を順にあげていく。

　発話者や、発話者を含む集団に関わる事態について述べる場合は、通常、ウチのコピュラ動詞を用いる（(720)–(722) 参照）。これらの事態でソトのコピュラ動詞を用いることも可能だが、その場合、聞き手の誤った判断に反対して、自分の主張をしたり、他のものと比べたりするなど、特に客観性を打ち出して述べているという特別なニュアンスが出る（(742)(743) 参照）。

(720) ŋa　　　　　hjəntsʰo　　　　　**jən.**
　　　1SG　　　　PSN　　　　　　　COP.S

　　　「私はユムツォだ」

(721) ŋə-zo　　　　wol　　　**jən.**
　　　1EXCL-PL　チベット　COP.S

　　　「私たちはチベット人だ」

(722) ŋə-zo　　　　dza　　　**mən.**
　　　1EXCL-PL　中国　　　COP.S.NEG

　　　「私たちは漢人ではない」

　発話者や発話者を含む集団に関する事態ではなくても、それが発話者と親しい関係にあるもの（家族、友人などの親しい人、発話者の所有物など）であれば通常、ウチのコピュラ動詞を用いる（(723)–(725) 参照）。

(723) ndəkmotsʰo　　　　　ŋi　　　　　　　ɕimo　　**jən.**
　　　PSN　　　　　　　　　1SG.GEN　　　娘　　　COP.S

　　　「ドゥグモツォは私の娘だ」

(724) kʰəga　　　　ŋi　　　　　　gegen　　**jən.**
　　　3SG.M　　　1SG.GEN　　　教師　　　COP.S

　　　「彼は私の教師だ」

(725) ndi　　　　　ŋi　　　　　　　　tytsʰo　　**jən.**
　　　DEM　　　　1SG.GEN　　　　時計　　　COP.S

　　「これは私の時計だ」

　発話者が決定したり、自分の意見として提示する事態にも、ウチのコピュラ動詞を用いる（(726)-(729) 参照）。これらの事態はソトのコピュラ動詞を用いて発話することも可能である。ただし、ソトのコピュラ動詞を用いた場合は、発話者が決定したり、主張する事態としてではなく、客観的事実を述べていることになる（(736)(737) 参照）。(729) は、発話者が「馬鹿ではない」という肯定的な評価を与え、聞き手を慰める時の発話である。

(726) tɕʰo　　　　tɕama　　**jən.**
　　　2SG　　　　炊事係　　COP.S

　　「あなたが炊事係だ」

(727) kʰə-tɕʰo　　　ḍaja　　**jən.**
　　　3-PL　　　　敵　　　COP.S

　　「彼らは敵だ」

(728) çə-dzo＝ta　　　　tɕʰo　　　**jən**＝mo.
　　　死ぬ -NMLZ＝PP　　2SG　　　COP.S＝RSN

　　「死ぬのはあなたなんだから」【TX1】

(729) tɕʰo　　　hlu　　**mən.**
　　　2SG　　　馬鹿　　COP.S.NEG

　　（発話者が肯定的な評価を与えることで、聞き手を慰めようとして）「あなたは馬鹿じゃない」

　発話者がよく把握していたり、作成のプロセスに関わっていたりする場合にも、ウチのコピュラ動詞を用いる（例は (730)(731)）。同じ内容の発話にソトのコピュラ動詞を用いると、逆に、発話者がそれほど把握していない、または、作成のプロセスに関わっていないことを表す（例は (740)(741)）。

第 7 章　文法範疇　263

(730) kori　　　ndi　　　cɘn-bo　　　　　　　**jɘn.**
　　　 パン　　　DEM　　おいしい -ADJVLZ　　COP.S

　　　「このパンは美味しい」（発話者が食べたことがあるので知っている、
　　　または、作成のプロセスに関わった）

(731) kori　　　tsʰa-ndi　　　　tsʰa-ndi　　　**jɘn.**
　　　 パン　　　熱い -ADJVLZ　　熱い -ADJVLZ　　COP.S

　　　「パンがあつあつだ」（発話者が食べたことがあるので知っている、ま
　　　たは、作成のプロセスに関わった）

　2 人称に関する疑問文は、ウチのコピュラ動詞を用いるのがより無標な表
現であるが、ソトのコピュラ動詞を用いることも可能である。(732) – (734)
の例では、(a) にはウチのコピュラ動詞を用いた例を、(b) にはソトのコピュ
ラ動詞を用いた例を示す。ウチのコピュラ動詞を用いると予測のない無標な
疑問文となるのに対し、ソトのコピュラ動詞を用いると、発話者が予測をし
て聞いているという意味になる。

(732) (a) tcʰo　　　wol　　　ɘ-**jɘn**?
　　　　　 2SG　　　チベット　Q-COP.S

　　　　　「あなたはチベット人か？」（無標な表現）

　　　(b) tcʰo　　　wol　　　ɘ-**re**?
　　　　　 2SG　　　チベット　Q-COP.O

　　　　　「あなたはチベット人か？」（発話者は聞き手が漢族ではないかな
　　　　　どと予測して聞いている）

(733) (a) tcʰo　　　sʰɘ　　　**jɘn**?
　　　　　 2SG　　　誰　　　COP.S

　　　　　「あなたは誰だ？」（無標な表現）

(b) tɕʰo   sʰə   **re**?
　　2SG   誰   COP.O

「あなたは誰だ？」（発話者は聞き手が誰であるか予測して聞いている）

(734) (a) tɕʰo   lo   tə   **jən**?
　　　　2SG   年   いくつ   COP.S

「あなたの年齢はいくつだ？」（無標な表現）

(b) tɕʰo   lo   tə   **re**?
　　2SG   年   いくつ   COP.O

「あなたの年齢はいくつだ？」（発話者は聞き手が 30 歳くらいではないかなどと予測して聞いている。または、以前の年齢を知った上で聞いている）

[2] ソトのコピュラ動詞

　ソトのコピュラ動詞は、発話者が事態を自分と関係が深いものとして述べているわけではない場合に用いられる。より客観的、一般的なこととして事態を述べているという態度が表明される。ソトのコピュラ動詞は、発話者や発話者を含まない集団、発話者と親しい関係にない人や物に関する事態について言及する際に用いられることが多い（(735)–(739)）。以下にそれぞれの例文を順にあげていく。

　たとえば、(736)(737) はそれぞれウチのコピュラ動詞を用いた (726)(729) に対応する例文である。ウチのコピュラ動詞を用いた (726) が「発話者が聞き手を炊事係に任命した事態」を表しているのに対し、ソトのコピュラ動詞を用いた (736) は発話者の決定いかんに関わらず「聞き手が炊事係である」という客観的事実を表す。またウチのコピュラ動詞を用いた (729) が「発話者が聞き手に対して『馬鹿ではない』という評価を与えている状況」を表しているのに対し、ソトのコピュラ動詞を用いた (737) は「客観的に判断して『馬鹿ではない』という状況」を表している。

(735) məga　　　　hmen-ba　　　　**re.**
　　　3SG.F　　　　薬 -NMLZ　　　　COP.O

　　　「彼女は医者だ」

(736) tɕʰo　　　　tɕama　　　**re.**
　　　2SG　　　　炊事係　　　COP.O

　　　「あなたは炊事係だ」

(737) tɕʰo　　　　hlu　　　ma-**re.**
　　　2SG　　　　馬鹿　　　NEG-COP.O

　　　「あなたは馬鹿じゃない」

(738)（話の登場人物について語っている場面で）

　　　tɕʰenhə　　　gomiʁantɕʰenbəm　　hɲi-ka　　　　nahtɕeʈ　　　　**ʈe.**
　　　PSN　　　　PSN　　　　　　　　2-NMLZ　　　誓い合った親友　　COP.O

　　　「チェンフとゴミ・ガンチェンブン 2 人は親友だ」【TX1】

(739)（占いの結果を述べている場面で）

　　　hjərihkalo-zaŋ＝ki　　wə　　　ti　　　　hkəɕokkʰantɕʰen-zaŋ＝ki
　　　PSN-NMLZ＝GEN　　息子　　DEM　　　PSN-HON＝GEN

　　　hʈəlhkə　　**re.**
　　　転生者　　COP.O

　　　「ユリカロ家の息子は、クショ・カンチェン様の転生者だ」【TX1】

(740) kori　　　　ndi　　　ɕən-bo　　　　　　　**re.**
　　　パン　　　　DEM　　おいしい -ADJVLZ　　COP.O

　　　「このパンは美味しい」

(741) kori　　　　tsʰa-ndi　　　　tsʰa-ndi　　　　**re.**
　　　パン　　　　熱い -ADJVLZ　　熱い -ADJVLZ　　COP.O

　　　「パンがあつあつだ」

　発話者に関わる事態であっても、聞き手の誤った判断に反対して、自分の主張をする時や、他のものと比べる時など、特に客観性を打ち出して述べる場合にはソトのコピュラ動詞を選択することがある。以下の例では、発話者

や発話者を含む集団に関する事態にソトのコピュラ動詞を用いている。
(721)では発話者を含む集団についてウチのコピュラ動詞を用いるのに対
し、(742)は、同じ事態についてソトのコピュラ動詞を用いている。ソトの
コピュラ動詞を用いた場合、聞き手は「このあたりにはチベット人は住んで
いない」と思っていることが前提となっており、その考えに反対して、発話
者が「自分がチベット人である。このあたりにもチベット人がいるのだ」と
いうことを客観性をもって述べることで、自分たちの存在を強く主張してい
ることが含意される。

(742) ŋə-zo   wol   **re.**
　　　1EXCL-PL　チベット　COP.O
　　　「私たちはチベット人だ」

　(743)の例も同様に、聞き手の誤った考えに反対して、自分の主張をする
場合にソトのコピュラ動詞が用いられている。

(743)（聞き手が発話者を漢人だと思って、「チベット語が上手ですね」と
　　　言った場合の返答）
　　　ŋa   wol   **re**＝mo.
　　　1SG   チベット人   COP.O＝RSN
　　　「私はチベット人だもの」

　自分の所有物には通常、ウチのコピュラ動詞を用いるが、他のものと比較
した上で相対化して述べる時にはソトのコピュラ動詞を用いる。ウチのコ
ピュラ動詞を用いた(725)は特に比較の対象は想定されていない発話である
のに対し、(744)の例は、不特定多数の時計がある中で発話者が自分自身の
時計を指して行った発話である。

(744) ndi　　　　　ŋi　　　　　　　　tytsʰo　　**re.**
　　　DEM　　　　1SG.GEN　　　　　時計　　　COP.O

　　　「これは私の時計だ」

　発話者自身に関することであっても、時間が経っていたり、夢の中の出来事である場合にはソトのコピュラ動詞を用いる（例は (745)(746)）。時間が経過していたり、夢の中で起こった事態は、発話者自身とは切り離してとらえることができ、客観性が高くなるためであると考えられる。

(745) ŋa　　　　　taŋma　　çək-ko　　　　　**re.**
　　　1SG　　　　昔　　　豊かだ -ADJVLZ　COP.O

　　　「私は昔金持ちだった」

(746) ŋi　　　　　　hɲilem＝ni　　　ŋa　　　dʑawo　**re.**
　　　1SG.GEN　　夢＝ABL　　　1SG　　王様　　COP.O

　　　「私の夢の中で私は王様だった」

[3] コピュラ動詞の中和

　コピュラ動詞に名詞化接辞、動詞語尾、助動詞、複合助動詞句、一部の接続助詞などが後続する場合、ウチのコピュラ動詞しか現れることができない。この場合、意味的にもウチ／ソトの対立が失われる。この現象をコピュラ動詞の中和 [13] と呼ぶ（例は (747)–(751)）。

(747) hnamla　　htiŋen　　{**jən-no**/*re-no}　　　　　　　çi,
　　　PSN　　　悪人　　　COP.S-NMLZ/COP.O-NMLZ　　知る

　　　「ナムラが悪いやつだと知り…」【TX1】

(748) ti　　　{**jən-dʑo**/*re-dʑo}　　　　　　catcʰoŋ
　　　DEM　　COP.S-NMLZ/COP.O-NMLZ　　PLN

　　　rakoŋma＝ki　　re.
　　　PLN＝GEN　　　COP.O

　　　「その出自は、シャチョンのラコンマだった」【TX1】

(749) hkətcʰenhtanakma-zaŋ＝ki　　hpən　　{jən-dzi

　　　 PSN-HON＝GEN　　　　　 兄弟　　　 COP.S［-NMLZ

　　　 re＝ba/　　　　　　　 ***ret-tɕi**　　　　　 **re＝ba}.**

　　　 COP.O] FUT.O＝TAGQ/　　 COP.O［-NMLZ　 COP.O] FUT.O＝TAGQ

　　　「クチェン・タナクマ様の兄弟であるのだろう」【TX1】

(750) dza　　　 {jən＝na/*re＝na}　　　　　　　 tagi　　　 ɕi

　　　 中国　　　 COP.S＝COND/COP.O＝COND　　 FIL　　　 劇.Ch.

　　　 re.

　　　 COP.O

　　　「漢語でいえば、『劇』である」【TX1】

(751) kʰəga　　　 ʈawa　　　 {jən＝nɖitʰatsʰo/ *reʈ＝ʈitʰatsʰo}　　　 ɬopdzoŋ

　　　 3SG.M　　　 僧侶　　　 COP.S＝TIME/COP.O＝TIME　　　　　　　 勉強

　　　 ma-ji＝zək.

　　　 NEG- する .PF＝IE

　　　「彼は僧侶である時に勉強しなかった」

7.4.2　コピュラ動詞を含む複合助動詞句とその短縮形

　コピュラ動詞を含む複合助動詞句とその短縮形の中で、ウチ/ソトの対立をもつものには、「未完了・非継続」、「確信」を表す形式がある。各形式を表63にまとめた。

表63　複合助動詞句とその短縮形におけるウチ/ソト

	未完了・非継続	確信
ウチ	-Dzi jən, -Dzi	-nə jən, ＝ni
ソト	-Dzi rel	-nə rel

　これらの各形式の意味・機能に関しては、「未完了・非継続」（§7.2.1［2］）、「確信」（§7.5.3）で詳しく述べたので、ここでは、ウチ/ソトに関する特徴的な現象のみを扱う。複合助動詞句における、ウチ/ソトに関しては、ウチの複合助動詞句が発話者または発話者を含む集団の「意志的な行為」しか表

第 7 章　文法範疇　269

すことができないという点が特徴的である（例は (752)(753)）。無意志の事
態については表すことができない（例は (754)(755)）。

(752) ŋə-tɕo　　　　ndzo-**dzi**.
　　　1EXCL-PL　行く .IPF-FUT.S

　　　「私たちは行こう」

(753)（自分が来た理由を述べる場面で）

　　　kʰu　　　　　　　tɕʰo　　　hlo　　　ndə＝gi
　　　1SG.LOG.M.ERG　2SG　　智慧　　聞く＝PUR

　　　wi-**nə**　　　　　　　**jən**.
　　　呼ぶ .PF[-NMLZ　　　COP.S]AFF.S

　　　「私は智恵を聞くためにあなたを呼んだのだ」【TX1】

(754) *ŋa　　　　kʰu-**dzi**.
　　　 1SG　　　病む -FUT.S

　　　「私は病気になる」

(755) *ta　　　　ŋa　　　lo　　　tɕʰi-**nə**　　　**jən**.
　　　 もう　　　1SG　　年　　大きい[-NMLZ　　COP.S]AFF.S

　　　「もう私は年寄りだから」

　　ソトのコピュラ動詞については、意志動詞以外にも後続可能である（例は
(756)(757)）。

(756) ŋa　　　　kʰu-**dzi**　　　　**re**.
　　　1SG　　　病む[-NMLZ　　　COP.O]FUT.O

　　　「私は病気になるだろう」

(757) kʰəga　　　ŋaŋ　　　tɕʰi-**nə**　　　　**re**.
　　　3SG.M　　名声　　大きい[-NMLZ　　COP.O]AFF.O

　　　「彼は有名なのだ」

7.4.3 ウチ／ソトと証拠性の共起制限

　コピュラ動詞と証拠性を表す形式は多くの場合、共起不可能である。共起できたとしても、ウチの形式しか現れることができず、ウチ／ソトは中和していると考えられる。なお、コピュラ動詞を含む複合助動詞句とその短縮形は、証拠性を表す形式と共起することはできない。

　以下、証拠性を表す各形式とコピュラ動詞の共起について示す。

　「定着知」を表す動詞語尾 -Ca（-pa/-na/-ŋa/-wa/-a）はコピュラ動詞とは共起できない。

　「観察知」を表す助動詞 ＝tʰa はコピュラ動詞とは共起できない。

　「結果観察」を表す助動詞 ＝Zək はウチのコピュラ動詞のみに後続可能である（例は（687））。

　「状態観察」を表す動詞語尾 -Gə、複合助動詞句 -Gə jol（その短縮形 ＝Go）はコピュラ動詞とは共起できない。-Gə jok-kə、＝Go-kə はウチのコピュラ動詞のみに後続可能である（例は（711））。

　「推量」を表す複合助動詞句 -Dzi rel はウチのコピュラ動詞のみに後続可能である（例は（718））。

7.5　モダリティ

　モダリティは、動詞連続、助動詞（句）、文末助詞によって表される。動詞連続によって表されるモダリティには「必要、義務」、「許容」がある。助動詞（句）によって表されるモダリティには「確信」がある。文末助詞によって表されるモダリティには「情報提供」、「同意要求」、「念押し」、「強意」、「理由、遺憾」、「勧誘」がある。これを表 64 に一覧として示す。

表 64　モダリティを表す各形式一覧

形式	意味（略号）
V go	必要、義務
V ŋen	許容

-nə jən（短縮形＝ni）	確信、ウチ（AFF.S）
-nə rel	確信、ソト（AFF.O）
＝ja	情報提供（INFM）
＝Ba（＝pa/＝ba）	同意要求、推量（TAGQ）
＝Go（＝ko/＝go）	念押し（EMP）
＝Ra（＝ra/＝ʈa）	強意（EMP）
＝mo	理由、遺憾（RSN）
＝ri	勧誘（CHR）

7.5.1　必要、義務

　動詞連続の後部要素 go「要る」は、動詞の未完了形、または存在動詞、コピュラ動詞に後続し、「～しなければならない」という必要、義務のモダリティを表す。否定形は、(760) のように、後部要素 go「要る」に否定接頭辞を付加して表す。動詞連続については §5.4.2 を参照。

(758) ŋa 　　　　hmen＋kʰaŋ＝ŋa 　　　　ndzo 　　　　**go**-gə.
　　　1SG 　　　　薬＋建物＝DAT 　　　　行く .IPF 　　　　要る -EV

　　　「私は病院へ行かなくてはいけない」

(759) kʰəgi 　　　lihka 　　　li 　　　**go**-gə.
　　　3SG.M.ERG 仕事 　　　つくる 　　　要る -EV

　　　「彼は仕事をしなくてはいけない」

(760) ŋi 　　　　sama 　　　li 　　　**mə-go**-gə.
　　　1SG.ERG 　　食事 　　　つくる 　　　NEG- 要る -EV

　　　「私は食事をつくる必要はない」

7.5.2　許容

　動詞連続の後部要素 ŋen「してもよい」は、動詞の未完了形、または存在動詞、コピュラ動詞に後続し、「(法律や宗教、慣習、倫理的な理由で許されて)～してもよい」という許容のモダリティを表す。否定形は、(762) のよ

うに、後部要素 ŋen「してもよい」に否定接頭辞を付加して表す（§5.4.2 参照）。

(761) ndə   sa   **ŋen-gə**.
　　　DEM　　　食べる　　してもよい -EV

「これは食べてよい」

(762) tcʰo   nde   joŋ   **mə-ŋen-gə**.
　　　2SG　　　DEM.DAT　　来る　　NEG- してもよい -EV

「あなたはここに来てはいけない」

7.5.3　確信

　確信のモダリティを表す助動詞（句）には、ウチの形式として名詞化接辞 -nə とコピュラ動詞の組み合わせによる -nə jən（とその短縮形である助動詞 ＝ni）、ソトの形式として -nə rel がある。いずれも名詞化接辞 (-nə) とコピュラ動詞 (jən, rel) で構成されており、構成、機能ともに日本語の「ノダ」と似ている。

　これらの形式は、発話者が事態を確信している心的状況を表す。最初から事実を知っているために確信している、状況を見て確信をもった、決めつけている、など様々な場合がある。理由説明、一般的な道理、自然の摂理などを述べる場合にも用いられる。文の全体または一部に焦点をあてることもある。

　ウチの形式とソトの形式の相違点としては、ウチの形式が意志動詞にのみ後続し、発話者（とそれを含む集団）の意志的な行為しか表すことができないことがあげられる。ソトの形式にはそのような制限がない。

[1]「確信」を表すウチの形式

　確信を表すウチの形式である -nə jən と短縮形 ＝ni は、動作動詞の未完了形、完了形どちらにも後続可能であるが、意志動詞にしか後続しない。この形式はテンスに関与せず、発話者あるいは発話者を含む集団、発話者と関係が深い人物の意志的な行為を表す。-nə jən と短縮形 ＝ni は、発話者がよ

く知っていることを確信をもって述べたり、説明したりするのに用いる。主に、発話者あるいは発話者を含む集団、発話者と関係が深い人物について述べる場合に使われる（例は（766））。

(763) ŋa   kʰahtsaŋ   tɕʰaptɕʰa＝a   sʰoŋ＝**ni**.
     1SG   昨日   PLN＝DAT   行く.PF＝AFF.S

（「昨日はどこに行ったのだ？」という質問に対する答えとして）「私は昨日チャプチャに行った」

(764) ŋa   kʰahtsaŋ   joŋ-**nə**   **jən**.
     1SG   昨日   来る［-NMLZ   COP.S］AFF.S

（「あなた帰って来たの？」、「いつ帰ってきたの？」という質問に対する答えとして）「私は昨日来た」

(765) kʰo   ʂok＝a   nbək＝ki   joŋ-**nə**
     1SG.LOG.M   命＝DAT   出す.IPF＝PUR   来る［-NMLZ

jən.
COP.S］AFF.S

（自分が来た理由を述べる場面で）「私は命を差し出しに［＝降服に］来たのだ」【TX1】

(766) ndi   ŋaŋ＝ŋa   dehtɕəl＋tʰaŋ   tak-**nə**
     DEM   名前＝DAT   幸福＋平原   つける［-NMLZ

jən.
COP.S］AFF.S

（発話者の父の行為について説明的に述べる場面で）「（私の父は）この（平原の）名前を『幸福平原』とつけた」【TX1】

　-nə jən（短縮形 ＝ni）と -Ca「定着知」（§7.3.1）はともに、発話者や発話者を含む集団に関わる事態について述べるのに用いる。これら2つの助動詞（句）のミニマルペアを以下に示す。-nə jən を用いた（767）の例は「あなた帰って来たの？」、「いつ帰ってきたの？」という質問の答えに用いる。一

方、-Ca を用いた (768) の例は単に事実を述べる場合に用いる。

(767) ŋa   kʰahtsaŋ   joŋ-**nə**   **jən**.
     1SG   昨日   来る[-NMLZ   COP.S]AFF.S

「私は、昨日来た」(「あなた帰って来たの？」、「いつ帰ってきたの？」
という質問に対する答え)

(768) ŋa   kʰahtsaŋ   **joŋ-ŋa**.
     1SG   昨日   来る -EGO

「私は、昨日来た」(単に事実を述べている)

「確信」を表す形式は、文の一部に焦点をあてる場合に用いられることが
ある。(769) の例では、kʰahtsaŋ「昨日」、kʰinənbar「一昨日」の部分に焦点
があたっている。比較のため、(770) に「確信」を表す形式を用いない同様
の例を示した。(770) の例は、ŋa kʰahtsaŋ ma-joŋ.「私は昨日来なかった」
と kʰinənbar joŋ-ŋa.「一昨日来た」の 2 文を続けて発話すると不自然な発話
になるという。この例中の ŋa kʰahtsaŋ ma-joŋ.「私は昨日来なかった」とい
う発話は、kʰahtsaŋ「昨日」に焦点を当てているわけではなく、「昨日来た」
という事態全体を否定しているため、kʰinənbar joŋ-ŋa.「一昨日来た」と続
けると不自然なのだと思われる。

(769) ŋa   kʰahtsaŋ   joŋ-**nə**   **mən**.
     1SG   昨日   来る[-NMLZ   COP.S.NEG]AFF.S

     kʰinənbar   joŋ-**nə**   **jən**.
     一昨日   来る[-NMLZ   COP.S]AFF.S

「私は昨日来たのではない。一昨日来たのだ」

(770) ʔŋa   kʰahtsaŋ   ma-joŋ.
     1SG   昨日   NEG- 来る

     kʰinənbar   joŋ-ŋa.
     一昨日   来る -EGO

「私は昨日来なかった。一昨日来た」

[2]「確信」を表すソトの形式

　「確信」を表すソトの形式である -nə rel は、ウチの形式と同様、動作動詞の未完了形、完了形に後続し、テンスに関わらず用いられる。ウチの形式と異なるのは、意志動詞、無意志動詞どちらにも後続し、存在動詞（例は(772)）、コピュラ動詞（例は(778)）にも後続できる点である。-nə rel を用いると、表される事態を発話者が自分の側の事態として述べておらず、より客観的に、確信をもって発話していることを表す。説明（例は(771)(772)）、一般的な道理（例は(773)）、自然の摂理（例は(774)）を述べる場合によく用いられる。

(771) kʰəga　　　repkoŋ=ŋa　　　sʰoŋ-**nə**　　　　**re**.
　　　3SG.M　　　PLN=DAT　　　行く.PF[-NMLZ　COP.O]AFF.O

　　　「彼はレプコンへ行ったのだ」

(772)（レティン王の裕福さを説明する発話中で）

　　　dzawo　　　reɖaŋ-zaŋ=ŋa　　　ndzo-mo
　　　王　　　　PSN-HON=DAT　　　ゾ-NMLZ

　　　nbəm=zək　　　jo-**nə**　　　　　**re**.
　　　10万=INDF　　　EXST[-NMLZ　　COP.O]AFF.O

　　　「レティン王にはゾモが10万頭ほどいたくらいなのだ」【TX1】

(773) ça　　　tsʰa-ndi　　　je-**nə**　　　　**re**=ja.
　　　肉　　　温かい-ADJVLZ　する.IPF[-NMLZ　COP.O]AFF.O=INFM

　　　「肉は温めるものだよ」

(774) ŋəma　　　çer+çok=ni　　　çer-**nə**　　　　**re**.
　　　太陽　　　東+方向=ABL　　昇る[-NMLZ　　COP.O]AFF.O

　　　「太陽は東から昇る」

　「確信」を表すウチの形式と同様、文中の一部に焦点をあてることもある。

(775) の例では、kʰahtsaŋ「昨日」、teraŋ「今日」の部分に焦点があたっている。

(775) kʰəga   kʰahtsaŋ   joŋ-nə   **ma-re.**
　　　3SG.M   昨日   来る［-NMLZ   NEG-COP.O］AFF.O

　　　teraŋ   joŋ-**nə**   **re.**
　　　今日   来る［-NMLZ   COP.O］AFF.O

「彼は昨日来たのではない。今日来たのだ」

　発話者や発話者に近い人に関わる事態であっても -nə rel を用いることがある。特に、発話者自身のライフ・ヒストリーを語る場合など、自分自身の行為を客観的なものとして表現する場合に用いられるようである（例は (776)(777)）。(766) と (776) は、発話者の父の功績について述べた場面での発話である。ソトのコピュラ動詞を用いた (776) よりも、ウチのコピュラ動詞を用いた (766) のほうが、発話者がその人についてよく知っているという含意があることを表す。

(776) ndi   ŋaŋ = ŋa   dehtɕəl + tʰaŋ   tak-**nə**
　　　DEM   名前 = DAT   幸福 + 平原   つける［-NMLZ

　　　re.
　　　COP.O］AFF.O

「（私の父は）この（平原の）名前を『幸福平原』とつけた」((766) の一部を変えた作例)

(777) ta   ŋi   tək   ɕamtsa   tak-**nə**   **re.**
　　　INTJ   1SG.ERG   毒   たくさん   する［-NMLZ   COP.O］AFF.O

「それで私はたくさん苦労をしたのだ」[14]【TX1】

　(778)–(780) は、意志的に行うことのできない事態であるため (tʰəp「できる」は無意志動詞)、このような事態には、「確信」を表すウチの形式は用

第7章　文法範疇　277

いられない。

(778)（共産党に降伏しに来た発話者が、その理由を説明する場面で）

kʰo　　　　　　　lokhtɕol-tɕen　　{jən-**nə**　　　　**re/**
1SG.LOG.M　　　謀反 -NMLZ　　　COP.S[-NMLZ　　COP.O]AFF.O/

*jən-**nə**　　　　　　jən}.
　COP.S[-NMLZ　　　COP.S]AFF.S

「私は謀反人なのだ」【TX1】

(779) ŋi　　　　　ŋə＝a　　har＝a　　　　tək　　hku
1SG.ERG　　人＝DAT　あちら＝DAT　　毒　　使う

{tʰəp-**nə**　　　**ma-re/*tʰəp-nə**
できる[-NMLZ　　NEG-COP.O]AFF.O/ できる[-NMLZ

mən}.
COP.S.NEG]AFF.S

「私は他人に苦労をかけることはできないのだ」【TX1】

(780) ta　　　　　ŋa　　　lo　　　{tɕʰi-**nə**
もう　　　　1SG　　年　　　大きい[-NMLZ

re/*tɕʰi-nə　　　　　　　　jən}.
COP.O]AFF.O/ 大きい[-NMLZ　　　COP.S]AFF.S

（「休みましょう」と聞き手に言った後で）「もう私は年寄りだから」
【TX1】

　-nə rel の否定形式には、コピュラ動詞を否定形にした V-nə ma-rel と、動詞に否定接頭辞を付加し、-nə rel を後接させた ma-V-nə rel がある。V-nə ma-rel が文の一部の要素を否定するのに対し、ma-V-nə rel は事態全体を否定するという違いがみられる場合もある。たとえば、(781)(a) は「寺」に行ったのではなく、「他の場所」（「職場」など）に行ったことを含意しているのに対し、(781)(b) は「妻が寺に行った」という事態全体を否定している。

(781) (a) gemo　　ti-rit^hats^ho　　　　gonpa＝a　　　　s^hoŋ-nə

　　　　妻　　　　DEM-TIME　　　　寺＝DAT　　　　行く.PF［-NMLZ

ma-re.

NEG-COP.O］AFF.O

「妻はその時、寺に行ったのではない（他のところに行ったことを含意）」

　(b) gemo　　ti-rit^hats^ho　gonpa＝a　ma-s^hoŋ-nə　　　　　　re.

　　　　妻　　　　DEM-TIME　寺＝DAT　NEG- 行く.PF［-NMLZ　COP.O］AFF.O

「妻はその時、寺に行かなかった」

7.5.4　文末助詞によるモダリティ

　この他、文末助詞によって様々なモダリティが表される。各文末助詞の形と意味の種類を表65に一覧として示す。疑問を表す文末助詞は§6.4.2に示す。

表 65　文末助詞一覧

文末助詞	意味（略号）
＝ja	情報提供（INFM）
＝Ba（＝pa/＝ba）	同意要求、推量（TAGQ）
＝Go（＝ko/＝go）	念押し（EMP）
＝Ra（＝ra/＝ʈa）	強意（EMP）
＝mo	理由、遺憾（RSN）
＝ri	勧誘（CHR）

[1]＝ja「情報提供」

　文末助詞 ＝ja は、発話者が、聞き手の知らない情報を提供する場合に用いられる。

第 7 章　文法範疇　279

(782) ta　　　　　tsʰar＝sʰoŋ＝zək＝**ja**.
　　　INTJ　　　終わる＝ACMP＝IE＝INFM

　　　「さあ、（お話は）終わったよ」

(783) ŋi　　　　　dzəntsʰen　　　jeke　　　çi＝**ja**.
　　　1SG.ERG　　理由　　　　　みな　　　知る＝INFM

　　　「私は理由をみな知っているよ」

(784) ta　　　　　tɕək　　　ma-zaŋ＝zək＝**ja**.
　　　INTJ　　　少し　　　NEG- 良い＝IE＝INFM

　　　「少しうまくいかなかったんだよ」【TX2】

[2]＝Ba「同意要求、推量」

　文末助詞 ＝Ba には、＝pa/＝ba という異形態がある。交替規則は表 93 に示す。発話者の見解について聞き手に同意を求める場合（例は（785）–（787））や、事態を推量する場合（例は（788））に用いられる。

(785) ta　　　　　sama　　　si＝na　　　　　　hŋa＝sʰoŋ＝zək＝**ba**.
　　　今　　　　　食事　　　食べる .PF＝COND　早い＝ACMP＝IE＝TAGQ

　　　「今、食事をとったら早すぎるでしょ」

(786) ndi　　　　　tɕʰi　　　　　ama　　　re＝**ba**.
　　　DEM　　　　2SG.GEN　　　母　　　COP.O＝TAGQ

　　　「この人、あなたのお母さんでしょ」

(787) ti-mo＝zək＝ta　　　　　jot-tɕi
　　　DEM-NMLZ＝INDF＝PP　　EXST [-NMLZ

　　　ma-re＝**ba**.
　　　NEG-COP.O] FUT.O＝TAGQ

　　　「そんなものはあるわけないでしょ」

(788) goŋmo　　　ŋa　　　tɕaŋ-dzi　　　　re＝**ba**.
　　　夜　　　　　1SG　　寒い [-NMLZ　　COP.O] FUT.O＝TAGQ

　　　「夜に私はたぶん寒くなるだろう」

[3]＝Go「念押し」

　文末助詞 ＝Go には、＝ko/＝go という異形態がある。交替規則は表 94 に示す。発話者が発話直後に行う行為や、すでに行った行為について、聞き手に念押しして述べていることを表す（例は（789）（790））。命令形に接続する場合は、聞き手に行為を促す、より丁寧な命令を表す（例は（791）–（793））。否定命令文の例もある（例は（794））。

(789) ŋa　　　　ndzo＝**go**.
　　　1SG　　　行く .IPF＝EMP

　　「私は行くよ」

(790) ŋi　　　　si＝taŋ-nə　　　　　　　　　re＝**go**.
　　　1SG.ERG　食べる .PF＝ACMP[-NMLZ　　　COP.O]AFF.O＝EMP

　　「私が食べたんだよ」

(791) dok＝**ko**.
　　　いる .IMP＝EMP

　　「いてください / 待ってください」

(792) sʰoŋ＝**go**.
　　　行く .IMP＝EMP

　　「行ってください」

(793) so＝**go**.
　　　食べる .IMP＝EMP

　　「食べてください」

(794) ma-ndzo＝**go**.
　　　NEG- 行く .IPF＝EMP

　　「行かないでください」

[4]＝Ra「強意」

　文末助詞 ＝Ra には、＝ra/＝ʈa という異形態がある。交替規則は表 95 に示す。発話者や発話者を含む集団の未来における意志的な行為を表す（例は

（795）（796））。命令形に接続すると、よりぞんざいな命令を表す（例は（797）
−（799））。

（795）ə-ŋiki　　　　　　　　tɕək　　　tiensə＝a　　　　　hta＝**ra**.
　　　　1INCL-DU.ERG　　　少し　　テレビ.Ch.＝DAT　見る.IPF＝EMP

　　　「私たちはちょっとテレビを見てみようよ」

（796）ŋa　　　　　naŋhka　　　　　ndəkmotsʰo-tsʰaŋ＝ŋa　　ndzo＝**ra**.
　　　　1SG　　　　明日　　　　　　PSN-NMLZ＝DAT　　　　　行く.IPF＝EMP

　　　「私は明日ドゥグモツォの家に行こう」

（797）sʰoŋ＝**ra**!
　　　　行く.IMP＝EMP

　　　「行けよ！」

（798）ɕoʈ＝**ʈa**!
　　　　話す.IMP＝EMP

　　　「話してよ！」

（799）so＝**ra**!
　　　　食べる.IMP＝EMP

　　　「食べてよ！」

[5] ＝mo「理由、遺憾」

　　文末助詞 ＝mo は、もともとは、理由、逆接を表す従属節をつくる接続
助詞として用いられていたものが、文末で「〜だけど、〜なのに」のような
言いさしとして使われるようになったものである [15]。「理由」（例は（800）−
（802））や、「遺憾」（例は（803）（804））を表す。

（800）ŋi　　　　　ɕet-tɕi　　　　　zi＝na　　　　　tɕʰok-kə＝**mo**.
　　　　1SG.ERG　　話す-FUT.S　　　言う＝COND　　　してもよい-EV＝RSN

　　　「私が話すというなら話してもいいけど」【TX1】

(801) dʑawo　　　tsənmo　　re＝**mo**,　　　　tɕʰo.
　　　王様　　　　お后　　　COP.O＝SFP　　　　2SG

　　「王様のお后ですから、あなたは」 16【TX2】

(802) tɕʰi-tɕʰo　 ti-mo　　　　nenba-taktak　　　re＝**mo**.
　　　2-PL　　　DEM-NMLZ　　悪者 -PP　　　　COP.O＝RSN

　　「あなたたちはそんな悪者ばっかりなんだもの」 17【TX3】

(803) tɕʰo　　　ti-mo＝zək　　　　　re＝**mo**.
　　　2SG　　　DEM-NMLZ＝INDF　　COP.O＝RSN

　　「あなたはそんなやつだもんな」【TX3】

(804) tɕʰə＋ntɕʰek　　　tʰoŋ　go-nə　　　　　mən＝**mo**.
　　　水＋冷たい　　　　飲む　要る [-NMLZ　　COP.S.NEG] AFF.S＝RSN

　　「冷水を飲んではいけないのに」

[6]＝ri「勧誘」

　文末助詞 ＝ri は、動詞の未完了形に接続して、聞き手を勧誘する場合に用いる。主語は文中に現れないことが多い。1 人称包括形（双数、複数）が行為主体となる。1 人称双数または複数の除外形は主語になれない。

(805) ə-ŋika　　　go＝o　　　　　ndzo＝**ri**?
　　　1INCL-DU　門＝DAT　　　行く .IPF＝CHR

　　「私たち 2 人、外に行きましょうか？」

(806) ə-tɕi　　　　　　　sama　　sa＝**ri**?
　　　1INCL-PL.ERG　　　食事　　食べる .IPF＝CHR

　　「私たち食事をとりましょうか？」

(807) ə-ŋika　　ndi＝ni　　　　htsok＝**ri**?
　　　1INCL-DU　DEM＝ABL　　座る＝CHR

　　「私たちここに座りましょうか？」

7.6 方向

§7.2.2[3]では「完遂」を表す助動詞 =toŋ, =taŋ, =ndzo, =Sʰoŋ（＝sʰoŋ/=tsʰoŋ）について述べた。=toŋ は動詞「放つ」の未完了形、=taŋ は「放つ」の完了形、=ndzo は「行く」の未完了形、=Sʰoŋ（＝sʰoŋ/=tsʰoŋ）は「行く」の完了形を語源とし、それぞれ語彙的な意味が薄れて接語化したものである。

=toŋ, =taŋ は意志動詞に、=ndzo, =Sʰoŋ は無意志動詞に後続する傾向があるが、それだけでは説明できない例もある。それらの例の多くは「方向」（求心的、遠心的）に関わる事態である。以下ではこの「方向」について説明を行う。

無意志動詞であるにも関わらず、=toŋ, =taŋ が後続する場合があったり、逆に、意志動詞であるにも関わらず =ndzo, =Sʰoŋ が後続する場合がある。それらのほとんどは、「方向」に関わる事態である。

「方向」を示す場合の中心となるのは発話者または行為者である。方向には「発話者や発話者を含む集団、または行為者に近づく」求心的な方向と、「発話者や発話者を含む集団、または行為者から離れていく」遠心的な方向の2種類がある。求心的な方向は =toŋ, =taŋ を用いて表し、遠心的な方向は =ndzo, =Sʰoŋ を用いて表す。ここでいう「方向」には、[1]「物理的な方向」だけでなく、[2]「メタファー的な方向」も含まれる。[1]「物理的な方向」については、[1–1]空間の移動、[1–2]発生と消滅、[2]「メタファー的な方向」については、[2–1]意識・記憶、[2–2]感情、[2–3]身体におこる現象、[2–4]想定を超えた事態、にわけて述べる。まれに =toŋ, =taŋ と =ndzo, =Sʰoŋ どちらも使用可能で、方向に関わらない場合もある。それについては[3]で述べる。

方向に関わる使いわけは主動詞の語彙的な意味によって行われるものである。以下に示すような方向に関わる意味を表す動詞以外については、主に意志、無意志で使いわけられる。その使いわけについては、Ebihara（2009c）でも詳しく扱っている。

[1] 物理的な方向

[1-1] 空間の移動

　空間的に「発話者や発話者を含む集団に近づく」求心的な事態には、＝toŋ, ＝taŋ を用いる。「発話者や発話者を含む集団から離れていく」遠心的な事態には、＝ndzo, ＝Sʰoŋ を用いる。

　動詞 hep「いらっしゃる」は「行く / 来る」の敬語形である。日本語と同様に、アムド・チベット語でも、敬語において「行く / 来る」の方向が中和する。動詞 hep「いらっしゃる」に ＝toŋ, ＝taŋ が後続すると「発話者や発話者を含む集団に近づく」事態を表す（(808) を参照）。動詞 hep「いらっしゃる」に ＝ndzo, ＝Sʰoŋ が後続すると「発話者や発話者を含む集団から離れていく」事態を表す（(809) を参照）。(808), (809) は、「レプコンから」や「レプコンへ」という副詞が共起しなくても、hep＝taŋ「来られた」や hep＝sʰoŋ「行かれた」だけで、前述した方向を表す。

　助動詞 ＝ndzo, ＝Sʰoŋ は、発話者以外の誰か（何か）が発話者から離れる事態を表す場合によく用いる（例は (809) – (813)）。これらの例文では、助動詞 ＝toŋ, ＝taŋ を用いることはできない。(811) – (813) に対応する、発話者に向かって飛んで来る事態は通常、助動詞 ＝toŋ, ＝taŋ を用いるのではなく、joŋ「来る」という動詞を用いた動詞連続で表わす（例は (814) – (816)）。まれに、助動詞 ＝ndzo, ＝Sʰoŋ を用いて、行為者同士が離れる事態を表すこともある（例は (817)）。

(808) alak　　　　　repkoŋ＝ni　　　　nde
　　　 高僧　　　　　PLN＝ABL　　　　DEM.DAT

　　　 hep＝**taŋ**＝zək.
　　　 行く / 来る .HON＝ACMP＝IE

　　　 「高僧がレプコンからここに来られた」

(809) alak　　　　　repkoŋ＝ŋa　　　　hep＝**sʰoŋ**＝zək.
　　　 高僧　　　　　PLN＝DAT　　　　行く / 来る .HON＝ACMP＝IE

　　　 「高僧がレプコンへ行かれた」

第 7 章　文法範疇　285

(810) ɕa　　　　pʰər=**sʰoŋ**=zək.
　　　鳥　　　　飛ぶ=ACMP=IE

　　「鳥が飛んだ」

(811) ɕa　　　　pʰər=**ndzo**-gə.
　　　鳥　　　　飛ぶ=ACMP-EV

　　「（脅かすと）鳥が飛んでいってしまう」

(812) ŋi　　　　awa　　　hkaŋtsa=a　　　ʈi=**sʰoŋ**=zək.
　　　1SG.GEN　父　　　　PLN=DAT　　　逃げる.PF=ACMP=IE

　　「私の父はカンツァに逃げた」

(813) kʰəga　　　go=o　　　　　wəs=**sʰoŋ**=zək.
　　　3SG　　　　門=DAT　　　　出る.PF=ACMP=IE

　　「彼は外に出て行った」

(814) ɕa　　　　pʰər=i　　　　joŋ=zək.
　　　鳥　　　　飛ぶ=SEQ　　　来る=IE

　　「鳥が飛んできた」

(815) kʰəga　　　ʈi=i　　　　　joŋ=zək.
　　　3SG　　　　逃げる.PF=SEQ　来る=IE

　　「彼は（私の所へ）逃げてきた」

(816) kʰəga　　　wə　　　　joŋ=zək.
　　　3SG　　　　出る.PF　来る=IE

　　「彼は出てきた」

(817) kʰə-tɕo　　　tʰor=**sʰoŋ**=zək.
　　　3-PL　　　　離婚する=ACMP=IE

　　「彼らは離婚した」

[1–2] 発生と消滅

　「生まれる」、「生じる」など「発生」を表す事態には ＝toŋ, ＝taŋ を用いる（例は (818)–(820)）。この場合、＝ndzo, ＝Sʰoŋ を用いることはできない。
　「無くなる」、「亡くなる」などの「消滅」を表す事態には＝ndzo, ＝Sʰoŋ

を用いる（例は(821)–(824)）。これらの場合、＝toŋ, ＝taŋ を用いることは
できない。

(818) ŋa   lək＝kə   lo＝a   htɕi＝**taŋ**＝zək.
     1SG   羊＝GEN   年＝DAT   生まれる＝ACMP＝IE

     「私は未年に生まれた」

(819) dewa   ndə＝ni   alak   tʰoŋ＝**taŋ**＝zək.
     村   DEM＝ABL   高僧   生まれる.HON＝ACMP＝IE

     「この村で高僧がお生まれになった」

(820) ŋa＝a   tontak＝zək   ɕoŋ＝**taŋ**＝zək.
     1SG＝DAT   用事＝INDF   生じる＝ACMP＝IE

     「私は用事ができた」

(821) ʈaɕi-tsaŋ＝kə   adza   kʰahtsaŋ   mes＝**sʰoŋ**＝zək.
     PSN-NMLZ＝GEN   父   昨日   EXST.NEG＝ACMP＝IE

     「タシさんちのお父さんは昨日亡くなった」

(822) ŋi   gormo   tsʰar＝**sʰoŋ**＝zək.
     1SG.GEN   お金   終わる＝ACMP＝IE

     「私のお金が尽きた」

(823) sama   kʰo＝ni   zə＝**sʰoŋ**＝zək.
     ご飯   腹＝ABL   消化する＝ACMP＝IE

     「食べ物がお腹で消化された」

(824) tɕʰu   tək   tʰoŋ＝taŋ＝na   çə＝**ndʐo**-gə.
     2SG.ERG   毒   飲む＝ACMP＝COND   死ぬ＝ACMP-EV

     「あなたは毒を飲んだら、死んでしまう」

[2]メタファー的な方向

　メタファー的な方向については、[2–1]意識・記憶、[2–2]感情、[2–3]
身体におこる現象、[2–4]想定を超えた事態、にわけて述べる。

第 7 章　文法範疇　287

[2-1] 意識・記憶

　意識が戻ったり、なにかを思い出したりする事態には ＝toŋ, ＝taŋ を用いる。(825) は思い出す例である。この場合、＝ndzo, ＝Sʰoŋ を用いることはできない。逆に、意識や記憶を失う事態には ＝ndzo, ＝Sʰoŋ を用いる。この場合には ＝toŋ, ＝taŋ を用いることはできない。(826) は意識を失う例であり、(827) は記憶を忘却する例である。

(825) ŋi　　　　　gegen＝ki　　　　ŋaŋ　　　jel＝a　　　　çer＝**taŋ**＝tʰa.
　　　1SG.ERG　　教師＝GEN　　　名前　　心＝DAT　　浮かぶ＝ACMP-EGO

　　　「私は教師の名を思い出した」

(826) ŋa　　　　　lok＝na　　　　　hŋə＝**ndzo**-gə.
　　　1SG　　　　横になる＝COND　眠る＝ACMP-EV

　　　「私は横になると、眠ってしまう」

(827) ŋi　　　　　kʰərgi　　　　　　ŋaŋ　　　dzes＝**sʰoŋ**＝zək.
　　　1SG.ERG　　3SG.GEN　　　　名前　　忘れる＝ACMP＝IE

　　　「私は彼の名を忘れた」

[2-2] 感情

　動詞のうち、発話者、感情の主体の感覚を表す事態は、無意志の事態であるにも関わらず、＝ndzo, ＝Sʰoŋ ではなく、＝toŋ, ＝taŋ を用いる。感情の対象は与格で表示する。これらの事態には、＝ndzo, ＝Sʰoŋ を用いることはできない。

(828) ŋa　　　　　ŋo　　　　tsʰa＝**taŋ**＝tʰa.
　　　1SG　　　　顔　　　　熱い＝ACMP＝DE

　　　「私は恥ずかしかった」

(829) ŋa　　　　　tɕʰo＝o　　　　　ga＝**taŋ**＝tʰa.
　　　1SG　　　　2SG＝DAT　　　好く＝ACMP＝DE

　　　「私はあなたのことが好きになった」

(830) ŋa   tɕʰə＝a   htɕek＝**taŋ**＝tʰa.
      1SG   犬＝DAT   怖い＝ACMP＝DE

      「私は犬が怖かった」

(831) ŋa   sʰən＝**taŋ**＝tʰa.
      1SG   飽きる＝ACMP＝DE

      「私は退屈した」

(832) kʰəga   sʰən＝**taŋ**＝tʰa.
      3SG   飽きる＝ACMP＝DE

      「彼は退屈した」

[2-3] 身体におこる現象

　病気や痛み、空腹感、満腹感などの感覚が発話者や行為者にふりかかってくる事態には ＝toŋ, ＝taŋ を用いる（例は (833) – (837) を参照）。病気が身体から離れていく事態、すなわち「病気が治る」事態については、＝ndzo, ＝Sʰoŋ を用いる（例は (838) (839) を参照）。

(833) hmen   ma-tʰoŋ＝na   kʰu＝**toŋ**＝gə.
      薬   NEG- 飲む＝COND   病む＝ACMP-EV

      「薬を飲むと治ってしまう」

(834) kʰəga   kʰu＝**taŋ**＝zək.
      3SG   病む＝ACMP＝IE

      「彼は病気になった」

(835) ŋa   ngoji   kʰor＝**taŋ**＝tʰa.
      1SG   目眩   回る＝ACMP＝DE

      「私は目眩がした」

(836) ŋi   howa   ri＝**taŋ**＝tʰa.
      1SG.GEN   胃   張る＝ACMP＝DE

      「私のお腹が張った」

第7章　文法範疇　289

(837) ŋa　　　htok=**taŋ**=tʰa.
　　　1SG　　腹がすく＝ACMP＝DE

　　　「私はお腹がすいた」

(838) hmen　　tʰoŋ=taŋ=na　　　　　ʈek=**ndzo**=gə.
　　　薬　　　飲む＝ACMP＝COND　　治る＝ACMP-EV

　　　「薬を飲むと治ってしまう」

(839) kʰəga　　ʈek=**sʰoŋ**=zək.
　　　3SG　　　治る＝ACMP＝IE

　　　「彼は治った」

[2-4] 想定を超えた事態

　状態動詞に助動詞 ＝Sʰoŋ を後続すると、発話者の想定の範囲を超えた事態を表す。以下の (840) (a)、(841) (a) は助動詞 ＝Sʰoŋ を用いない例である。これらの例は、単なる状態を表す。(840) (b)、(841) (b) のように、助動詞 ＝Sʰoŋ を後続すると、それが発話者が想定していた範囲を超えている、「～すぎる」という意味を表す。

(840) (a) ʨa　　　dək-no　　　maŋ-gə.
　　　　　茶　　　そそぐ-NMLZ　多い-EV

　　　　「お茶をそそいだのが多い」

　　　(b) ʨa　　　dək-no　　　　　　　maŋ=**sʰoŋ**=zək.
　　　　　茶　　　そそぐ.IPF-NMLZ　　多い＝ACMP＝IE

　　　　「お茶をそそいだのが多すぎた」

(841) (a) ta　　　sama　　si=na　　　　　hŋa-gə.
　　　　　今　　　食事　　食べる.PF＝COND　早い-EV

　　　　「もうご飯を食べたら早い」

　　　(b) ta　　　sama　　si=na　　　　　hŋa=**sʰoŋ**=zək=ba.
　　　　　今　　　食事　　食べる.PF＝COND　早い＝ACMP＝IE＝TAGQ

　　　　「今ご飯を食べたら早すぎるでしょ」

[3] 意味が変わらないと思われる場合

＝toŋ, ＝taŋ と＝ndzo, ＝Sʰoŋ どちらを用いても意味が変わらないと思われる場合もある。「知覚」や「可能」を表す場合である。(842)–(845)は「知覚」を表す場合である。それぞれの例文で助動詞＝toŋ, ＝taŋ と＝ndzo, ＝Sʰoŋ を用いることができる。＝toŋ, ＝taŋ を用いた場合と＝ndzo, ＝Sʰoŋ を用いた場合の違いはみつかっていない。

(842) ŋi   {ko＝**taŋ**-ŋa/ko＝**sʰoŋ**-ŋa}.
      1SG.ERG   わかる＝ACMP-EGO/ わかる＝ACMP-EGO

      「私はわかった」

(843) kʰərgi   {ko＝**taŋ**＝zək/ko＝**sʰoŋ**＝zək}.
      3SG.ERG   わかる＝ACMP＝IE/ わかる＝ACMP＝IE

      「彼はわかった」

(844) ŋi   {çi＝**taŋ**＝tʰa/çi＝**sʰoŋ**＝zək}.
      1SG.ERG   知る＝ACMP＝DE/ 知る＝ACMP＝IE

      「私は知った」

(845) kʰəgi   {çi＝**taŋ**＝tʰa/çi＝**sʰoŋ**＝zək}.
      3SG.ERG   知る＝ACMP＝DE/ 知る＝ACMP＝IE

      「彼は知った」

(846)は「可能」を表す例である。助動詞＝taŋ を用いた場合と助動詞＝Sʰoŋ を用いた場合の違いは現段階ではみつかっていない。

(846) kʰəgi   ndzarpen＝kə   sama   li
      3SG.ERG   PLN＝GEN   食事   つくる

      {tʰəp＝**taŋ**＝zək/tʰəp＝**sʰoŋ**＝zək}.
      できる＝ACMP＝IE/ できる＝ACMP＝IE

      「彼は日本食をつくることができた」

注

1 ただし、ギャイ・ジャブ氏によると、未完了語幹に -Dʑi jən または -Dʑi が後続すると発話者が自身の決定を明確に述べた表現になるのに対し、語幹のみで終わる場合は、決定を明確には述べていないことを表すこともあるという。例えば、ŋa ndzo-dʑi（1SG 行く .IPF-FUT.S）が明確に「私は行く」という決定を伝える文であるのに対し、ŋa ndzo（1SG 行く .IPF）は「私は行く（が、それでもよいか？）」という許可を乞うニュアンスがあるという。

2 torgoŋ「今晩」を伴わなくても「未完了・非継続」を表すことができる。

3 ロチ・ギャンツォ氏の発話では、短縮形の -Dʑi が名詞化接辞と同形であるため、-Dʑi が -Dʑi jən の短縮形であることがわかりにくい。しかし、ギャイ・ジャブ氏の発話では、-Dʑi jən に相当するものが -ɟə jen、短縮形が -ɟi で発話される。このような方言差を参照し、本書では -Dʑi を -Dʑi jən の短縮形として扱う。

4 そのため、グロスでは FUT と表記している。

5 ギャイ・ジャブ氏によると、-Dʑi が後続する場合には、文末の上昇イントネーションを伴って、「私たち行こうか？」という、聞き手の意志をたずねる疑問文となる。

6 自分の意志で「仮病になる」という意味であっても、この例文は使用できない。

7 hnem nbep（空 降る .IPF）「空が降る」とは、「雨が降る」という意味の慣用句である。

8 アムド・チベット語の中でも方言によって、状態動詞にも -Ca が接続したり（Sung Kuo-ming and Lha byams rgyal 2005: 167–168）、動作動詞でも無標で現れたりする（Sun 1993）。

9 ただし、この現象にも方言差があり、同様の例が Sun（1993）では発話可能な例文として記述されている。

10 lak tɕʰek（手 成る）「成長する」は慣用句の一種である（§5.4.1 参照）。

11 ˆyoo ˆree「定着知・他称モード」に相当する内容が複合助動詞句 -nə rel「確信（ソト）」で表されることもある。

12 Tournadre（2017: 96）はチベット諸語におけるウチ／ソトにあたるものを evidential/epistemic system（E/E system）, Tribur（2017: 368）は epistemic modality であるという見解を示している。特に後者は本書の立場に近い。

13 「中和」は本来は、音韻的な対立が失われる場合に用いられる用語であるが、本書では、形式や意味の対立が失われるという意味でこの用語を用いる。

14 tək tak（毒 する）とは「苦労する」という意味の慣用句である。

15 ＝mo は「理由、逆説」の従属節をつくるが、副詞節の中で用いられる例は少な

いため、§8.3では例をとりあげていない。たとえば、mərga ɬoma re＝mo tcʰaŋ tʰoŋ ŋen-nə ma-re. (3SG.F 学生 COP.O＝RSN 酒 飲む してもよい[-NMLZ NEG-COP.O] AFF.O)「彼女は学生だから、酒を飲んではいけない」といった例がある。

16 お后がまさかそんなことをするわけがない、という意味が含意される。

17 悪者ばかりだからひどいことが起こったのだ、という意味が含意される。

第8章　複文

　複文とは、2つ以上の節からなる文である。具体的には1つ以上の従属節
と1つの主節からなる。アムド・チベット語の従属節には名詞節、名詞修
飾節、副詞節がある。多くの従属節は主節に比べて、節内に現れる証拠性、
ウチ／ソト、モダリティの対立がみられないことや、それらの種類に制限が
ある。

　英語などの言語で等位節で表すような事態はアムド・チベット語では2文
にわけて表すため、等位節は認められない。「父は放牧に行き、母は畑に
行った」という事態は（847）のように表す。

(847) adza　　　　sok　　　 ts^{h}o＝gə　　　　　　　　 s^{h}oŋ.
　　　父　　　　　家畜　　　放牧する.IPF＝PUR　　　　行く.PF

　　　ama　　　　 caŋk^{h}a＝a　　　　　 s^{h}oŋ.
　　　母　　　　　畑＝DAT　　　　　　 行く.PF

　　　「父は放牧に行った。母は畑に行った」

　言語によっては従属節と等位節の中間的な特徴をもつ等位従属節（co-
subordination, Foley and Van Valin 1984）が存在する言語もある。従属節と等
位従属節は埋め込みであるかどうかが識別基準となるが、アムド・チベット
語では埋め込みの有無を判断するのは困難なことが多いため、本書ではあえ
てわけず、全て従属節であると考える。

8.1 名詞節

名詞節とは、名詞化接辞である -no（§4.1.1 [13] 参照）を伴った節である。-no は形態的には直前の要素に接続しているが、構造的、意味的には節全体にかかっている。名詞節は、文中で、名詞（句）と同等の機能をもつ。

§7.4.1 [3] でも述べたが、名詞節中においてもコピュラ動詞の中和がおこる。以下では、名詞節中の動詞の活用と、名詞節の統語的機能について述べる。

8.1.1 名詞節中の動詞の活用形

名詞節中の述語となる動詞の活用形について説明を行う。名詞節は、名詞節全体が名詞節中の述語の項となるものとそうではないものにわけられる。それぞれの場合で、名詞節中の述語の活用形の意味、機能が異なる。

[1] 名詞節全体が名詞節中の述語の項となるもの

名詞節全体が名詞節中の述語の項となる場合、節内の動詞が自動詞であるか他動詞であるか、他動詞である場合は未完了形と完了形の形態的な区別があるかないかによって、節全体の表す意味が異なる（命令形は名詞節中には現れない）。

[1–1] 名詞節中の動詞が自動詞の場合

自動詞に -no が後続すると、名詞節は自動詞の動作者を表す。未完了形と完了形は、主節の事態より名詞節の事態が先に起こるか（例は (848)(a)）、後に起こるか（例は (848)(b)）によって使いわけられる。このように、主節の事態成立時を基準とする事態成立の時の違いを相対テンスと呼ぶ。活用の違いがない場合には、先に起こる場合と後に起こる場合のどちらも表すことができる（例は (849)）。

第 8 章　複文　295

(848) (a) səlaŋ＝ŋa　　　　ndzo-**no**　　　　ŋi　　　　　　mə-çi-gə.
　　　　　　PLN＝DAT　　　　行く.IPF-NMLZ　　1SG.ERG　　　NEG- 知る -EV

　　　　「西寧に行く人を私は知らない」

　　　(b) səlaŋ＝ŋa　　　　sʰoŋ-**no**　　　　ŋi　　　　　　mə-çi-gə.
　　　　　　PLN＝DAT　　　　行く.PF-NMLZ　　1SG.ERG　　　NEG- 知る -EV

　　　　「西寧に行った人を私は知らない」

(849) tʰon-**no**　　　　　　ŋi　　　　　　　mə-çi-gə.
　　　到着する -NMLZ　　　1SG.ERG　　　　NEG- 知る -EV

　　「到着する人を私は知らない / 到着した人を私は知らない」

[1-2] 名詞節中の動詞が他動詞の場合

　名詞節中の動詞が他動詞の場合、動詞の未完了形と完了形に活用形の形態的な区別があるかどうかによって名詞節の意味が異なる。

[1-2-1] 名詞節中の動詞が他動詞かつ活用形の形態的な違いがある

　他動詞でかつ、未完了形と完了形の違いがある場合には、「未完了形 -no」は動作者、「完了形 -no」は被動作者を表す。つまり、この場合の名詞節中の動詞の活用形は、時の違いを表さない。

　2 項動詞の sa（未完了形）/si（完了形）「食べる」と nba（未完了形）/wa（完了形）「ひっこ抜く」の例を示す。たとえば、(850)(a) のように sa（未完了形）に -no が後続すると、-no 節は「食べる」という動詞が表す動作の動作者「食べる人 / 食べた人」を表す。(850)(b) のように si（完了形）に -no が後続すると、「食べる」という動詞が表す動作の被動作者「食べる物 / 食べた物」を表す。

(850) (a) sa-**no**
　　　　　食べる .IPF-NMLZ

　　　　「食べる人 / 食べた人」

(b) si-**no**
食べる.PF-NMLZ

「食べる物／食べた物」

(851) (a) nba-**no**
ひっこ抜く.IPF-NMLZ

「ひっこ抜く人／ひっこ抜いた人」

(b) wa-**no**
ひっこ抜く.PF-NMLZ

「ひっこ抜く物／ひっこ抜いた物」

次に、3項動詞の hter（未完了形）/cən（完了形）「与える」の例を示す。hter（未完了形）に -no が接続すると -no 節は「与える」という動詞が表す動作の動作者を表す（(852) (a)）。cən（完了形）に -no が後続した場合、-no 節は、「与える」という動詞が表す動作の被動作者「与える物／与えられた物」、または動作の受け手「与える相手／与えた相手」を表す（(852) (b)）。

(853) (854) では、これらの名詞節が文中に現れる例を示す。

(852) (a) hter-**no**
与える.IPF-NMLZ

「与える人／与えた人」（動作者）

(b) cən-**no**
与える.PF-NMLZ

「与える物／与えられた物」または「与える相手／与えた相手」

(853) koŋ　　　hter-**no**　　　　　　sʰə　　　re?
値段　　　与える.IPF-NMLZ　　誰　　　COP.O

「値段を ｛つける人／つけた人｝ は誰だ？」

(854) ŋi　　　koŋ　　hter-**no**　　　　　　　ŋə　　　tsa-gə
1SG.ERG　値段　　与える.IPF-NMLZ　　　　人　　　探す[-SUF

jo.

EXST］PROG.EGO

「私は値段を ｛つける人 / つけた人｝ を探している」

[1–2–2] 名詞節中の動詞が他動詞かつ活用形の形態的な違いがない

　他動詞で、未完了形、完了形の形態的違いがない場合には、「動詞 -no」は動作者、被動作者どちらも示すことができる。またこのいずれの場合も主節の事態より前の事態、後の事態ともに表しうる。(855) に示した hku は未完了、完了が同形の動詞である。

(855) hku-no

　　　料理する -NMLZ

　　　「料理する人 / 料理した人」または「料理する物 / 料理した物」

[2] 名詞節全体が名詞節中の述語の項とならないもの

　名詞節全体が名詞節中の述語の項とならない場合、-no 節のつくる名詞節中の動詞の未完了形、完了形の使いわけは、主節を基準とした時の違いを表す。naŋhka「明日」、kʰahtsaŋ「昨日」などの時を表す名詞がなくても、名詞節の表す事態が主節の表す事態に先行するか後行するかが未完了形 / 完了形によって区別される。例文中では名詞節を［　］でくくって示す。

(856) ［ŋa　　　　naŋhka　 səlaŋ＝ŋa　　　　　 ｛ndzo-**no**/*sʰoŋ-**no**｝］

　　　 1SG　　　 明日　　 PLN＝DAT　　　　 行く .IPF-NMLZ/ 行く .PF-NMLZ

　　　 ama＝kə　 mə-çi-gə.

　　　 母＝ERG　 NEG- 知る -EV

　　　「私が明日西寧に行くのを母は知らない」

(857) ［ŋa　　　　kʰahtsaŋ　 səlaŋ＝ŋa　　　　 ｛*ndzo-**no**/sʰoŋ-**no**｝］

　　　 1SG　　　 昨日　　　 PLN＝DAT　　　 行く .IPF-NMLZ/ 行く .PF-NMLZ

```
ama＝kə      çi        me.
母＝ERG      知る      EXST.NEG
```

「私が昨日、西寧に行ったのを母は知らない」

```
(858) [ŋi          naŋhka   kʰəga＝a        xitcʰa
       1SG.ERG     明日      3SG.M＝DAT       本

       {hter-no/*ɕən-no}]                    ama＝kə              mə-çi-gə.
       与える.IPF-NMLZ/ 与える.PF-NMLZ        母＝ERG              NEG- 知る -EV
```

「私が明日、彼に本をあげるのを母は知らない」

```
(859) [ŋi          kʰahtsaŋ           kʰəga＝a        xitcʰa
       1SG.ERG     昨日               3SG.M＝DAT       本

       {*hter-no/ɕən-no}]                    ama＝kə    çi      me.
       与える.PF-NMLZ/ 与える.IPF-NMLZ        母＝ERG    知る    EXST.NEG
```

「私が昨日、彼に本をあげたのを母は知らない」

8.1.2　名詞節の統語的機能

　名詞節は、文中で、［1］動詞の主語や、［2］直接目的語、［3］（与格を伴って）間接目的語となる。

[1] 名詞節が自動詞の主語となる場合

```
(860) [awa＝ki   li-no]         ma-nɖək＝zək.
       父＝ERG    する -NMLZ      NEG- 合う ＝IE
```

「父がしたことは道理に合っていなかった」

```
(861) [ŋi          ɕek＝ko-no]           dzənma          jən.
       1SG.ERG     話す＝PROG.EGO-NMLZ   嘘              COP.S
```

「私が話していることは嘘だ」

```
(862) [sama     hku-no＝kə]         li      mə-çi-gə.
       食事      料理する -NMLZ＝ERG   つくる   NEG- 知る -EV
```

「料理をする人がつくり方を知らない」

第8章 複文 299

[2] 名詞節が直接目的語となる場合

(863) ŋi   [kʰərga   kʰahtsaŋ   joŋ-**no**]
     1SG.ERG   3SG.M   昨日   来る -NMLZ

     ma-çi.
     NEG- 知る

     「私は彼が昨日来たのを知らなかった」

[3] 名詞節が与格を伴って間接目的語となる場合

(864) [gormo   me-no＝zək＝a]   hter
     お金   EXST.NEG-NMLZ＝INDF＝DAT   与える .IPF

     go-nə   re.
     要る [-NMLZ   COP.O] AFF.O

     「お金のない人に与えなければならない」

8.2　名詞修飾節

　名詞修飾節は構造的には名詞節と同じように、節の述語となる動詞に名詞化接辞 -no が接続して形成される。名詞句の修飾部となる従属節である（§5.1.1 [5] 参照）。

　名詞修飾節を主要部に前置または後置させる。名詞修飾節が長くなる場合には後置されることが好まれる。ちなみに、後置させる場合と前置させる場合で意味に違いはない。

　一般的に、名詞修飾節は、主要部名詞が名詞修飾節の中の述語に対して主語や目的語、補語などの項として関係づけられるか否かという点で 2 つにわけることができる。主要部名詞が名詞修飾節の中の述語の項となるものを「内の関係」、そうでないものを「外の関係」と呼ぶ。以下では、名詞修飾節を内の関係と外の関係から考察する。なお、この節では [　] で名詞修飾節をくくって示す。

[1] 内の関係の名詞修飾節

アムド・チベット語では主要部がそれを修飾する節に対する関係が、関係節化の階層（Keenan and Comrie 1977、主語＞直接目的語＞間接目的語＞斜格＞所有格句＞比較の対象）における、「比較の対象」以外では名詞修飾節による修飾が可能である。「斜格」とはここでは主語、目的語以外の文中の名詞（句）を指す。

以下、被修飾語である主要部の節内の項関係別に用例を示す。

【主語】

(865) [kʰəga＝a　　　　xitɕʰa　　hter-no]　　　　　　　　　　ŋə
　　　3SG.M＝DAT　　　本　　　与える.IPF-NMLZ　　　　　　　人

「彼に本を ｛あげる／あげた人｝」[1]

【直接目的語】

(866) [kʰahtsaŋ　kʰəgi　　　　　　ŋa＝a　　　　　cən-no]　　　　　xitɕʰa
　　　昨日　　　3SG.M.ERG　　　1SG＝DAT　　　与える.PF-NMLZ　本

「昨日、彼が私にくれた本」

【間接目的語】

(867) [kʰahtsaŋ　kʰəgi　　　　　　xitɕʰa　　cən-no]　　　　　womo
　　　昨日　　　3SG.M.ERG　　　本　　　与える.PF-NMLZ　女の子

「昨日、彼が本をあげた女性」

【斜格】

(868) [ŋi　　　　gormo　　tɕək＝taŋ-no]　　　　　　　gem
　　　1SG.ERG　お金　　入れる.PF＝ACMP-NMLZ　箱

「私がお金をしまった箱」

第 8 章　複文　301

【所有格句】

(869)　［hoŋwo　　　tɕʰi-no］　　　　　ŋə
　　　　体　　　　　　大きい -NMLZ　　人

　　　「体の大きい人」

[2] 外の関係の名詞修飾節

　一般的に、主要部と名詞修飾節の中の述語との間に項の関係がないものを
「外の関係」という。外の関係の修飾節には、内容補充修飾節（例は (870)）、
付随名詞修飾節（例は (871)）、その他（例は (872)(873)）にわけることがで
きる。内容補充節とは、被修飾名詞が「理由、話、噂」という言語表現に関
わる名詞であり、内容補充節（修飾節）がその言語表現の内容を説明してい
るものである。付随名詞修飾節とは、内容補充節（修飾節）で表される事態
が起こることによって被修飾名詞が成立したり、生じたりするものである。
たとえば、「におい」は「肉を焼く」ことによって生じたものであるので、
この例は付随名詞修飾節であると考えられる。この 2 つにあてはまらない
ものはその他の修飾節とする（例は (872)(873)）。

(870)　［akʰə　　　　ɬasʰa＝a　　　　　ndzo-no］　　　　dzəntsʰen
　　　　おじさん　　　PLN＝DAT　　　　行く .IPF-NMLZ　　理由

　　　　ŋi　　　　　ko-wa.
　　　　1SG.ERG　　聞く -EGO

　　　「おじさんがラサに行く理由を私は聞いた」

(871)　［ɕa　　　　şek-no］　　　　ʈima　　　cən-gə.
　　　　肉　　　　焼く -NMLZ　　におい　　おいしい -EV

　　　「肉を焼くにおいがおいしそう」

(872)　［hlappa　　tɕe-şa　　　　ndzo-no］　　　xitɕʰa
　　　　脳　　　　もっと - 良い　　行く .IPF-NMLZ　本

　　　「頭のよくなる本」

(873) [tsʰo   mə-nbə-no]   sama
      肥満   NEG- 出る .IPF-NMLZ   食事

「太らない食べ物」

8.3　副詞節

　副詞節は、述語や文全体を修飾する機能をもつ。多くの場合、動詞（句）に接続助詞を付加して表す。副詞節は、主節との様々な関係を表すために、数種類の接続助詞が使いわけられている。副詞節の種類によっては、動詞の未完了形、完了形、命令形が全て節内に出現可能な場合もあるが、そのうちの一部の活用形のみが現れる場合もある。

　副詞節中の動詞は、発話時を基準とすることもあれば、主節の事態成立時を基準とする場合もある。前者のように発話時を基準としたテンスを絶対テンス、後者のように主節の事態成立時を基準とする場合を相対テンスと呼ぶ。副詞節のほとんどは相対テンスを示すが、動作の連続、付帯状況を表す ＝Na 節（§8.3.5 参照）のみ、絶対テンスを示す。

　通常、副詞節は主節の前に置く。副詞節が複数連なる節連続（§8.4 参照）や、副詞節の中に他の従属節が包含される場合（§8.5 参照）もある。

　表 66 に接続助詞の一覧を示す。各接続助詞が表す意味、機能を示す。この他に、接続助詞を用いない副詞節（引用、思考の補節）も存在する。

表 66　接続助詞一覧

各接続助詞	意味、機能（略号）
＝na	条件（COND）
＝nara, ＝Roŋ（＝roŋ/＝ʈoŋ/＝ndoŋ）	譲歩（CONC）
＝Ra（＝ra/＝ʈa/＝nda）	逆接（ADVS）
＝Ni（＝ni/＝ŋi/＝i）	動作連続・付帯状況（SEQ）
＝Na（＝na/＝ŋa/＝a）	動作連続・否定の状態（SEQ）
＝Gə（＝gə~gi/＝kə~＝ki）	目的・否定の状態（PUR）

=Ritʰatsʰo (=ritʰatsʰo/=ʈitʰatsʰo/ =nɖitʰatsʰo), =Ri (=ri/=ʈi/=nɖi)	生起後・生起中 (TIME)
=kʰa	直前 (ANT)
=Rokko (=rokko/=ʈokko/=nɖokko)	限界 (ANT)
ma- 動詞=koŋŋa	生起前 (ANT)
=Roŋkoŋŋa (=roŋkoŋŋa/=ʈoŋkoŋŋa/ =nɖoŋkoŋŋa)	直後 (PST)
=zi	引用 (QUOT)

8.3.1 条件

　条件は接続助詞 =na によって表される。=na が導く副詞節（以下 =na 節。以降も同様に =xx 節と記す）は、条件を表す他（例は (874)(875)）、連続する事態（例は (876)）や、きっかけ（例は (877)(878)）を表すことも多い。

　=na は、動作動詞に後続する場合、未完了形、完了形のどちらにも接続可能である。=na 節は主節に先行する事態を表す。「完了形=na」節が発話時との関係では「発話時からみた過去」、「発話時からみた非過去」の両方を表すのに対し、「未完了形=na」節が導く副詞節は「発話時からみた非過去」の事態のみを表す。したがって、「未完了形=na」節と「完了形=na」節どちらも使える文も多い（例は (874)(875)）。

　接続助詞 =na は動詞の否定形に接続することも可能である（例は (875)）。

(874) kʰəga 　　　{ndzo=**na**/sʰoŋ=**na**} 　　　　　ŋa=ra　ndzo-dzi
　　　 3SG.M 　　　行く.IPF=COND/行く.PF=COND 　1SG=PP 行く.IPF-FUT.S

　　　「彼が行くなら、私も行く」

(875) kʰəga 　　　{mə-ndzo=**na**/ma-sʰoŋ=**na**}
　　　 3SG.M 　　　NEG-行く.IPF=COND/NEG-行く.PF=COND

　　　hka-dzi 　　　　　　　re.
　　　難しい[-NMLZ 　　　　COP.O]FUT.O

　　　「彼が行かなければ、困難になるだろう」

(876) kʰəga   go＝o   sʰoŋ＝**na**   gemo＝ra

3SG.M   門＝DAT   行く .PF＝COND   妻＝PP

go＝o   wəs＝sʰoŋ＝zək.

門＝DAT   出る .PF＝ACMP＝IE

「彼が外に出ると、妻も外に出ていった」

(877) ŋa   lok＝**na**   hŋə＝ndzo-gə.

1SG   横になる＝COND   眠る＝ACMP-EV

「私は横になると、眠ってしまう」

(878) tə＝ni   wəl＝i   jar＝a   sʰoŋ＝**na**   ta

DEM＝ABL 出る .PF＝SEQ   上＝DAT   行く .PF＝COND   FIL

hmatɕʰə＋ngoʁoŋ   re.

黄河＋水源   COP.O

「そこから（私たちが川上に）あがって行くと、（そこは）黄河水源だっ
た」【TX4】

　＝na 節中でコピュラ動詞が現れる場合は、ウチとソトのコピュラ動詞が
中和し（§7.4.1 ［3］）、ウチの形式のみが用いられる（例は (879)）。

(879) hjəntsʰo   hmen-ba   {jən＝**na**/*re＝**na**}

PSN   薬 -NMLZ   COP.S＝COND/COP.O＝COND

ne-pa＝a   hta   ɕi-gə.

病気 -NMLZ＝DAT   見る .IPF   知る -EV

「ユムツォが医者なら、病人の診察ができる」

[1] ＝na 節を用いた慣用表現

　＝na 節には、［1–1］トピックを表す表現、［1–2］願望を表す表現、［1–3］
比較の対象を表す表現、［1–4］可能性を表す表現、［1–5］フィラーといっ
たいくつかの慣用的な用法がある。

第 8 章　複文　305

[1–1] トピックを表す表現

＝na 節は、～ zi＝na（言う＝COND）、～ ze＝na（言う＝COND）「～と言えば」、～ jən＝na（COP.S＝COND）「～ならば」といった表現で、トピックを表すのに用いられる ²。

(880) sʰə　　　　　zi＝**na**　　　　　ŋa　　　　ɕikwa＝a　　　　ga-gi.
　　　果物　　　　言う＝COND　　1SG　　スイカ.Ch.＝DAT　好き -EV

　　　「果物と言えば、私はスイカが好きだ」

(881) ti　　　　hkep　　ti　　　　jən＝**na**　　　　htamo＝a
　　　DEM　　時　　　DEM　　COP.S＝COND　　見物＝DAT

　　　sʰoŋ＝zək.
　　　行く .PF＝IE

　　　「その時はと言えば、見物に行った」

[1–2] 願望を表す表現

V＝na ndol（ndol は「思う」という動詞）という表現で、「～したい」という願望を表す。この表現はもともと「～したらよいと思う」という構造のうちの「～したら」を受ける主節となる「よい」の部分が脱落した、言いさしの表現であると解釈することができる。

節内には、動詞の未完了形、完了形どちらも出現可能であるが、特に意味の違いはみつかっていない。主語は 1 人称に限らず、2、3 人称も可能である。

(882) ŋa　　　　　ɬasʰa＝a　　　　　{ndzo＝**na**/sʰoŋ＝**na**}
　　　1SG　　　　PLN＝DAT　　　　行く .IPF＝COND/ 行く .PF＝COND

　　　ndok-kə.
　　　思う -EV

　　　「私はラサに行きたい」

(883) ŋi   ɕikwa   {sa＝**na**/si＝**na**}

    1SG.ERG   スイカ.Ch.   食べる.IPF＝COND/ 食べる.PF＝COND

    ndok-kə.

    思う-EV

    「私はスイカが食べたい」

(884) ʈaɕi＝ki   hta   {ŋo＝**na**/ŋi＝**na**}

    PSN＝ERG   馬   買う.IPF＝COND/ 買う.PF＝COND

    ndok＝ko-kə.

    思う［＝PROG.EGO-EV］PROG.EV

    「タシは馬を買いたがっている」

[1-3] 比較の対象を表す表現

  N＝DAT hti＝na（見る.PF＝COND）「～を見ると」という表現で、比較の対象「～より」を表すことがある。

(885) kʰəga   sonam＝ma   hti＝**na**   lo   səm＝ki

    3SG.M   PSN＝DAT   見る.PF＝COND   年   3＝ERG

    tɕʰoŋ-gə.

    小さい-EV

    「彼は、ソナムと比べて 3 歳若い」

[1-4] 可能性を表す表現

  ＝na tʰaŋ（tʰaŋ 単独の意味は不明）という表現で、「～かもしれない」という可能性を表す表現となる。

(886) kʰəga   joŋ＝**na**   tʰaŋ-gi.

    3SG.M   来る＝COND   ?-EV

    「彼が来るかもしれない」

（887）hnem　　　nbep＝**na**　　　 tʰaŋ-gi.
　　　　空　　　　降る.IPF＝COND　　 ？-EV

　　「雨が降るかもしれない」

[1–5] フィラー

　xi zek＝taŋ＝na（例 置く.PF＝ACMP＝COND）「たとえば」、ə-zo jən＝na（1INCL-PL COP.S＝COND）「我々で言うと」、tɕʰəzək re ze＝na（何 COP.O 言う＝COND）「何かと言うと」 など、言いよどみの際に発話されるフィラーとしての用法がある。

（888）tʰazək　　　 ta　　　　 tɕʰəzək　　 re　　　　 ze＝**na**
　　　　最終的に　　 INTJ　　　何　　　　　COP.O　　　言う＝COND

　　　　jaŋhepoŋpen＝na　　sʰa＋jək　　　　hton-dzi　　　　　 ma-jot＝tsək.
　　　　PSN＝DAT　　　　　 土地＋文書　　　見せる.IPF-NMLZ　NEG-EXST＝IE

　　「最終的に、何かと言うと、（ケンウォンイは）ヤンヘポンペンに土地に関する文書を見せられなかった」【TX1】

[2] ＝na 節を用いた相関構文

　＝na 節と主節両方に疑問語を用いることで、主節中の疑問語が ＝na 節中の疑問語の内容を指示する、相関構文を形成することができる。たとえば、（889）の例では、直訳すると「あなたが何がほしければ、私は何/それをあげる」となるが、意訳すると「あなたがほしいものを私は何でもあげる」という意味になる。

　主節中の疑問語は発話しなくてもよいし、中称の指示代名詞 tə（またはti）「それ」、tə-mo＝zək（DEM-NMLZ＝INDF）「そのようなもの」などに置き換えることも可能である。

（889）tɕʰo　　　 tɕʰəzək　go＝**na**　　　ŋi　　　　　　 tɕʰo＝o
　　　　2SG　　　 何　　　　要る＝COND　　1SG.ERG　　　 2SG＝DAT

{tɕʰəzək/tə/Ø}　　　　hter.

何 / それ /Ø　　　　　与える .IPF

「あなたがほしいものを私は何でもあげる」

(890) sʰə　　　joŋ = **na**　　　ndo = na　　　{sʰə/tə/Ø}

誰　　　来る = COND　　ほしい = COND　　誰 / それ /Ø

joŋ = na　　　　tɕʰok-kə.

来る = COND　　してもよい -EV

「来たければ、誰が来てもよい」

(891) kara　　　tɕʰəmozək　　go = **na**　　　ŋi

飴　　　いくら　　　要る = COND　　1SG.ERG

tɕʰo = o　　{tɕʰəmozək/tə-mo = zək}　　　hter.

2SG = DAT　いくら /DEM-NMLZ = INDF　　与える .IPF

「私はあなたがほしいだけ飴をあげる」

8.3.2　譲歩

　譲歩は接続助詞 =nara または =Roŋ によって表される。=Roŋ には =roŋ/ =ʈoŋ/=nɖoŋ という異形態がある。交替の規則については表 88 に示した。 =nara 節と =Roŋ 節はともに譲歩を表す。ただし、=Roŋ は多少、文語的 な表現であり、用いられる頻度も =nara ほど高くはない。=nara と =Roŋ のつくる従属節は、仮定の事態を表す場合が多いが、事実を表すこともあ る。ただし、状態性を表す動詞に後続する場合にはもっぱら仮定の事態であ ることを表す。これについては §8.3.3 も参照されたい。

　=nara, =Roŋ はともに、動作動詞に後続する場合は、完了形のみに後続 可能である。=nara と =Roŋ の従属節が発話時からみた過去を表す例 ((892) 参照) と非過去を表す例 ((893) – (896) 参照) どちらもみつかってい る。いずれの場合も、従属節の表す事態は主節の事態に先行する。

　接続助詞 =nara, =Roŋ ともに動詞の否定形に接続することが可能である ((894) 参照)。

第 8 章　複文　309

(892) kʰə-tsʰaŋ=kə　　gokʰa=a　　{sʰoŋ=**nara**/sʰoŋ=**roŋ**}
　　　3SG-NMLZ=GEN　門前=DAT　　行く.PF=CONC/ 行く.PF=CONC

　　　naŋ=ŋa　ma-sʰoŋ.
　　　中=DAT　NEG- 行く.PF

　　　「彼の家の門前に行ったけれども、中に入らなかった」

(893) kʰə-tsʰaŋ=kə　　gokʰa=a　　{sʰoŋ=**nara**/sʰoŋ=**roŋ**}
　　　3SG-NMLZ=GEN　門前=DAT　　行く.PF=CONC/ 行く.PF=CONC

　　　go　　　ɕi-dzi　　　　ma-re.
　　　門　　　開ける[-NMLZ　NEG-COP.O]FUT.O

　　　「彼の家の門前に行っても、門を開けないだろう」

(894) kʰəga　　　　{ma-joŋ=**nara**/ma-joŋ=**roŋ**}　　　tɕʰo
　　　3SG.M　　　NEG- 来る=CONC/NEG- 来る=CONC　　　2SG

　　　çok.
　　　来る.IMP

　　　「彼が来なくてもあなたは来てください」

(895) jegi　　　　maŋ-wo　　　{ʈi=**nara**/ʈi=**roŋ**}
　　　字　　　　多い-ADJVLZ　書く.PF=CONC/ 書く.PF=CONC

　　　tsʰar-dzi　　　　ma-re.
　　　終わる[-NMLZ　　NEG-COP.O]FUT.O

　　　「字をたくさん書いても（宿題が）終わらないだろう」

(896) hnem　　　{wap=**nara**/wap=**roŋ**}　　　ŋa　　　ndzo-dzi.
　　　空　　　　降る.PF=CONC/ 降る.PF=CONC　　1SG　　行く.IPF-FUT.S

　　　「雨が降っても私は行く」

　＝nara 節と　＝Roŋ 節中でコピュラ動詞が現れる場合は、ウチとソトのコ
ピュラ動詞が中和（§7.4.1［3］）し、ウチのみが用いられる。＝nara 節の例
のみを示す。

(897) kʰərga   hmen-ba   {jən＝**nara**/*re＝**nara**}
      3SG.M   薬 -NMLZ   COP.S＝CONC/COP.O＝CONC

      hmen   hter   mə-çi-gə.
      薬   与える .IPF   NEG- 知る -EV

「彼は医者だが、薬の処方を知らない」

8.3.3　逆接

　逆接は接続助詞 ＝Ra で表す。＝Ra には、＝ra/＝ʈa/＝nɖa という異形態
がある。交替規則については表 90 に示した。譲歩を表す ＝nara 節と ＝Roŋ
節が仮定と事実どちらも表すのに対し、＝Ra 節は事実のみを表し、仮定を
表すことはできない。

　＝Ra は、接続する動詞が限定されている。コピュラ動詞、存在動詞、状
態動詞、動詞に「状態・属性（観察知）」を表す動詞語尾 -Gə がついたもの
などに後続する例がみつかっている。いずれも、状態性を表す述語であり、
動作性を表す述語に後続する例はみつかっていない。未完了形と完了形の区
別のある動詞に接続する例もみつかっていない。動詞の否定形にも接続が可
能である（例は (901)）。

(898) gormo   maŋ-wo   joʈ＝ʈa   taroŋ
      お金   多い -ADJVLZ   EXST＝ADVS   まだ

      mə-ndaŋ-gə.
      NEG- 足りる -EV

「お金がたくさんあるけれどもまだ足りない」

(899) ndzarpen＝na   ndzo-dzo   hka-mo＝zək
      PLN＝DAT   行く .IPF-NMLZ   難しい -ADJVLZ＝INDF

      reʈ＝ʈa   ŋa   ndzo＝na   ndok-kə.
      COP.O＝ADVS   1SG   行く .IPF＝COND   欲する -EV

「日本に行くのは難しいけれども私は行きたい」

第 8 章 複文　311

(900) tcʰi　　　　　ɕe-no　　　　　　den=**nɖa**　　　　　　　ŋa
　　　2SG.ERG　　話す -NMLZ　　もっともだ＝ADVS　　　1SG

　　　mə-tʰek-kə.
　　　NEG- 同意する -EV

　　　「あなたの言うことはもっともだけど、私は同意しない」

(901) naŋhka　　gegen　　met=**ʈa**　　　　　　　ŋa　　　ndzo-dzi.
　　　明日　　　教師　　　EXST.NEG＝ADVS　　　1SG　　行く .IPF-FUT.S

　　　「明日、先生はいないが、私は行く」

　＝Ra 節は、＝nara 節、＝Roŋ 節と似たような文脈で使用することが多い。状態性の述語に後続する場合は＝Ra 節が「事実」、＝nara 節、＝Roŋ 節が「仮定」の事態を表す。ただし動作性の述語には ＝Ra が後続できないため、動作性の述語に後続する場合には ＝nara 節、＝Roŋ 節が「事実」と「仮定」の両方の意味を表しているものと思われる。

　＝Ra と、＝nara, ＝Roŋ が状態性の述語に後続する場合には、以下に示すような違いが生じる場合がある。(902)と(903)では、＝Ra 節を用いる例を(a)、＝nara 節、＝Roŋ 節を用いる例を(b)とする。(902)(a)のように、＝Ra 節を用いた場合は「実際に自分にはお金があるが足りていない」という事実を述べる文になる。(902)(b)の例のように、＝nara 節、＝Roŋ 節を用いると、「たとえお金がたくさんあっても、まだ足りない」という、仮定した事態に関する帰結を示す文となる。どちらの文も、前件の事態から期待できない事実が後件に現れる点では同じであるが、仮定であるか事実であるかが異なる。(903)も同様の例である。

(902) (a) gormo　maŋ-wo　　　joʈ=**ʈa**　　　　　taroŋ
　　　　　お金　　多い -ADJVLZ　　EXST＝ADVS　　　まだ

　　　　　mə-ndaŋ-gə.
　　　　　NEG- 足りる -EV

　　　　　「お金がたくさんあるけれども、まだ足りない」

(b) gormo　maŋ-wo　　　　{jo=**nara**/joʈ=**ʈoŋ**}

　　お金　多い-ADJVLZ　　EXST=CONC/EXST=CONC

　　taroŋ　mə-ndaŋ-gə.

　　まだ　NEG-足りる-EV

「たとえお金がたくさんあったとしても、まだ足りない」

(903)(a) naŋhka gegen　　meʈ=**ʈa**　　　　　　ŋa　　　ndzo-dzi.

　　　　明日　教師　　EXST.NEG=ADVS　　　1SG　　行く.IPF-FUT.S

「明日先生はいないが、私は行く」

(b) naŋhka gegen　　{me=**nara**/meʈ=**ʈoŋ**}

　　　明日　教師　　EXST.NEG=CONC/EXST.NEG=CONC

　　ŋa　　　ndzo-dzi.

　　1SG　　行く.IPF-FUT.S

「明日先生がいなかったとしても、私は行く」

8.3.4　動作連続・付帯状況

　動作連続（継起）や付帯状況は、接続助詞 =Ni で表す。=Ni には =ni/=ŋi/=i という異形態がある。交替規則については表86で示した。

　=Ni 節と主節の主語が異なる場合には自動的に動作連続の解釈となる（例は(905)）。=Ni 節と主節の主語が同じ場合にも動作連続を表す例がある（例は(904)）。付帯状況には、=Ni 節と主節の主語が同じ例のみがみつかった（(906)–(908)）。

　=Ni は完了形にのみ後続可能である。動詞の否定形には =Ni は接続しない。コピュラ動詞にも接続しない。動作連続を表す場合、=Ni 節は主節の事態に先行する事態を表す（例は(904)(905)）。付帯状況を表す場合、=Ni 節は主節の事態と同時に起こっている事態を表す（例は(906)–(908)）。

(904) hloʈi　　tsʰoŋ+kʰaŋ=ŋa　sʰoŋ=**ŋi**　　sʰətok

　　　PSN　　商売+建物=DAT　行く.PF=SEQ　果物

第 8 章　複文　313

　ŋi＝taŋ＝zək.
　買う .PF＝ACMP＝IE

「ロチは商店に行って、果物を買った」

(905) htakʈʰa-zaŋ＝ki　　　koŋ　　　ɕən＝**ni**　　　ta
　　　PSN-HON＝ERG　　　値段　　　与える .PF＝SEQ　INTJ

　　　htakʈʰa-zaŋ＝ŋa　　　tsoŋ＝taŋ＝zək.
　　　PSN-HON＝DAT　　　売る＝ACMP＝IE

「タクチャ様が値段をつけて、(売り手が)タクチャ様に売った」

(906) sʰem＋tɕʰoŋ　　　　ɕi＝**i**　　　　lihka　　li.
　　　心＋小さい　　　　する .PF＝SEQ　　仕事　　する

「気をつけて仕事して！」

(907) ʈaɕi＝kə　　ŋo　　　ndzəm＝**i**　　　ɕek-kə.
　　　PSN＝ERG　顔　　　笑む＝SEQ　　　話す -EV

「タシは微笑みながら話をする」

(908) hta　　　　　　ɕon＝**ni**　　　sʰoŋ＝na　　　tʰak　　　raŋ-gə.
　　　馬　　　　　　乗る＝SEQ　　　行く .PF＝COND　距離　　　長い -EV

「馬に乗って行ったら遠い」

　以下、＝Ni の用法のうち、[1] 動詞句として解釈できる例、[2] 動詞反
復に ＝Ni が続く例、について述べる。

[1] 動詞句として解釈できる例

　V1＝Ni V2 の構造で、動詞連続 (§5.4.2 参照) に意味的に近いものがあ
る。以下の 2 例はともに、hti＝i (見る .PF＝SEQ)「見て」という ＝Ni 節の
例であるが、(909) が「見た」と「出て行った」という 2 つの事態をつない
でいるのに対し、(910) の例は、「見た」と「いた」という 2 つの事態の連
続を表しているわけではない。(910) の表現は、全体で「ずっと読んでい
た」という 1 つの動作を表し、意味的には、動詞連続に近いものと考えら
れる。

さらに、hti＝i（見る.PF＝SEQ）「見て」と de（居る.PF）「いた」の間には名詞項を挿入することが不可能である。さらに、tə＝ni（DEM＝ABL）「それから、そして」のような接続詞的な要素も挿入ができない。そのため、(910)の構造を1つの動詞句として扱っている。

(909) dordze＝kə　　wenma＝a　　hti＝i　　　　　(dordze)　wət＝tʰa.
　　　 PSN＝ERG　　PSN＝DAT　　見る.PF＝SEQ　(PSN)　　出る.PF＝DE

　　　「ドルジェがウェンマを見て、（ドルジェが）出て行った」

(910) dordze＝kə　xitcʰa＝a　hti＝i　　　　　 de-nə　　　　　　　re.
　　　 PSN＝ERG　本＝DAT　見る.PF＝SEQ　居る.PF[-NMLZ　COP.O]AFF.O

　　　「ドルジェは本をずっと読んでいた」

これらの動詞句に関する例は§5.4.2 にも示したので、例は§5.4.2 を参照いただきたい。

(911) go　　　　　 dzew＝i　　　　　 de　　　 jo.
　　　 門　　　　　 閉める.PF＝SEQ　居る.PF　EXST

　　　「（私は）門を閉めてある」³

(912) ŋi　　　　　 do　　　 hpoŋ＝ŋi　　　 zek　　　　　　jo.
　　　 1SG.ERG　石　　　 積む＝SEQ　　 置く.PF　　　　EXST

　　　「私は石を積んでおいた」

(913) tsʰəte　　　　　　　 kʰor＝i　　　 tsʰar＝tʰa.
　　　 カセットテープ.Ch.　回る＝SEQ　 終わる＝DE

　　　「カセットテープが回り終わった」

[2] 動詞反復に ＝Ni が続く例

動詞を3回反復し、最後の動詞に接続助詞の ＝Ni を後続することで、その動作の程度が甚だしいことを表す（例は(914)(915)）。

(914) tʰoŋ   tʰoŋ   tʰoŋ＝ŋi   tawoŋ
　　　 飲む　　　　 飲む　　　　 飲む＝SEQ　　　 まだ

　　　 hkom＝i　　　　　 de　　　 jok-kə.
　　　 喉が渇く＝SEQ　　　 居る.PF　 EXST-EV

　　　「どんなに飲んでも、まだ喉が渇いている」

(915) jegi　　　　 ʈi　　　　 ʈi　　　　 ʈi＝i　　　　　 tsʰar-dzi
　　　 字　　　　 書く.PF　 書く.PF　 書く.PF＝SEQ　　 終わる［-NMLZ

　　　 ma-re.
　　　 NEG-COP.O］FUT.O

　　　「どんなに字を書いても（宿題が）終わらない」

8.3.5　動作連続・否定の状態

　＝Ni 節と同様、接続助詞 ＝Na でも動作連続（継起）、否定の状態を表すことができる。＝Na には、＝na/＝ŋa/＝a という異形態がある。交替規則については、付録 1 の表 87 に示した。＝Ni 節とは異なり、＝Na 節のほうは発話時点では未実現の事態について述べることが多いという違いがある。さらに、＝Ni が動詞の完了形のみに後続する一方で、＝Na は動詞の未完了形、完了形、命令形いずれにも後続可能である。動詞の否定形にも ＝Na が接続可能である（(919) (920) 参照）。ただし、＝Na はコピュラ動詞には接続しない。

　＝Na 節の動詞の未完了形と完了形は絶対テンスを表すと解釈できる。＝Na 節が否定形で、主節が命令形の場合、＝Na 節は否定命令の「ma- 未完了形」をとる（例は (920)）。

(916) ŋa　　　　 ndzo＝a　　　　 tɕək　　　 hta.
　　　 1SG　　　 行く.IPF＝SEQ　　 少し　　　 見る.IPF

　　　「私は行って、ちょっと見よう」

(917) ŋi　　　　 sama　　　 mə-tʰoŋ＝ŋa　　　　　 joŋ.
　　　 1SG.ERG　 食事　　　 NEG- 飲む⁴＝SEQ　　　 来る

　　　「私は食事をしないで来よう」

(918) tɕʰi   kori   so＝**a**   dol.

2SG.ERG   パン   食べる.IMP＝SEQ   居る.IMP

「あなたはパンを食べて（ここに）いなさい」

(919) ŋi   xitɕʰa＝a   ma-hti＝**a**

1SG.ERG   本＝DAT   NEG-見る.PF＝SEQ

de-nə   re.

居る.PF［-NMLZ   COP.O］AFF.O

「私は本を見ずにいた」

(920) tɕʰo   ma-ndzo＝**a**   ndə＝ni   dol.

2SG   NEG-行く.IPF＝SEQ   DEM＝ABL   居る.IMP

「あなたは行かずにここにいろ」

8.3.6 目的・否定の状態

　接続助詞 ＝Gə が導く副詞節は、目的や、否定の状態などを表す。＝Gə には ＝gə~＝gi/＝kə~＝ki という異形態がある。/ə/ で発話するのは牧区方言の、/i/ で発話するのは農区方言の特徴である。ロチ・ギャンツォ氏の発話では、＝Gə に関しては牧区方言と農区方言の特徴がどちらもみられ、母音における /ə/ と /i/ の違いは自由変異として現れる。子音 /k/ と /g/ の違いは、この形態素が接続する音韻的な環境による。交替規則については、表89 で示した。

　＝Gə がつくる従属節には、[1]「目的」を表す場合と、[2]「否定の状態」、[3]「＝Gə 節の反復による特殊な表現」がある。[1]「目的」では、動作動詞の未完了形のみが節内に出現可能である。「未完了形＝Gə」の表す事態は、主節の事態に後行する時を表す。[2]「否定の状態」では、否定接頭辞 ma- を伴った動作動詞の完了形に ＝Gə が接続する例のみがみつかっている。[1]、[2]いずれの用法でも、従属節の事態は主節の事態に先行する時を表す。[3]「＝Gə 節の繰り返しによる特殊な表現」では、未完了形が現れる場合は、主節の事態と「同時」の時を表し、完了形が現れる場合は、主節の事態に先行する時を表す。

第8章 複文 317

　[1]、[3]ともに、動詞の否定形に ＝Gə は接続できない。また、[1]–[3]いずれの用法においても、＝Gə はコピュラ動詞に接続できない。

[1] 目的

　＝Gə は、移動の目的を表すのに用いられる。

(921) ŋa　　　　tontak　　ɕek=**ki**　　　　sʰoŋ-ŋa.
　　　1SG　　　用件　　　話す=PUR　　　行く.PF-EGO

　　「私は用件を話しに行った」

(922) ŋa　　　　tɕʰo=o　　　hta=**gə**　　　ndzo-dzi.
　　　1SG　　　2SG=DAT　　見る.IPF=PUR　行く.IPF-FUT.S

　　「私はあなたに会いに行こう」

(923) tɕʰo　　　ŋa=a　　　hta=**gə**　　　ɕok.
　　　2SG　　　1SG=DAT　　見る.IPF=PUR　来る.IMP

　　「あなたは私に会いに来てくれ」

[2] 否定の状態

　動作動詞の完了形に否定接頭辞を付加し、＝Gə を後続させた「ma- 完了形＝Gə」という形で、「～せずに」という否定の状態を表す。この表現は動詞の否定形でしか用いないようである。

(924)（「お堂からなぜ甘露が湧かないのか」とたずねる聞き手に、理由を説明する場面で）

　　　rapni　　　**ma**-ji=**gi**　　　　dəlhtsə　nbep-nə
　　　落慶供養　　NEG- する.PF=PUR　甘露　　湧く.IPF［-NMLZ

　　　ma-re.
　　　NEG-COP.O］AFF.O

　　「落慶供養をしないで甘露が湧くわけがない」

[3] ＝Gə 節の反復による特殊な表現

　＝Gə 節を 2 回または 3 回反復させる用法がみられる。この用法では、従属節に未完了形を用いる場合と完了形を用いる場合で、表す意味が異なる。ちなみに、存在動詞、コピュラ動詞には後続しない。

　未完了形に　＝Gə が接続し、反復される場合には、付帯状況を表す（例は (925) (926)）。

(925) məgi　　　　htɕek＋hta　　　　ɕon＝ni　　　　hlə　　　len＝**gə**
　　　3SG.F.ERG　鉄＋馬　　　　　　乗る＝SEQ　　　歌　　　歌う.IPF＝PUR

　　　len＝**gə**　　　　joŋ＝go-kə.
　　　歌う.IPF＝PUR　　　来る［＝PROG.EGO-EV］PROG.EV

　　　「彼女は自転車に乗って、歌を歌いながら来つつある」

(926) kʰəgi　　　　　sa＝**gə**　　　　　　sa＝**gə**
　　　3SG.M.ERG　　食べる.IPF＝PUR　　　食べる.IPF＝PUR

　　　ndzo＝go-kə.
　　　行く.IPF［＝PROG.EGO-EV］PROG.EV

　　　「彼は食べながら歩いている」

　従属節に完了形を用いる場合には、「〜すれば〜するほど」という意味を表す（例は (927) (928)）。

(927) si＝**gə**　　　　　　si＝**gə**　　　　　　tɕe-ɕən　　　　re.
　　　食べる.PF＝PUR　　　食べる.PF＝PUR　　　より-おいしい　　COP.O

　　　「食べれば食べるほどおいしい」

(928) hti＝**gə**　　　　　hti＝**gə**　　　　　tɕe-jek　　　　re.
　　　見る.PF＝PUR　　　見る.PF＝PUR　　　より-美しい　　COP.O

　　　「見れば見るほど美しい」

第8章 複文 319

8.3.7 生起後・生起中

接続助詞 ＝Riᵗʰatsʰo（短縮形 ＝Ri）が導く従属節は、「〜した時、〜しつつある時」という、生起後、生起中を表す。それぞれ、異形態 ＝ritʰatsʰo/＝ʈitʰatsʰo/＝nɖitʰatsʰo（短縮形 ＝ri/＝ʈi/＝nɖi）がある。交替規則については、表91で示した。

＝Riᵗʰatsʰo（短縮形 ＝Ri）は、動詞の未完了形、完了形どちらにも後続可能である。主節で表される事態を基準にして、従属節で表される事態がまだ完了していない、または進行中の時には未完了形を用いる（(929)(930)参照）。進行中の場合には、さらに、「進行」を表す助動詞を後続することもある（(930)参照）。主節で表される事態を基準にして、従属節の事態が完了している時には完了形を用いる（例は(931)）。＝Riᵗʰatsʰo（短縮形 ＝Ri）は動詞の否定形に後続することも可能である（例は(932)）。コピュラ動詞にも接続することができる。ただし、従属節中ではコピュラ動詞のウチ／ソトの違いは中和し（§7.4.1 [3] 参照）、ウチのコピュラ動詞しか現れない（例は(933)）。

(929) ŋi   xitɕʰa＝a   hta＝**ritʰatsʰo**   kʰəga   wət＝tʰa.
     1SG.ERG   本＝DAT   見る.IPF＝TIME   3SG.M   出る.PF＝DE

     「私が本を読んでいる時、彼は出て行った」

(930) tɕʰi   ça   ŋo-go＝**ritʰatsʰo**   kʰəga
     2SG.ERG   肉   買う.IPF-PROG.EGO＝TIME   3SG.M

     joŋ-dzi   re.
     来る [-NMLZ   COP.O] FUT.O

     「あなたが肉を買っている時、彼が来るだろう」

(931) ŋa   ɬasʰa＝a   sʰoŋ＝**ritʰatsʰo**   sʰən＝taŋ＝tʰa.
     1SG   PLN＝DAT   行く.PF＝TIME   退屈する＝ACMP＝DE

     「私はラサに行った時、退屈した」

(932) kʰəga   meʈ＝**ʈitʰatsʰo**   ŋa   joŋ-ŋa.
     3SG.M   EXST.NEG＝TIME   1SG   来る -EGO

     「彼がいない時に私は来た」

(933) kʰəga　　　ɬoma　　　{jən = **nɖitʰatsʰo**/*reʈ = **ʈitʰatsʰo**}　　ŋa　　　gegen
　　　 3SG.M　　　学生　　　COP.S = TIME/COP.O = TIME　　　　　　1SG　　　教師

　　　 re.
　　　 COP.O

「彼が学生だった時、私は教師だった」

8.3.8　直前

　接続助詞 ＝kʰa の導く副詞節は直前の時を表す。＝kʰa は、事態が生起する直前の状態である（「〜する直前に」）ことを表す。未完了形のみに後続可能である。発話時を基準とした過去の事態、非過去の事態ともに表す。＝kʰa 節の表す事態は、必ず、主節の事態よりも後に起こる。すなわち、従属節の事態は、主節の事態に常に後行する。

　意味的に、接続助詞 ＝kʰa は否定形には後続しない。また、コピュラ動詞にも後続しない。

(934) ŋo = **kʰa**　　　　　kʰəga　　　tʰon = tʰa.
　　　 買う.IPF = ANT　　　3SG.M　　　到着する = DE

「買う直前に彼が到着した」

(935) ŋa　　　　　　səlaŋ = ŋa　　　　　ndzo = **kʰa**　　　　kʰəga　　　wət = tʰa.
　　　 1SG　　　　　PLN = DAT　　　　　行く.IPF = ANT　　　3SG.M　　　出る.PF = DE

「私が西寧に行く直前に彼が出て行った」

(936) ŋa　　　　　　səlaŋ = ŋa　　　　　ndzo = **kʰa**　　　　ami
　　　 1SG　　　　　PLN = DAT　　　　　行く.IPF = ANT　　　母.ERG

　　　 gormo　　　hter-dʑi　　　　　　　re.
　　　 お金　　　 与える.IPF[-NMLZ　　　COP.O]FUT.O

「私が西寧に行く直前に母がお金をくれるだろう」

(937) ŋa　　　　　　səlaŋ = ŋa　　　　　ndzo = **kʰa**　　　　tɕʰo　　　ɕok.
　　　 1SG　　　　　PLN = DAT　　　　　行く.IPF = ANT　　　2SG　　　来る.IMP

「私が西寧に行く直前にあなたは来い」

第8章 複文 321

8.3.9 限界

接続助詞 ＝Rokko が導く副詞節は、「〜するまで」という限界を表す。
＝Rokko には、＝rokko/＝ʈokko という異形態がある。交替規則は付録１の
表 92 に示した。

＝Rokko は、動作動詞の未完了形のみに後続する。従属節で表される事
態が起こるまでの持続的な時を表す。すなわち、＝Rokko 節中の未完了形
は、主節に後行する相対テンスを表す。

意味的に、接続助詞 ＝Rokko は、動詞の否定形には後続しない。また、
コピュラ動詞にも接続しない。

(938) hjəntsʰo　　　ndʑo＝**rokko**　　lihka　　li＝gə　　　　　del-a.
　　　 PSN　　　　　行く.IPF＝ANT　　仕事　　する＝PUR　　　居る.PF-EGO

　　　「ユムツォは行くまで仕事していた」

(939) tɕʰo　　　 jə＝a　　　tʰon＝**rokko**　htok-dzi　　　　　　re.
　　　 2SG　　　 家＝DAT　着く＝ANT　　腹がすく［-NMLZ　COP.O］FUT.O

　　　「あなたは家に着くまでにはお腹がすくだろう」

(940) tɕʰi　　　 lihka　　tsʰaʈ＝**ʈokko**　　ŋa　　　gə＝ja.
　　　 2SG.GEN　仕事　　終わる＝ANT　　1SG　　待つ＝INFM

　　　「あなたの仕事が終わるまで私は待つよ」

(941) hjəntsʰo　　　ndʑo＝**rokko**　　tɕʰo　　ndi＝ni　　　　dol.
　　　 PSN　　　　　行く.IPF＝ANT　　2SG　　DEM＝ABL　　居る.IMP

　　　「ユムツォが行くまで、あなたはここにいろ」

8.3.10 生起前

否定接頭辞 ma- を付加された動詞とともに接続助詞 ＝koŋŋa、ma- 動詞
＝koŋŋa で導かれた節は、生起前の事態を表す。§8.3.8 で述べた ＝kʰa 節
が主節の事態の「直前」の事態を表すのに対し、ma- 動詞＝koŋŋa 節は、主
節の事態の「直前」には限定されず、主節の事態が生起する前の事態を広く
指す。

接続助詞 ＝koŋŋa はコピュラ動詞には接続しない。

(942) ama＝kə　　　tɕa　　　　ma-hku＝**koŋŋa**　　　kʰa＋lak　　　tɕə＝zək.
　　　母＝ERG　　　茶　　　　NEG- 沸かす＝ANT　　　口＋手　　　洗う＝IE

「お母さんは、茶を沸かす前に、顔と手を洗った」

(943) ŋa　　　　　tanaŋ＝ta　　　hnem　　ma-laŋ＝**koŋŋa**
　　　1SG　　　　今朝＝PP　　　空　　　NEG- 起きる＝ANT

　　　laŋ-nə　　　　　jən.
　　　起きる［-NMLZ　　COP.S］AFF.S

「私は、今朝は夜が明ける前に起きた」

(944) ŋa　　　　ɬasʰa＝a　　　ma-sʰoŋ＝**koŋŋa**　　　tɕʰando＝a
　　　1SG　　　PLN＝DAT　　　NEG- 行く .PF＝ANT　　　PLN＝DAT

　　　ndzo-dzi.
　　　行く .IPF-FUT.S

「私はラサに行く前にチャムドに行こう」

(945) tɕʰo　　　go＝o　　　　ma-sʰoŋ＝**koŋŋa**　　　nde
　　　2SG　　　門＝DAT　　　NEG- 行く .PF＝ANT　　　DEM.DAT

　　　ɕok.
　　　来る .IMP

「あなたは外に行く前にここに来なさい」

8.3.11　直後

　接続助詞 ＝Roŋkoŋŋa で導かれる副詞節は、「～したばかりの時に」とい
う直後の事態を表す。＝Roŋkoŋŋa には ＝roŋkoŋŋa/＝ʈoŋkoŋŋa/＝ndoŋkoŋŋa
という交替形がある。交替規則は付録1の表92に示した。＝Roŋkoŋŋa 節
は、動詞の完了形に後続し、「～したばかりの時に」という従属節の事態の
起こった「直後」の時を表す。

　接続助詞 ＝Roŋkoŋŋa は、動詞の否定形には後続しない。また、コピュ
ラ動詞にも後続しない。

（946）tɕʰo　　　joŋ＝**roŋkoŋŋa**　　wol＋hkel　　　mə-ɕi-gə.

　　　　2SG　　　来る＝PST　　　チベット＋語　　NEG- 知る -EV

　　「あなたは来たばかりの時、チベット語を知らなかった」

（947）lo　　　　sʰeʈ＝**toŋkoŋŋa**　　ɕaji　　htɕi-dzi　　　　re.

　　　　年　　　明ける＝PST　　　子供　　生まれる［-NMLZ　COP.O］FUT.O

　　「年が明けたばかりの時に、子供が生まれるだろう」

8.3.12　引用

　引用節は、接続助詞 ＝zi で表されることが多い（（948），（949）（a）参照）。＝zi は、動詞 ze, zi「言う」の語彙的意味が薄れて接語化して使われるようになったものと思われる。主節の動詞が ze, zi「言う」の場合には、接続助詞 ＝zi が現れない。たとえば、（950）では、htak mə-tɕʰok「踊ってはいけない」という発話の後ろに ＝zi が現れていない。これは、動詞 ze, zi「言う」に由来する接続助詞 ＝zi が、もとの動詞 ze, zi「言う」に接続不可能であるためと思われる。肯定・平叙だけでなく、命令も引用節になる（例は（948））。

　引用節の述語となる動詞が否定形をとることも可能である（（950）参照）。また、コピュラ動詞が現れることもある。ウチのコピュラ動詞とソトのコピュラ動詞がどちらも出現可能である（（951）（952）参照）。

　1 人称代名詞には、引用節専用の形があり、これをロゴフォリックな代名詞（§3.3.2 参照）と呼んでいる。（949）（a）のように、3 人称の発話中の 1 人称にこの形が使用される。対応する単文である「私は行く」という文を（949）（b）に参考として示す。

（948）ndi　　　　hjor＝**zi**　　　　　　　ɕek-ki.

　　　　DEM　　　貸す.IMP＝QUOT　　　　話す -EV

　　「『これ貸して』と言う」

（949）（a）kʰərgi　　　　　kʰo　　　　　　ta　　　　ndzo-dzi＝**zi**

　　　　　3SG.M.ERG　　　1SG.LOG.M　　　今　　　　行く.IPF-FUT.S＝QUOT

ɕet＝taŋ＝zək.

話す＝ACMP＝IE

「彼は、『私はもう行く』と言った」

(b) ŋa   ta   ndzo-dzi.

1SG   今   行く .IPF-FUT.S

「私はもう行く」

(950) htak   mə-tɕʰok   zi＝go-kə＝ra

踊る   NEG- してもよい   言う［＝PROG.EGO-EV］PROG.EV＝ADVS

kʰo   ndi   dzəntsʰen   mə-ɕi-gə.

1SG.LOG.M   DEM   理由   NEG- 知る -EV

「『踊ってはいけない』というが、私はこの理由を知らない」

(951) hjəntsʰo＝kə   sonam   ŋi   zaŋ＋sʰa   jən

PSN＝ERG   PSN   1SG.GEN   良い＋場所   COP.S

zi＝go-kə.

言う［＝PROG.EGO-EV］PROG.EV

「ユムツォは『ソナムは私の親友だ』と言っている」

(952) hjəntsʰo＝kə   sonam   hmen-ba   re

PSN＝ERG   PSN   薬 -NMLZ   COP.O

zi＝go-kə.

言う［＝PROG.EGO-EV］PROG.EV

「ユムツォは『ソナムは医者だ』と言っている」

8.3.13 　思考の補節

　思考を表す動詞 ndol「思う」の補節には、接続助詞が接続しない。補節となる節内には、未完了形、完了形のどちらも出現可能である。命令形が現れる例はみつかっていない。

　補節中の動詞の活用形の違いは、主節を基準とした相対テンスを表す。

　補節中には、動詞の否定形が現れることも可能である（例は(954)）。また、コピュラ動詞が現れることがある。ウチのコピュラ動詞とソトのコピュ

ラ動詞がどちらも出現可能である（例は (957)(958)）。

　例文中の ndok, ndot は、動詞 ndol「思う」の末子音 /l/ が、/k/ または /t/ に交替したものである。

(953) ŋi　　　　　naŋhka　ndʑo＝pa　　　　ndok-kə.
　　　1SG.ERG　　明日　　　行く.IPF＝TAGQ　思う-EV

　　　「私は明日行こうと思う」

(954) ŋi　　　　　naŋhka　mə-ndʑo　　　　ndol-a.
　　　1SG.ERG　　明日　　　NEG-行く.IPF　　思う-EGO

　　　「私は『明日行くまい』と思った」

(955) ŋi　　　　　naŋhka　ndʑo＝pa　　　　ndot＝taŋ-ŋa.
　　　1SG.ERG　　明日　　　行く.IPF＝TAGQ　思う＝ACMP-EGO

　　　「私は明日行こうと思った」

(956) kʰərgi　　　　hlopzaŋ　　kʰahtsaŋ　　sʰoŋ＝zək　　ndot＝taŋ＝zək.
　　　3SG.M.ERG　　PSN　　　　昨日　　　　行く.PF＝IE　　思う＝ACMP＝IE

　　　「彼はロブザンは昨日行っただろうと思った」

(957) kʰərgi　　　　hjəntsʰo　　ŋi　　　　　zaŋ＋sʰa　　　jən
　　　3SG.M.ERG　　PSN　　　　1SG.GEN　　良い＋場所　　COP.S

　　　ndok＝ko-kə.
　　　思う［＝PROG.EGO-EV］PROG.EV

　　　「彼は、『ユムツォは私の親友だ』と思っている」

(958) kʰərgi　　　　hlopzaŋ　　　hmen-ba　　　re
　　　3SG.M.ERG　　PSN　　　　　薬-NMLZ　　　COP.O

　　　ndok＝ko-kə.
　　　思う［＝PROG.EGO-EV］PROG.EV

　　　「彼は、『ロブザンは医者だ』と思っている」

8.4 節連続

　アムド・チベット語では、接続助詞を伴った従属節が複数連続し、最後に主節を置くという文が可能である。(959)はそのような一文である。節連続においては、それぞれの節の主語が異なってもよい。

(959) ti＝ki　　　　　hlaŋ＝taŋ＝**na**　　　　ta,
　　　DEM＝ERG　　　取る.PF＝ACMP＝COND　　INTJ

　　「そうやって、(木材を)取って、」

　　　ti　　　dza＝ni　　　ta　　　sʰoŋ＝ŋi　　　del＝**i,**
　　　DEM　　後＝ABL　　　INTJ　　行く.PF＝SEQ　　居る.PF＝SEQ

　　「その後で、行っていて、」

　　　jaŋhepoŋpen＝na　　tʰək＝**i,** (略)　　jegi　　hlaŋ＝**ŋi,** (略)
　　　PSN＝DAT　　　　　会う＝SEQ　　　　書類　　取る.PF＝SEQ

　　「ヤンヘポンペンに会って、(略)書類を取って、(略)」

　　　jaŋhepoŋpen＝ki　　fukon＝zək＝ki　　tʰop　　çən＝zək.
　　　PSN＝ERG　　　　　副官.Ch.＝INDF＝GEN　位　　与える.PF＝IE

　　「ヤンヘポンペンが副官の位を与えた」

8.5 従属節の包含関係

　ある節が別の節に埋め込まれる構造もよくみられる。(960)の例では、＝na 節({ })の中に、＝Gə 節([ ])が含まれている。(961)の例では、＝na 節({ })の中に、＝Ni 節([ ])が含まれている。

(960) {tɕʰo　　　[ŋa＝a　　　　hta＝**gə**]　　　ma-joŋ＝**na**}
　　　2SG　　　1SG＝DAT　　　見る.IPF＝PUR　　NEG-来る＝COND

　　　ŋa　　　sʰən-dzi　　re.
　　　1SG　　　退屈だ[-NMLZ　COP.O]FUT.O

「あなたが私に会いに来なければ、私は退屈するだろう」

(961) {[ɦta con=**ni**] sʰoŋ=**na**} tʰak raŋ-gə.
馬 乗る=SEQ 行く.PF=COND 距離 長い-EV

「馬に乗って行ったら遠い」

注

1　§8.1.1 でも示したが、未完了形に -no が接続する場合「〜する人 / 〜した人」という意味を表す。

2　条件節とトピックマーカーの通言語的な形態的類似性については、Haiman (1978) でも指摘されている。

3　dzew は、動詞 dzep「する」の末子音 /p/ が /w/ に交替したものである。

4　アムド・チベット語の tʰoŋ「飲む」という動詞は、日本語の「飲む」よりも使用範囲が広い。汁そばやヨーグルトなどの水分の多い食べ物、また、お茶とともにとる食事には、tʰoŋ「飲む」を使用する。したがって、「食事をする」という表現にも tʰoŋ「飲む」を用いることがある。

第9章　敬語

　アムド・チベット語には、敬意を表すための言語形式である敬語が存在する。敬語以外の言語形式を本書では普通語と呼ぶ。中央チベット語ラサ方言にみられる形態や用法ともに豊富な敬語表現に比べ、アムド・チベット語の敬語は語彙も少なく、使用の対象も非常に限定されている。詳細は海老原（2007a）で述べたが、本章ではその概要を示したい。アムド・チベット語の敬語は普通語の語彙の全てに対応する形式をもつわけではない。敬語の語彙は普通語に比べてかなり少ない。

　アムド・チベット語の敬語には日本語の敬語体系における尊敬語、謙譲語に対応する形式がみられるが、丁寧語はみつかっていない。以下でも日本語の尊敬語、謙譲語に対応する形式をそれぞれ尊敬語、謙譲語と呼ぶことにする。謙譲語は動詞のみにみつかった。

9.1　敬語の使用対象

　アムド・チベット語においては、宗教的な上下関係がある場合に限って敬語が用いられる。具体的には、［1］神仏などの神格、［2］高僧や転生者などの人間、［3］仏像、仏画、寺院、仏跡などの無生物、が敬意の対象となる。ただし、仏像、仏画、寺院、仏跡などの無生物について言及する敬語は動詞の謙譲語に限定される。アムド・チベット語では、上述の対象について言及する場合であっても敬語使用は義務的ではない。特に発話者の側に敬語の知識がない場合には、普通語で発話してもかまわないという。

[1] 神仏などの神格

神仏などの神格は人間ではないが、敬語を用いる。

(962) saŋdze＝kə　　　　**soŋ**-nə　　　　　　　　re.
　　　仏＝ERG　　　　　話す.HON［-NMLZ　　　　　COP.O］AFF.O

「仏がおっしゃった」

[2] 高僧や転生者などの人間

僧侶のうちでも、特に位の高い高僧や、神格の転生者には敬語を用いる
（例は(963)）。一般の僧侶や年上の者、社会的身分が上位の者、教師などの
宗教的に上位にない者について語る時には、一般的には敬語は用いずに、普
通語を用いる。例外的に、儀式の最中ではシャーマンや、在家修行者に対し
て敬語を使用するが（例は(964)）、日常の場面では敬語を使用しないとい
う。儀式中のシャーマンや在家修行者は、俗人といえども、神仏に近い、ま
たは、神仏の言葉を代弁する存在として敬意の対象となるのだと考えられ
る。

(963) alak　　　　 hlopzaŋ＝kə　　　 **namza**　　　　**z̠i**-nə
　　　高僧　　　　 PSN＝ERG　　　　服.HON　　　　　着る.HON［-NMLZ

　　　re.
　　　COP.O］AFF.O

「ロブザン高僧がお召し物をお召しになった」

(964) ɬawa＝kə　　　　　　　ɬa＋hkel
　　　シャーマン＝ERG　　　神＋話

　　　soŋ＝go-kə.
　　　話す.HON［＝PROG.EGO-EV］PROG.EV

（シャーマンが祭祀の最中で神がかっている場面において）「シャーマ
ンが神託をおっしゃっている」

[3] 仏像、仏画、寺院、仏跡などの無生物

仏像、仏画、寺院、仏跡などの無生物に対する敬語は、謙譲語動詞のみに
みられる。

(965) ŋa   hkənbəm＝a   **ndʐa**＝taŋ-ŋa.
      1SG   PLN＝DAT   参拝する.HON＝ACMP-EGO

「私はクンブム寺を参拝した」

9.2 敬語を表す方法

敬語を表す方法には、単語の交替（§9.2.1）、語形成（派生および複合）
（§9.2.2）、婉曲表現（§9.2.3）、の3つがある。

9.2.1 単語の交替

アムド・チベット語では多くの場合、普通語形とは異なる単語を敬語形と
して用いる。日本語の「言う」に対して「おっしゃる」といった別の単語で
敬意を表す方法である。たとえば、hŋək「目」の敬語が htɕen, go「頭」の
敬語が ʁə, ŋaŋ「名前」の敬語が tsʰen, wə または ɕilə「息子」の敬語が si「息
子」、ɕel「話す」の敬語が soŋ といったように単語が全く異なるものである。

9.2.2 語形成

対応する普通語または普通語の一部に形態的な操作を行って敬語をつくる
こともある。具体的には、［1］接辞付加による派生、［2］複合、の2種類の
方法がある。

[1] 接辞付加による派生

普通語（名詞または動詞）に、敬語をつくる接頭辞または接尾辞を付加し
て敬語名詞をつくる場合がある。動詞を派生する例はみつかっていない。

[1-1] 敬語派生接頭辞

　名詞や動詞に接頭辞を付加して名詞の敬語形を派生する。敬語派生接頭辞には、ɕek-、hkə-、ʁo-、goŋ-、soŋ-、su-、ɕa- がある。これらの接頭辞は全て敬語名詞、敬語動詞に由来するものである。これらの接頭辞は、派生された敬語名詞の中では本来の名詞や動詞の意味を失い、敬語を表すマーカーとしてのみ機能していることから、複合語とは解釈していない。たとえば ɕek- は、敬語名詞 ɕek「御手」に由来するものである。ɕek- は「印章」、「ペン」、「数珠」、「鞄」、「文字」、「功績」といった「手」に関係する敬語名詞を形成するものの、これらの敬語名詞中には直接的には「手」の意味は現れていない。

　表 67 では、各接頭辞（および接頭辞が敬語名詞／敬語動詞として使われる場合の形と意味）とそれらによって派生された敬語名詞を示す。

表 67　敬語派生接頭辞と派生される敬語名詞

接頭辞（敬語名詞／敬語動詞としての形式と意味）	派生された敬語名詞
ɕek-（ɕek「御手」）	ɕek-tʰi（HON- 印章）「印章」、ɕek-hŋək（HON- ペン）「ペン」、ɕek-tʰaŋ（HON- 数珠）「数珠」、ɕek-kʰək（HON- 鞄）「鞄」、ɕek-jək（HON- 文字）「文字、手紙」、ɕek-ʈi（HON- 書く .PF）「文字、手紙」、ɕek-dzi（HON- 功績）「功績」
hkə-（hkə「御体」）	hkə-nkʰam（HON- 健康）「体、健康、調子」、hkə-tsʰeraŋ（HON- 長寿）「長寿」、hkə-tsʰe（HON- 命、寿命、生涯）「命、寿命、生涯」、hkə-zen（HON- 裃裟）「裃裟」、hkə-tsʰak（HON- 面倒）「面倒」、hkə-hpən（HON- 兄弟）「兄弟」、hkə-ŋoŋ（HON- 病気）「病気」、hkə-ŋaŋ（HON- 病気）「病気」
ʁo-（ʁə「御頭」）	ʁo-htɕa（HON- 髪）「髪」、ʁo-za（HON- 帽子）「帽子」
goŋ-（goŋ「御年」）	goŋ-lo（HON- 年）「年齢」
soŋ-（soŋ「おっしゃる」）	soŋ-hkel（HON- 声）「声」、soŋ-htsom（HON- 文章）「文章」、soŋ-ɕel（HON- 話す）「話」
su-（sol「お祀りする」）	su-dza（HON- 茶）「茶」、su-ɕa（HON- 肉）「肉」、su-tʰap（HON- 台所）「台所」
ɕa-（ɕel「顔、口」）	ɕa-ŋo（HON- 顔）「顔」

第 9 章　敬語　333

[1–2] 敬語派生接尾辞

　敬語派生接尾辞には、-tsʰaŋ/-tsaŋ/-sʰaŋ/-zaŋ「～様」がある。これらは、名前に付加し、人の敬称（「～様」）を表す。-tsʰaŋ/-tsaŋ/-sʰaŋ は自由交替する。ただし、-zaŋ のみは、前の要素の末尾が /l/ の場合には後続しない。例は、alak-tsʰaŋ/-tsaŋ/-sʰaŋ/-zaŋ（高僧 -HON）「高僧様」、reɖaŋ-tsʰaŋ/-tsaŋ/-sʰaŋ/-zaŋ（PSN-HON）「レティン様」、gepɕe-tsʰaŋ/-tsaŋ/-sʰaŋ/-zaŋ（仏教学博士 -HON）「仏教学博士様」など。

　3 人称単数代名詞普通語形の kʰəga と敬語形の kʰoŋ も、敬称をつくる接尾辞 -zaŋ を後続する場合がある。kʰoŋ-zaŋ「彼（敬語形）」という形で表す。

[2] 複合

　普通語における複合語の要素の一部を敬語に入れ替え、全体を敬語にすることがある。以下の例は、名詞形態素の一部を入れ替えることで敬語を派生している。

	普通語	敬語
(966)	lak＋ɕəp	**ɕek**＋ɕəp
	手＋鞘	手.HON＋鞘
	「手袋」	
(967)	kʰa＋da	**ɕel**＋da
	口＋合図	口.HON＋合図
	「話」	
(968)	kʰa＋tɕʰem	**ɕel**＋tɕʰem
	口＋遺言	口.HON＋遺言
	「遺言」	
(969)	htɕi＋jəl	**tʰoŋ**＋jəl
	生まれる＋土地	生まれる.HON＋土地
	「出生地」	

9.2.3 婉曲表現

ほとんどの敬語動詞は敬語形を1つしかもたないが、「亡くなる」に関しては敬語形を複数もつようである。「亡くなる」という意味を表す敬語は、hɕak「お亡くなりになる」という動詞も存在するが、以下に示す慣用表現でも表現可能である。おそらく、「亡くなる」ということを直接的な表現で口にすることをはばかり、婉曲的な表現が発達したのではないかと考えられる。敬意の対象の範囲は§9.1［2］「高僧や転生者などの人間」に限定されるようである。一般の人々には敬語ではなく、動作動詞 ɕə「死ぬ」や、存在動詞の否定形 mel「ない、いない」を用いる。

(970) pantɕʰenrənpotɕʰe   **hkə**   ma-**zək**＝zək.
      PSN   体.HON   NEG-居る.HON＝IE

      「パンチェン・リンポチェがお亡くなりになったそうだ」

(971) pantɕʰenrənpotɕʰe   **goŋpa**   dzok＝sʰoŋ-nə   re.
      PSN   考え.HON   終わる＝ACMP［-NMLZ   COP.O］AFF.O

      「パンチェン・リンポチェがお亡くなりになった」

9.3　敬語の品詞

品詞の観点からみると、名詞、代名詞、動詞において敬語表現がみられる。動詞には尊敬語と謙譲語の両方があるが、それ以外の品詞には尊敬語しかみられない。

9.3.1 名詞

名詞には、主に、敬意の対象となる人物の身体部位、所有物（持ち物、衣類のような具体物から、名前、知識などの抽象物まで）、親族、排泄物、身体現象、心理現象、作品などに敬語がみられる。これらはともに、所有傾斜（身体部位＞属性＞衣類＞愛玩動物＞作品＞その他の所有物、角田 2009: 125-176, Tsunoda 1995: 565–630）の上位の名詞（句）である。ただし、所有物

第9章　敬語　335

であっても、愛玩動物についての敬語はみつからなかった。tɕəhpa「(お乗りになる)馬」という敬語名詞があるが、これは愛玩動物というよりは乗り物である。

　普通語名詞と敬語名詞は常に1対1で対応するわけではない。具体例を示すと、「首」、「喉」という単語は、普通語では、hki「首」、ŋəttok「喉」というそれぞれ別の単語があるが、敬語では、ndɛnba が両方に対応している。「心」、「心臓」という単語も、普通語では、sʰem「心」、hŋaŋ「心臓」というそれぞれ別の単語があるが、敬語では tʰək が両方に対応している。

表68　敬語と普通語の対応(身体部位)

敬語	対応する普通語
ʁə「頭」	ngo「頭」
ʁo-htɕa「髪」	htɕa「髪」
ɕel, ɕa-ŋo「顔」	ŋo「顔」
ndɛnba「首、喉」	hki「首」、ŋəttok「喉」
htɕen「目」	hnək「目」
çaŋ「鼻」	hna「鼻」
çaŋndzok「耳」	hnandzok「耳」
ɕel「口」	kʰa「口」
dzek「舌」	htɕi「舌」
tsʰem「歯」	ʂʰo「歯」
ɕek「手」	lokkwa「手」
ɕek+tʰi「掌」	lak+tʰi「掌」
ɕek-ndzək「指」	ndzək「指」
ɕep「足」	hkoŋŋa「足」
hkə「体」	hoŋwo「体」
tʰək「心、心臓」	sʰem「心」、hŋaŋ「心臓」
soŋ-hkel「声」	hkel「声」
goŋpa「考え」	samba「考え」

表69　敬語と普通語の対応（持ち物）

敬語	対応する普通語
namza「衣服」	kondzə「衣服」
hkə-zen「袈裟」	zen「袈裟」
ʁo-za「帽子」	ɕato「帽子」
ʁop[1]＋dzen「髪飾り」	ngo＋dzen「髪飾り」
ɕek-kʰək「鞄」	kʰəkma「鞄」
tɕəhpa「馬」	hta「馬」
ʈʰə「椅子」	oŋhtɕek「椅子」
ɕek-tʰi「印章」	tʰi「印章」
ɕek-hŋək「ペン」	hŋək「ペン」
ɕek-ʈʰaŋ「数珠」	ʈʰaŋŋa「数珠」
ɕek-dzi「功績」	ɕidzi「功績」
tsʰen「名前」	ŋaŋ「名前」
tɕʰenrap「知識」	ɕerap「知識」
goŋ-lo「年齢」	lo「年齢」

表70　敬語と普通語の対応（親族）

敬語	対応する普通語
jap, jap＋zi「父」	awa, adza「父」
jəm, ma＋jəm「母」	ama「母」
jap＋jəm（父＋母）「父母」	ha＋ma（父＋母）「父母」
si「息子」	wə, ɕilə「息子」
si-mo「娘」	ɕimo, womo「娘」
hkə-hpən「兄弟」	hpən「兄弟」

第 9 章　敬語　337

表 71　敬語と普通語の対応（排泄物）

敬語	対応する普通語
htɕen＋tɕʰep「涙」	hŋək＋tɕʰə「涙」
tɕʰepsaŋ「小便、大便」	htɕən「小便」、htɕokkwa「大便」
htsaŋ＋tɕʰep「小便」	htɕən「小便」
ɕaŋ＋tɕʰep「鼻水」	hna＋tɕʰə「鼻水」

表 72　敬語と普通語の対応（身体現象）

敬語	対応する普通語
hkə-ɳoŋ, hkə-ɳaŋ「病気」	ne「病気」
hkə-nkʰam「健康」	kʰam「健康」

表 73　敬語と普通語の対応（心理現象）

敬語	対応する普通語
tsʰen＋lem「夢」	hɳilem「夢」

表 74　敬語と普通語の対応（作品）

敬語	対応する普通語
soŋ-nbəm, soŋ-htsom, ɕek-htsom「文章、著書」	htsom「文章」
ɕek-jək, ɕek-ʈi「書いた物、手紙」	jegi「文字、手紙」
soŋ-ɕel「話」	hkatɕʰa「話」

　「著書」、「書いた物、手紙」に関しては、普通語と敬語の関係が 1 対多数の関係になっている。チベットでは、チベット文字で書かれた本を大事に扱う習慣がある。「著書」、「書いた物、手紙」を意味する敬語が多いのも、おそらくそのような風習と関係があるものと思われる。

表 75　敬語と普通語の対応 (その他)

敬語	対応する普通語
ziwa「食べ物、食事」	sama「食べ物、食事」
tɕʰep「水」	tɕʰə「水」
su-ça「肉」	ça「肉」
su-dza「茶」	tɕa「茶」
su-tʰap「台所」	tʰapka「台所」
hkə-tsʰe「一生」	tsʰe「一生」
hkə-tsʰak「面倒」	tsʰak「面倒」

9.3.2　動詞

　動詞における敬語には、[1] 尊敬語動詞と [2] 謙譲語動詞がある。

[1] 尊敬語動詞

　動詞の尊敬語では、1つの敬語形に2つ以上の普通語の動詞が対応することがある。日本語においても、敬語の「いらっしゃる」が普通語の「行く」、「来る」、「居る」に対応していたり、「召しあがる」が普通語の「食べる」、「飲む」、「吸う」などに対応しているのと同様である。アムド・チベット語においても、hep「いらっしゃる」という敬語形が、普通語の ndzo「行く」、joŋ「来る」の両方に対応している。敬語の zi「召す」も、普通語の sa「食べる」、tʰoŋ「飲む」、kon「着る」、len「取る」、kʰu「病む」に対応し、zək「いらっしゃる」は普通語の ndək「居る」、htsok「座る」両方に対応している。敬語の zaŋ「お立ち上がりになる、お建てになる」の場合は、普通語の laŋ「立ち上がる」と tsək「建てる」の両方に対応している。この場合には敬語において自他が中和していると考えられる。

　敬語動詞において意志性が中和している例もある。敬語の zem「お休みになる」は、普通語の ŋa「寝る」と hŋəl「眠る」の両方に対応している。敬語の zək「ご覧になる」は、普通語の hta「見る」、rək「見える」の両方に対応している。以下の表 76 に尊敬語動詞と普通語の対応を提示した。各動

第 9 章　敬語　339

詞が自動詞（Vi）か他動詞（Vt）かも示した。ちなみに、敬語動詞には、hnaŋ
（未完了形、完了形）/hnoŋ（命令形）「給う、なさる」のみに活用がみつかった。

表 76　動詞の尊敬語と普通語の対応

尊敬語	対応する普通語（未完了形を示す）
hep「いらっしゃる」(Vi)	ndzo「行く」(Vi)、joŋ「来る」(Vi)
zəm「お休みになる」(Vi)	ŋa「寝る」(Vi)、hŋəl「眠る」(Vi)
zək「いらっしゃる」(Vi)	ndək「居る」(Vi)、htsok「座る」(Vi)
hɕak「お亡くなりになる」(Vi)	ɕə「死ぬ」(Vi)
dzi「お喜びになる」(Vi)	ga「喜ぶ」(Vi)
tɕʰen「ご存知である」(Vt)	ɕi「知る」(Vt)、ko「わかる」(Vt)
soŋ「おっしゃる」(Vt)	ɕel「話す」(Vt)
zək「ご覧になる、お見かけになる」(Vt)	hta「見る」(Vt)、rək「見える」(Vt)
hnaŋ/hnoŋ「くださる」(Vt)	hter「与える」(Vt)
ndze「なさる」(Vt)	jel「する」(Vt)
tɕəp「(馬に) お乗りになる」(Vt)	ɕon「乗る」(Vt)
sen「お聞こえになる、おわかりになる」(Vt)	ko「聞こえる、わかる」(Vt)
zi「召し上がる、召す」(Vt)	sa「食べる」(Vt)、tʰoŋ「飲む」(Vt)、kon「着る」(Vt)、len「取る」(Vt)、kʰu「病む」(Vi)
zaŋ「お立ちになる」(Vi)、「お建てになる」(Vt)	laŋ「立ち上がる」(Vi)、tsək「建てる」(Vt)

(972) hlama　　**zək**＝i　　　　de　　　jo-nə　　　　re.
　　　高僧　　　居る.HON＝SEQ　居る.PF EXST［-NMLZ　COP.O］AFF.O

　　「高僧が（ここに）いらっしゃっている」

(973) alak＝kə　　　gonpa　　　　**zaŋ**＝taŋ＝zək.
　　　高僧＝ERG　　寺　　　　　建てる.HON＝ACMP＝IE

　　「高僧が寺をお建てになったそうだ」

[2] 謙譲語動詞

　動詞の謙譲語は、直接目的語や間接目的語に対する発話者の敬意を表す場合に用いる。nbəl「献上する」、ndʑa「お目にかかる、参拝する」、ɕə（未完了形）/ɕy（完了形、命令形）「お仕えする、申し上げる」、ɖoŋ「弑する」などがある。これらは、直接目的語または間接目的語に敬意を表す場合にのみ用いる（例は（974））。たとえば、ɖoŋ「弑する」は、殺された人に対する敬意を表せるが、殺す動作者に対する敬意は表せない（例は（975））。謙譲語動詞では、仏画、仏像、寺院、仏跡などの無生物に対する敬意も表すことができる（例は（976））。

表 77　謙譲語動詞と普通語の対応

敬語	普通語（未完了形を示す）
nbəl「献上する」(Vt)	hter「与える」(Vt)
ndʑa「お目にかかる、拝する」(Vt)	hta「見る」(Vt)、tʰək「会う」(Vt)
ɕə（未完了形）/ɕy（完了形、命令形）「お仕えする、申し上げる」(Vt)	cel「話す」(Vt)
ɖoŋ「弑する」(Vt)	sol「殺す」(Vt)

(974) alak　　　　tʰəwa-**tsaŋ**＝ŋa　　　　　　tontak　　**ɕy**＝zək.
　　　高僧　　　　PSN-HON＝DAT　　　　　　用件　　　言う.HUM＝IE

　　「チュワ高僧に用件を申し上げた」

(975) hmək＝ki　　　　　　alak　　　　**ɖoŋ**＝taŋ＝zək.
　　　軍＝ERG　　　　　　高僧　　　　殺す.HUM＝ACMP＝IE

　　「軍が高僧を弑した」

(976) kʰərga　　　amɲimatcʰen＝na　　　　**ndʑa**＝taŋ＝zək.
　　　3SG.M　　　アムニマチェン聖山＝DAT　　拝する.HUM＝ACMP＝IE

　　「彼はアムニマチェン聖山を拝んだ」

注

1　ʁə「御頭」の異形態の１つ。

付録1　接尾辞・後接語の頭子音交替一覧

　§2.6.1で述べたように、アムド・チベット語の接辞、接語の一部は異形態をもつ。付録1ではこのうち主な接尾辞および後接語の異形態を示す。

　異形態をもつ接尾辞や後接語については代表形を設定する。この代表形は形態音素表記であるため音節頭子音を大文字で表記する。表中に「/t/（← /l/）」とあるのは、直前の語幹または語の語末音 /l/ が、与えられた環境において /t/ に交替して現れることを表す。

　また、接尾辞、後接語の交替現象の詳細については、Ebihara（2009b）および海老原（2009）でも扱っているので参照していただきたい。

1　接尾辞の頭子音交替

表78　名詞化接辞 -Dzo「〜すること」の交替

直前の語幹または語の語末音	実現形
/t/（← /l/）	/-tɕo/
/p/, /k/, /m/, /n/, /ŋ/, /r/, 母音	/-dzo/

表79　動詞語尾 -Gə「状態・属性（観察知）」の交替

直前の語幹または語の語末音	実現形
/k/（← /p/）, /k/, /k/（← /l/）	/-kə/, /-ki/
/m/, /n/, /ŋ/, /r/, 母音	/-gə/, /-gi/

表 80　動詞語尾 -Ca「定着知」の交替

直前の語幹または語の語末音	実現形
/p/	/-pa/
/n/	/-na/
/ŋ/	/-ŋa/
/o/	/-wa/
/k/, /m/, /l/, /r/, 母音	/-a/

2　後接語の頭子音交替

表 81　与格助詞 ＝Ca の交替

直前の語幹または語の語末音	実現形
/k/	/＝ka/
/m/	/＝ma/
/n/	/＝na/
/ŋ/	/＝ŋa/
/p/	/＝wa/
/k/, /m/, /l/, /r/, /w/ (← /p/), 母音	/＝a/
/o/	/＝o/

表 82　談話助詞 ＝Ra「～と、～も」の交替

直前の語幹または語の語末音	実現形
/p/, /k/, /m/, /ŋ/, /l/, /r/, 母音	/＝ra/
/ʈ/ (← /l/) , /ʈ/ (← /r/)	/＝ʈa/
/n/	/＝nḍa/

表 83　助動詞 ＝Sʰoŋ「完遂」の交替

直前の語幹または語の語末音	実現形
/p/, /k/, /m/, /n/, /ŋ/, /r/, /s/ (← /l/) , 母音	/＝sʰoŋ/
/t/ (← /l/)	/＝tsʰoŋ/

付録 1 接尾辞・後接語の頭子音交替一覧 345

表 84 助動詞 ＝ Go「進行・習慣（定着知）」の交替

直前の語幹または語の語末音	実現形
/k/ (← /p/), /k/, /k/ (← /l/)	/ ＝ko/
/m/, /n/, /ŋ/, /r/, 母音	/ ＝go/

表 85 助動詞 ＝ Zək「結果観察」の交替

直前の語幹または語の語末音	実現形
/p/, /k/, /m/, /n/, /ŋ/, /r/, 母音	/ ＝zək/
/t/ (← /l/)	/ ＝tsək/

表 86 接続助詞 ＝ Ni「動作連続・付帯状況」の交替

直前の語幹または語の語末音	実現形
/n/	/ ＝ni/
/ŋ/	/ ＝ŋi/
/k/, /m/, /l/, /r/, /w/ (← /p/), 母音	/ ＝i/

表 87 接続助詞 ＝ Na「動作連続・否定の状態」の交替

直前の語幹または語の語末音	実現形
/n/	/ ＝na/
/ŋ/	/ ＝ŋa/
/k/, /m/, /l/, /r/, /w/ (← /p/), 母音	/ ＝a/

表 88 接続助詞 ＝ Roŋ「譲歩」の交替

直前の語幹または語の語末音	実現形
/p/, /k/, /m/, /ŋ/, 母音	/ ＝roŋ/
/ṭ/ (← /l/), /ṭ/ (← /r/)	/ ＝ṭoŋ/
/n/	/ ＝ndoŋ/

表89　接続助詞 ＝Gə「目的・否定の状態」の交替

直前の語幹または語の語末音	実現形
/p/, /k/, /k/ (← /l/)	/＝kə/, /＝ki/
/m/, /n/, /ŋ/, /r/, 母音	/＝gə/, /＝gi/

表90　接続助詞 ＝Ra「逆接」の交替

直前の語幹または語の語末音	実現形
母音	/＝ra/
/ʈ/ (← /l/)	/＝ʈa/
/n/	/＝nɖa/

（/l/, /n/ 以外の子音に後続する例はみつかっていない）

表91　接続助詞 ＝Ritʰatsʰo（短縮形 ＝Ri）「生起後・生起中」の交替

直前の語幹または語の語末音	実現形
/p/, /k/, /m/, /n/, /ŋ/, 母音	/＝ritʰatsʰo/, /＝ri/
/ʈ/ (← /l/), /ʈ/ (← /r/)	/＝ʈitʰatsʰo/, /＝ʈi/
/n/, /ŋ/	/＝nɖitʰatsʰo/, /＝nɖi/

表92　接続助詞 ＝Roŋkoŋŋa「直後」の交替

直前の語幹または語の語末音	実現形
/p/, /k/, /m/, /ŋ/, 母音	/＝roŋkoŋŋa/
/ʈ/ (← /l/), /ʈ/ (← /r/)	/＝ʈoŋkoŋŋa/
/n/	/＝nɖoŋkoŋŋa/

表93　文末助詞 ＝Ba「同意要求、推量」の交替

直前の語幹または語の語末音	実現形
/p/, /p/ (← /l/), /k/	/＝pa/
/m/, /n/, /ŋ/, /r/, 母音	/＝ba/

付録 1　接尾辞・後接語の頭子音交替一覧　347

表 94　文末助詞 ＝ Go「念押し」の交替

直前の語幹または語の語末音	実現形
/p/, /k/, /k/ (← /l/)	/＝ko/
/m/, /n/, /ŋ/, /r/, 母音	/＝go/

表 95　文末助詞 ＝ Ra「強意」の交替

直前の語幹または語の語末音	実現形
/ʈ/ (← /l/) , /ʈ/ (← /r/)	/＝ʈa/
/p/, /k/, /m/, /n/, /ŋ/, 母音	/＝ra/

表 96　文末助詞 ＝ Ga「発話者が観察した事態についての疑問」の交替

直前の語幹または語の語末音	実現形
/k/ (← /p/) , /k/, /k/ (← /l/)	/＝ka/
/m/, /n/, /ŋ/, /r/, 母音	/＝ga/

349

付録 2　ヤクに関する語彙

　アムド地域では、伝統的に、農耕、牧畜が生業として営まれている。牧畜民や半農半牧民はヤクをはじめ、羊、馬、ヤギなどの家畜を飼い、それらの家畜の肉、乳、毛、皮、糞、またその労働力を利用して生活している。付録 2 では、この地域で話されるアムド・チベット語における、ヤクを呼び分ける語彙について記述を行う。

　ヤクを含めた家畜は、年齢、雌雄の他、毛色、模様の位置、角の有無や形状、体の大きさ、群れの中での役割、性格などによって異なる語彙で呼び分けられ、豊富な語彙体系をもつ。そのため、このような家畜に関する語彙は、アムド・チベット語における民俗語彙であると考えられる。

　ヤクは、総称を nor または norhnak という。nor という表現は、牛や、ヤクと牛の混合種ゾも含めた総称である。norhnak はヤクのみを指す。

　0–1 歳ヤクは wji, wjihtaŋ、1–2 歳ヤクは jarə、2–3 歳ヤクは sʰəmhjer、3–4 歳ヤクは sʰokɳi、性成熟した雄ヤクは hjek、雌ヤクは nɖi、種ヤクは wakdə と呼ばれる。

　ヤクの糞は燃料や建築資材として用いられる。湿ったヤク糞は htɕia、乾いた糞は woŋŋa と呼ばれる。

　以下では、毛色と角の有無、形状に関する語彙を示す。より詳しくは、Chos bstan rgyal (2014)、海老原 (2018) の記述を参照していただきたい。

1　体全体の毛色に関わる表現
　ヤクの体全体の毛色にはいくつかの種類がある。表 97 に基本色を示す。

基本色には7種類がある。基本色は全て1音節を重複した2音節の形で表される。dza-rdza と kar-hkar は重複された際、1音節目と2音節目の間にそれぞれ /r/, /h/ という子音が挿入される。dza-rdza と rok-rok はともに黒ではあるが、dza-rdza のほうは全身が茶色っぽい黒色で、さらに口が白いという特徴も合わせもっている。

dza-rdza, rok-rok ともに「角がある」という、角に関する特徴も含んでいる点は他の基本色と異なる。他の基本色の場合には、角の有無は付録2の§2に示す表現を組み合わせて表す必要がある。dza-rdza, rok-rok の2色はヤクの原種である野生ヤクの毛色でもある。そのため、「角をもつ」という野生ヤクの特徴も含んだ表現になっているのだと考えられる。7色の基本色のイラストを図3に示す。ただし、モノクロのため、sʰer-sʰer「黄色」、ṣe-ṣe「白、黒、灰色っぽい黄色、灰色の4色のまだら」に関しては実際の色とは異なることを断っておく。

表97　ヤクの体全体の毛色の基本色の表現

dza-rdza	全身が黒く（茶色っぽい黒色）、口だけ白い（角がある）
rok-rok	全身が黒い（角がある）
sʰer-sʰer	灰色っぽい黄色
hŋo-hŋo	灰色
kar-hkar	白
tcʰa-tcʰa	白と黒のまだら
ṣe-ṣe	白、黒、灰色っぽい黄色、灰色の4色のまだら

ヤクの毛色には、上記の7種類の基本色の他に、dza＋sʰer「黄色っぽい黒」、sʰer＋kar「白っぽい黄色」といった複合色がある。

2　角の有無・形状に関わる表現

ヤクは雌雄を問わず、角の生えるものと生えないものが存在する。角の生えるものは0–1歳の仔ヤクの頃から生え始める。角のあるヤクとないヤクは呼称で言い分けることができる。それぞれ付録2の§1にて述べた基本

図3　ヤクの毛色

色の第1音節に -laŋ「角あり」または -tʰo「角なし」という意味の接辞を付加する。例えば、角なしの kar-hkar「白」であれば kar-tʰo（白 – 角なし）、角ありの sʰer-sʰer「黄色」であれば、sʰer-laŋ（黄 – 角あり）となる。付録2の §1で述べたように、dza-rdza「全身が黒く（茶色っぽい黒色）、口だけ白い（角がある）」と rok-rok「全身が黒い（角がある）」はともに、「角がある」という特徴を含んだ表現であるので、dza-laŋ と rok-laŋ という表現は存在しない。「角がない」という表現は可能である。「角のない」dza-rdza は dza-tʰo となる。ただし、「角のない」rok-rok は rok-tʰo とは言わず nak-tʰo と表現する。

　角があり、さらに角の形が特徴的である場合にはそれぞれ個別の名称がある。ra は「角」という意味の名詞である。ra＋nda「外向きに少し広がったまっすぐ伸びた角」、ra＋ndzək「垂直方向にまっすぐ伸びた角」、ra＋dzaŋ「まっすぐ伸びた角」、ra＋gor「内向きに曲がった角」、ra＋hjon「左右非対称で、曲がった角」という表現がある。

基本色の第 1 音節 -laŋ　　　　　　　基本色の第 1 音節 -tʰo
「角あり」　　　　　　　　　　　　「角なし」

図 4　角の有無の表現

ra + nda　　　　　　　　　　　　　ra + ndzək
「外向きに少し広がったまっすぐ伸びた角」　「垂直方向にまっすぐ伸びた角」
または　　　　　　　　　　　　　　または
ra + dzaŋ　　　　　　　　　　　　ra + dzaŋ
「まっすぐ伸びた角」　　　　　　　「まっすぐ伸びた角」

ra + gor　　　　　　　　　　　　　ra + hjon
「内向きに曲がった角」　　　　　　「左右非対称で、曲がった角」

図 5　角の形状の表現

付録3 アムド・チベット語に関する先行研究

アムド・チベット語の先行研究は概説書、教科書の他、論文なども含めると枚挙にいとまがない。ここでは、音声・音韻、文法、辞書・語彙集、談話資料、学習用の教科書の順に、主要な書籍、論文のみを紹介する。

1 音声・音韻

アムド・チベット語に関する研究論文には、音声・音韻に関するものが最も多い。各方言に関して数多の論文が発表されているが、以下、主要なもののみ言及する。

Sun (1986) は、四川省の阿壩チベット族チァン族自治州若尔盖県 (ゾルゲ) のアムド・チベット語に関して、音韻と音声の記述を行い、共時的、通時的な観察を行っている。近年、チベット人の研究者によるまとまった研究としては、Cham tshang Pad ma Lhun grub (2009)、Sum bha Don grub Tshe ring (2011)、王双成 (2012) がある。この3冊ではアムド・チベット語の各方言の音韻・音声特徴が記述されている。音響音声学的な研究として Caplow (2009) がある。この論文はアムド・チベット語と西部チベット語がともに無声調であることに着目し、両方言の語彙について音響音声学的な実験を行っている。そして、強勢、音調について共通性がみられることを指摘し、さらにその特徴がチベット語の祖形に遡ることができると結論づけている。

2 文法

古典的な先行研究としては、青海省の黄南チベット族自治州同仁県 (レプ

コン）におけるアムド・チベット語の記述を行った Roerich (1958) がある。
包括的な文法記述として特に重要なのは、周毛草 (2003) と Haller (2004) で
ある。周毛草 (2003) は、甘粛省の甘南チベット族自治州瑪曲県（マチュ）に
おける牧区方言の全体的な記述である。人口分布、社会地理的背景、音韻、
語彙、形態、統語に及ぶ。5 編のテキストも付されている。Haller (2004)
は、青海省の海西モンゴル族・チベット族自治州天峻県（テムチェン）で話
される牧区方言の音韻、形態、統語にわたる全体的な記述である。特に、動
詞の形態論に関する詳しい分析を行っている。語彙集と 2 編のテキストが
付されている。青海省の海南チベット族自治州同徳県（バルゾン）の農区方
言の音韻と文の基本構造をまとめたものとしてダムディンジョマ (2017) が
ある。

　上記以外の包括的な文法研究としては、敏生智 (1990)、格桑居冕・格桑
央京 (2002) がある。敏生智 (1990) は、アムド・チベット語における「虚
詞」（副詞、助詞、間投詞）の意味や機能、文の構造などを簡単にまとめてい
る。格桑居冕・格桑央京 (2002) は、チベット語の 3 大方言（中央チベット
語、カム・チベット語、アムド・チベット語）の概説書である。アムド・チ
ベット語については、約 100 ページの記述がある。主に、甘粛省甘南チベッ
ト族自治州夏河県（サンチュ）で話されているアムド・チベット語の音韻、
形態、統語的特徴を扱っている。

　アムド・チベット語の文法を簡潔にまとめたものとして、海老原
(2007b)、Ebihara (2011) がある。

　アムド・チベット語における特定の文法現象を扱った主な先行研究は様々
なものがある。いくつか主要なものを列挙すると、使役表現について日本語
と対照しながら論じた札西才譲 (2011)、証拠性（エヴィデンシャリティ）を
論じた Sun (1993)、Tribur (2017)、複文の従属節と主節の意味関係について
分析した Ebihara (2018) などがある。

3　辞書・語彙集

　アムド・チベット語の辞書には、華侃・龍博甲 (1993) と耿顕宗・李俊英・

龍智多杰（2007）がある。前者は主に甘粛省甘南チベット族自治州夏河県（サンチュ）のアムド・チベット語をもとに、後者は青海湖周辺のアムド・チベット語をもとに編集されているが、両辞書ともにその他の地域のアムド・チベット語の語彙も一部収録されている。

特定の分野の語彙を収集したものとして、青海省の黄南チベット族自治州沢庫県（ツェコ）で話されるアムド・チベットの牧畜文化に関わる語彙を収録した星・海老原・ナムタルジャ他（編）（2018）がある。

語彙集には、華侃（主編）（2002）がある。同語彙集は中央チベット語ラサ方言の他に、夏河県、同仁県、循仁県、化隆県、紅原県、天峻県におけるアムド・チベット語の語彙を 2121 語ずつ収録している。

4 談話資料

音韻表記によって書き起こされた、アムド・チベット語の口語テキストには、上述の周毛草（2003）や Haller（2004）に付された資料がある。その他に短い資料ではあるが、楊措毛・佐藤（2006）、海老原（2008）、Ebihara（2009a）などがある。

5 学習用の教科書

アムド・チベット語の初学者用の教科書としては、英語、漢語、日本語で書かれたものがある。英語による教科書には、Wang（1996）、Kalsang Norbu et al.（2000）、Sung Kuo-ming and Lha byams rgyal（2005）、Dpal ldan bkra shis（2016）がある。漢語による教科書には、敏生智・耿顕宗（編）（1989）、敏生智・欺顯宗（編）（2001）、桑本太（編）（2006）などがある。日本語で書かれたものには海老原（2010）がある。海老原（2010）は、共和県のギャイ村で話される牧区方言のデータにもとづいた教科書である。

参考文献

Aikhenvald, Alexandra Y. (2004) *Evidentiality*. Oxford: Oxford University Press.

Aikhenvald, Alexandra Y. (2018) *The Oxford handbook of evidentiality*. Oxford: Oxford University Press.

Aikhenvald, Alexandra Y. and R. M. W. Dixon (eds.) (2006) *Serial verb constructions: A cross-linguistic typology*. Oxford: Oxford University Press.

Bielmeier, Roland (In preparation) *Comparative dictionary of Tibetan dialects*. (updated Feburuary 2008).

Caplow, Nancy J. (2009) The role of stress in Tibetan tonogenesis: A study in historical comparative acoustics. Unpublished doctoral dissertation, University of California Santa Barbara.

Cham tshang pad ma lhun grub (2009) *A mdo'i yul skad kyi sgra gdangs la dpyad pa/* [*Phonological study on Amdo Tibetan dialects*]. 西寧：青海民族出版社.

Chos bstan rgyal (2014) *Following the herds: Rhythms of Tibetan pastoral life in Amdo*. Asian Highlands Perspectives 32. Asian Highlands Perspectives.

Comrie, Bernard (1976) The syntax of causative constructions. In: Shibatani, Masayoshi (ed.) *Cross-language similarities and divergence: Syntax and semantics 6 The grammar of causative constructions*, 261–312. New York: Academic Press.

ダムディンジョマ (2012)「チベット語アムド農民方言の音韻体系とその特徴」修士論文，神戸市外国語大学.

ダムディンジョマ (2014)「チベット語アムド農民方言の音韻体系とその特徴―青海省海南州同徳県の農民方言」『日本西蔵学会会報』60: 69–88.

ダムディンジョマ (2017)「チベット語アムド農民方言―音韻体系と文の基本構造」博士論文，神戸市外国語大学.

Delancey, Scott (1990) Ergativity and the cognitive model of event structure in Lhasa Tibetan. *Cognitive Linguistics* 1. 3: 289–321.

Delancey, Scott (2018) Evidentiality in Tibetic. In: Aikhenvald, Alexandra Y. (ed.) *The Oxford handbook of evidentiality*, 580–594. Oxford: Oxford University Press.

Denwood, Philip (1999) *Tibetan*. London: John Benjamins.

Dixon, R. M. W. (1972) *The Dyirbal language of North Queensland*. Cambridge: Cambridge University Press.

Dixon, R. M. W. and Alexandra Y. Aikhenvald (2000) Introduction. In: Dixon, R. M. W. and Alexandra Y. Aikhenvald (eds.) *Changing valency: Case studies in transitivity*, 1–29. Cambridge: Cambridge University Press.

Dpal ldan bkra shis (2016) *Amdo Tibetan language: An introduction to normative oral Amdo*. Asian Highlands Perspectives, online version. http://tibetanplateau.wikischolars.columbia.edu/VOLUME+43 [accessed June 2018].

Dwyer, Arienne M. (1995) From the Northwest China sprachbund: Xúnhuà Chinese dialect data. *Yuen Ren Society treasury of Chinese dialect data* 1: 143–182.

海老原志穂(2007a)「チベット語アムド方言の敬語」『思言』2: 3–20.

海老原志穂(2007b)「チベット語アムド方言」中山俊秀・山越康裕(編)『文法を描く：フィールドワークに基づく諸言語の文法スケッチ 2』99–130. 東京：東京外国語大学アジア・アフリカ言語文化研究所.

海老原志穂(2008)「青海省共和県のチベット語アムド方言」博士論文，東京大学.

海老原志穂(2009)「アムド・チベット語における形態音韻論的な交替現象」『日本西蔵学会会報』55: 91–106.

Ebihara, Shiho (2009a) Text from Amdo Tibetan "Little frog as god's son" (Zarək ɬasi), *Asian and African Languages and Linguistics* 4: 149–168.

Ebihara, Shiho (2009b) Morphophonological alternation of suffixes, clitics and stems in Amdo Tibetan, *Bulletin of the National Museum of Ethnology* 33. 4: 639–660.

Ebihara, Shiho (2009c) Auxiliary verbs concerning "intentionality" and "directionality" in Amdo Tibetan. In: Nagano, Yasuhiko (ed.)『チベット文化圏における言語基層の解明―チベット・ビルマ系未記述言語の調査とシャンシュン語の解読』(日本学術振興会科学研究費補助金研究成果報告書 Vol. 3)：101–114.

海老原志穂(2010)『アムド・チベット語の発音と会話』東京：東京外国語大学アジア・アフリカ言語文化研究所.

Ebihara, Shiho (2011) Amdo Tibetan, In: Yamakoshi, Yasuhiro (ed.) *Grammatical sketches from the field*, 41–78. Tokyo: Research Institute for Languages and Cultures of Asia and Africa, Tokyo University of Foreign Studies.

Ebihara, Shiho (2014) Logophoric pronouns in Amdo Tibetan. *Shigen* 10: 3–12.

Ebihara, Shiho (2018) Amdo Tibetan. In: Tsunoda, Tasaku (ed.) *Five levels of clause linkage: an outline of the theory and methodology*, 451–484, Berlin: De Gruyter Mouton.

海老原志穂(2018)「アムド・チベット語におけるヤクの呼び分け―青海省ツェコ県の事例を中心に」池田巧・岩尾一史(編)『チベット・ヒマラヤ文明の歴史的展開』381–400. 京都：臨川書店.

Foley, William A. and Robert D. Van Valin, Jr. (1984) *Functional syntax and universal grammar*. Cambridge: Cambridge University Press.

耿顕宗・李俊英・龍智多杰(2007)『安多藏語口語詞典 藏漢対照』蘭州：甘肅民族出版社.

格桑居冕・格桑央京(2002)『藏語方言概論』北京：民族出版社.

共和県地方誌編纂委員会(編)(1991)『共和県誌』西寧：青海人民出版社.

Haiman, John (1978) Conditionals are topics. *Language* 54. 3: 564–589.

Haller, Felix (2004) *Dialekt und Erzählungen von Themchen: Sprachwissenschaftliche Beschreibung eines Nomadendialektes aus Nord-Amdo*. Bonn: VGH Wissenschaftsverlag.

Hashimoto, Mantaro J. (1984) Origin of the East Asian linguistic structure: Latitudinal transitions and longitudinal developments of East and Southeast Asian languages. *Computational analyses of Asia and African languages* 22: 22–34.

Hermanns, Matthias (1952) Tibetische Dialekte von A mdo. *Anthropos* 47: 193–202.

星泉(2003)『現代チベット語動詞辞典(ラサ方言)』東京：東京外国語大学アジア・アフリカ言語文化研究所.

星泉（2010）「14世紀チベット語文献『王統明示鏡』における存在動詞」『東京大学言語学論集』29: 1–39.

星泉（2016）『古典チベット語文法「王統明鏡史」（14世紀）に基づいて』東京：東京外国語大学アジア・アフリカ言語文化研究所.

星泉・海老原志穂・ナムタルジャ（南太加）・別所裕介・平田昌弘他（編）（2018）『チベット牧畜文化辞典』（パイロット版）: http://nomadic.aa-ken.jp/. ［accessed June 2018］.

華侃（主編）（2002）『藏語安多方言詞滙』蘭州：甘粛民族出版社.

華侃・龍博甲（1993）『安多藏語口語詞典』蘭州：甘粛民族出版社.

Hyslop, Gwendolyn (2018) Evidentiality in Bodic languages. In: Aikhenvald, Alexandra Y. (ed.) *The Oxford handbook of evidentiality*, 595–609. Oxford: Oxford University Press.

Janhunen, Juha, Marja Peltomaa, Erika Sandman, and Xiawu Dongzhuo (2008) *Wutun*. München: Lincom Europa.

Jeffrey, Green R. (2012) Amdo Tibetan media intelligibility, SIL electronic survey reports 2012–019, online version. http://www-01.sil.org/silesr/2012/silesr1012-019_ESR_363_Amdo.pdf ［accessed June 2018］.

Kalsang Norbu, Karl A. Peet, dPal ldan bKra shis and Kevin Stuart (2000) *Modern oral Amdo Tibetan*. New York: Edwin Mellen Press.

亀井孝・河野六郎・千野栄一（編）（1996）『言語学大辞典』第6巻 術語編. 東京：三省堂.

Keenan, Edward L. and Bernard Comrie (1977) Noun phrase accessibility and universal grammar. *Linguistic Inquiry* 8: 63–99.

北村甫（1974）「チベット語の敬語」林四郎・南不二男（編）『世界の敬語』敬語講座第8巻, 69–93. 東京：明治書院.

李栄（主編）（1994）『西寧方言詞典』南京：江蘇教育出版社.

劉月華・潘文娯・故韡（著）, 相原茂（監訳）（1988）『現代中国語文法総覧』東京：くろしお出版.

敏生智（1990）『安多藏語常用虚詞釈例』西寧：青海民族出版社.

敏生智・耿顕宗（編）（1989）『安多藏語会話選編』西寧：青海民族出版社.

敏生智・欺顯宗（編）（2001）『安多藏語会話読本』西寧：青海民族出版社.

南嘉才讓（1997）「藏語書面語和各方言的関係」『西北民族研究』21: 63–66.

西義郎（1986）「現代チベット語方言の分類」『国立民族学博物館研究報告』11. 4: 837–900 ＋ 1 地図.

Nyangchakja (2016) *The last dragon banquet?. Changing wedding traditions in an Amdo Tibetan community*. Asian Highlands Perspectives 41. Asian Highlands Perspectives.

瞿靄堂（1996）『藏族的語言和文字』北京：中国藏学出版社.

Roerich, Georges (1958) *Le parler de l'amdo*. Roma: Istituto Italiano Per il Medio ed Estremo Oriente.

桑本太（編）（2006）『安多口語教程』蘭州：甘粛民族出版社.

下地理則（2018）『南琉球宮古語伊良部島方言』東京：くろしお出版.

白井聡子（2006）「ダパ語における視点表示システムの研究」博士論文, 京都大学.

Silverstein, Michael (1976) Hierarchy of features and ergativety. In: R. M. W. Dixon (ed.) *Grammatical categories in Australian languages*: 112–171. Canberra: Australian Institute of

Aboriginal Studies, New Jersey: Humanities Press.

Slater, Keith W. (2003) *A grammar of Mangghuer: a Mongolic language of China's Qinghai-Gansu Sprachbund.* London and New York: Routledge Curzon.

Sum bha don grub tshe ring (2011) *Bod kyi yul skad rnam bshad/ [Analysis on Tibetan dialects].* Beijing: China Tibetology Press.

Sun, Jackson T.-S. (1986) *Aspects of the phonology of Amdo Tibetan: Ndzorge Śæme X[i]ra dialect.* Tokyo: Research Institute for Languages and Cultures of Asia and Africa, Tokyo University of Foreign Studies.

Sun, Jackson T.-S. (1993) Evidentials in Amdo Tibetan. *Bulletin of the Institute of History and Philology, Academia Sinica* 63: 945–1001.

Sung Kuo-ming and Lha byams rgyal (2005) *Colloquial Amdo Tibetan: A complete course for adult English speakers.* Beijing: China Tibetology Publishing House.

鈴木博之 (2007)「川西民族走廊・チベット語方言研究」博士論文, 京都大学.

武内紹人 (1978)「現代チベット語における文の構造」修士論文, 京都大学.

武内紹人 (1990)「チベット語の述部における助動詞の機能とその発達過程」崎山理・佐藤昭裕 (編)『アジアの諸言語と一般言語学』6–16. 東京：三省堂.

Takeuchi, Tsuguhito (2013) Formation and transformation of old Tibetan. *Journal of Research Institute: Historical Development of the Tibetan Languages.* 49: 3–17.

武内紹人・高橋慶治 (2016)「チベット語の基礎」『チベット語文法研究』神戸市外国語大学研究叢書 57: 1–110.

札西才譲［タシツリン］(2011)『日本語とアムド・チベット語の使役表現の対照研究』東京：笠間書院.

Tournadre, Nicolas (2014) The Tibetic languages and their classification. In: Thomas Owen-Smith and Nathan W. Hill (eds.) *Trans-Himalayan linguistics historical and descriptive linguistics of the Himalayan area,* 105–129. Berlin: De Gruyter Mouton

Tournadre, Nicolas (2017) A typological sketch of evidential/epistemic categories in the Tibetic languages. In: Hill, Nathan W. and Lauren Gawne (eds.) *Evidential systems of Tibetan languages,* 95–130. Berlin: De Gruyter Mouton.

Tournadre, Nicolas and Sangda Dorje (2003) *Manual of standard Tibetan.* Ithaca and New York: Snowlion.

Tribur, Zoe (2017) Observations on factors affecting the distributional properties of evidential markers in Amdo Tibetan. In: Hill, Nathan W. and Lauren Gawne (eds.) *Evidential systems of Tibetan languages,* 367–422. Berlin: De Gruyter Mouton.

Tsering Samdrup and Hiroyuki Suzuki (2017) Migration history and tsowa divisions as a supplemental approach to dialectology in Amdo Tibetan: A case study on Mangra county. In: Endo, Mitsuaki (ed.) *Studies in Asian Geolinguistics.* 7: 57–65. Tokyo: Research Institute for Languages and Cultures of Asia and Africa, Tokyo University of Foreign Studies.

坪本篤朗・早瀬尚子・和田尚明 (編) (2009)『「内」と「外」の言語学』東京：開拓社.

Tsunoda, Tasaku (1995) The possession cline in Japanese and other languages. In: Hilary Chappell and William McGregor (eds.) *The grammar of inalienability: A typological perspective on body part terms and the part-whole relation* (Empirical approaches to language typology 14), 565–630. Berlin: Mouton de Gruyter.

Tsunoda, Tasaku（2005）*Language endangerment and language revitalization* .Berlin: Mouton de Gruyter.

角田太作 (2009)『世界の言語と日本語 改訂版』東京：くろしお出版.

Wang, Qingshan（1996）*A grammar of spoken Amdo Tibetan*. Chengdu: Sichuan Nationalities Press.

王双成 (2011)「瑪多藏語的声調」『民族語文』3: 26–32.

王双成 (2012)『藏語安多方言語音研究』上海：中西書局.

楊措毛・佐藤暢治 (2006)「アムドチベット語瑪沁方言の民話テキスト―『聡明な兎』」『東アジア言語研究』9: 4–33.

周毛草 (2003)『瑪曲藏語研究』北京：民族出版社.

参考 URL

SIL Ethnologue（Amdo Tibetan）：
　http://www.ethnologue.com/show_language.asp?code=adx［accessed June 2018］

索　引

あ

挨拶　　198, 199
挨拶文　　183
アイデンティティー　　4
アスペクト　　10, 75, 220
アムド・チベット語　　iii, 1
アムド地域　　1
アルタイ諸語　　9

い

言い切り形　　76
言いさし　　281, 305
言いよどみ　　307
異音　　28
遺憾　　103, 270, 278
異形態　　32, 103, 109, 343
移行期　　6
意識　　287
意志性　　79
意志的な行為　　223, 226, 268, 272, 280
意志動詞　　77, 79
移住政策　　5
一語文　　183
一時的な状態　　256
1 人称　　57
1 項動詞　　81, 82
逸脱　　186

一致　　76

一般的　　264
一般的な道理　　272, 275
一般動詞　　75, 77
移動の方向　　149
移動の目的　　317
依頼　　188
インド系文字　　11
イントネーション　　190, 203
引用　　106, 303
引用節　　57, 323
引用節の本来の主語　　60

う

ヴォイス　　211
受け取り手　　84, 148
迂言的な表現　　78
有情物　　240
ウチ　　252, 259
ウチ / ソト　　10, 75, 76, 190, 224, 233,
　　　252, 253, 259
内の関係　　299, 300
ウチのコピュラ動詞　　92, 261
埋め込み　　293

え

英語　　14, 293

エヴィデンシャリティ　241
遠称　58
円唇化　27
円唇性　22, 72
遠心的　283, 284

お

オノマトペ　94
音結合　24
音交替　32
音節形成　23
音節構造　23
音節頭子音　17, 23
音節末子音　28
音素　17
音調　30, 48, 51

か

開音節　23
概数　68
回族　5
格　8, 76, 132
核項　82
格助詞　54, 98, 132
確信　268, 270, 272
確信（ウチ）　233
確信の度合い　257
確信をもった発話　102
拡大核項　81, 82, 184
確認　103, 197, 198
格標示　8, 53, 64
過去　229, 231, 250, 308
下接辞　12
活用　xxii, 53, 75, 87

活用形　294
仮定　308, 310, 311
可能　290
可能性　306
カム・チベット語　17
カム地域　29
感覚　288
環境異音　17, 25
関係節化の階層　300
漢語　3, 6, 7, 9, 13
観察　197, 241, 246
観察知　200, 227, 228, 241, 253
感情　287
感情の主体　287
感情の対象　150, 287
完遂　102, 221, 231, 233, 234, 283
間接目的語　85, 184, 298, 299, 300
間接話法　57
間投詞　31, 53, 96
願望　305
勧誘　103, 223, 270, 278
慣用句　25
完了　231
完了アスペクト　221
完了形　xxii, 75, 87, 294, 295
完了語幹　232

き

記憶　287
記憶が定かでない事態　256
起格　98, 154
起格助詞　154
期間　152
聞き手　57, 59, 279, 280
帰結　311

基字　11

基準時　240

基数詞　64, 112

きっかけ　303

基底形　44

規範的　45, 203

基本語順　184, 185, 186

基本色　349

義務　270, 271

決めつけ　272

疑問　103

疑問語　106, 190, 191, 307

疑問語疑問文　190, 191

疑問数詞　64, 107, 190, 191, 192

疑問接頭辞　75, 117, 201

疑問代名詞　56, 190, 191, 192

疑問副詞　93, 190, 191, 192

疑問文　77, 190

疑問文末助詞　194, 197

逆受動　211

逆接　105, 281, 302, 310

客観性　261, 265, 266

客観的　254, 264, 276

逆行同化　34, 36, 42

嗅覚　246

吸気音　31

求心的　283, 284

強意　103, 188, 270, 278, 280

強制　212

強調　100

共通語　2

許可　212

虚詞　354

許容　270, 271

禁止　116

近似複数　111

禁止命令　206

近称　58

く

空間の移動　284

空間の起点　154

具格　139

屈折　7

け

継起　312

経験　221, 231, 239

敬語　329

敬語形　57, 284

敬語派生接頭辞　332

敬語派生接尾辞　333

敬語名詞　54

敬称　333

継続アスペクト　221, 222

形態音素表記　343

形態素　47

形態操作　53

形容詞　53

形容詞句　157

形容詞派生接辞　51, 69, 115

毛色　349

結果　249

結果観察　102, 241, 249

結果状態　74, 221, 231, 237, 238

結果状態の維持　172, 173

原因　141

限界　303, 321

言語接触　13
言語の交替　6
言語のスタイル　10
現在　231
謙譲語　329
謙譲語動詞　340
限定複合語　119
現場観察　102, 233, 241, 246
現場指示用法　59

こ

項　55
行為者　283
行為主体　110
行為の相手　84, 148
口語　13
後行　297
口語音　10, 45
口承芸能　10
構成要素　145
後接語　47, 48, 105
後置字　12
後置詞句　8
膠着性　7
肯定形　76
肯定文　186, 205
後方指示　60
合流　28
語幹　50, 51, 120
国名　14
語形成　109
古態的　3
古チベット語　1, 7
古典チベット語　241
コピュラ動詞　8, 75, 76, 92, 184, 243,

260
コピュラ動詞の主語　137
コピュラ動詞の中和　267, 294
コピュラ文　183
固有語　20
固有名詞　54, 131, 139
孤立語　7
痕跡　249

さ

再帰的　215
再後置字　12
最上級　69
最中　152
材料　140, 145
作成のプロセス　262
3項動詞　81, 85, 148, 296
3子音連続　24
3人称　57

し

子音　17, 23
子音交替　50
子音連続　4, 7, 23
使役　78, 138, 211
使役化　212
使役者　211, 212
使役動詞　78
使役文　79, 189, 212
ジェンダー　10
視覚　246
時間的関係　54
時間の起点　154
時間副詞　93

色彩	72	主節	293, 297, 302, 312
思考	324	手段	140
思考の補節	324	出現環境	39
指示代名詞	56, 58	述語	183, 299
事実	308, 310, 311	述語の項	294, 297
自然の摂理	272, 275	十進法	64
自然の力の名詞	139	受動	211
自然発話	iii	主母音	23
事態成立時	302	主要部	123, 130, 299, 300
自他同形	79	主要部名詞	299
自他の対応	77	順位	68
実現形	44	順行同化	199
時点	152	条件	105, 302, 303
自動詞	55, 77, 81, 184, 294	証拠性	10, 233, 241, 259
自動詞の主語	135	上昇調	203
自動詞文	8	少数民族	6
シナ・チベット語族	1, 7	上接辞	12
自問	197	状態	77, 80, 221, 222, 229
斜格	300	状態観察	241, 251
借用	14	状態性	308, 310, 311
借用語	13, 20	状態動詞	8, 75, 80, 115, 184
ジャンル	iii	状態変化	77
自由異音	17	状態変化・属性の主体	183
従位複合語	120	焦点	272, 274, 275, 276
習慣	221, 222, 227, 230	譲歩	105, 196, 302, 308
終結段階	173	情報源	241, 259
終結の局面	237	情報提供	103, 270, 278
修辞疑問文	190	消滅	285
修飾部	123	除外形	57
従属節	54, 293	職位	131
従属度	48	序数詞	64, 66
自由変異	230, 316	女性	57
周辺的	96	女性名詞化接辞	110
主語	54, 55, 82, 183, 184, 298, 299, 300	触覚	246
主語の制限	186	助動詞	8, 9, 54, 101
授受	211	助動詞句	174

所有格句　300
所有傾斜　144, 334
所有者　92, 151
所有主体　144
所有文　92
自立語　47, 50, 52
シルバースタインの名詞句階層　139
真偽疑問文　190, 197
進行　221, 222, 227
進行・習慣　102
親族名称　10, 131, 139
身体部位　140
心理活動　248, 256
心理的な近さ　61

す

推量　103, 224, 225, 241, 257, 278, 279
数　8, 54, 76, 111
数詞　53, 64
数量詞　66
スタイル　10

せ

性　8, 54, 57, 76, 111
生起後　105, 303, 319
生起中　105, 303, 319
生起前　106, 303, 321
生起前の継続的な時　105
生産性　109
生産的　109
声調　7, 17, 23
声調言語　30
西部チベット語　17
生理現象　248, 256

接語　7
接語化　234, 246, 283
接辞　47
接辞付加　70
接辞付加形　70
接触　82, 147
接触の対象　81, 82, 147
接続助詞　54, 105
絶対格　98, 134
絶対テンス　302, 315
接頭辞　109
接尾辞　109
説明　275
節連続　326
先行　297, 303, 312, 316
全体数　112
選択疑問文　190, 204
前置字　12
前方指示　60
前方指示用法　61
専門家　110

そ

相関構文　195, 307
想起用法　63
双数形　57
双数接辞　57
相対化　253, 254, 266
相対的位置　146
相対的位置関係　161
相対テンス　294, 302
想定　289
相補的　175
相補分布　24
属性　77, 80, 221, 222, 229

属格　　98, 143

属格助詞　　143

ソト　　252, 259

外の関係　　299, 301

ソトのコピュラ動詞　　92

尊敬語　　329

尊敬語動詞　　338

存在主体　　54, 138, 183

存在動詞　　8, 75, 77, 92, 184

ぞんざいな命令　　188, 281

存在場所　　92

存在文　　92, 183

た

ダイクティック・センター　　259

対人的なモダリティ　　103

対比　　99, 100, 185, 186

代表形　　343

代名詞　　53

多音節語　　30

多回的　　227

脱落　　32, 305

他動詞　　55, 77, 81, 184, 294, 295, 297

他動詞の主語　　139

他動詞の（直接）目的語　　135

他動詞の目的語　　147

他動詞文　　8

他動表現　　78

短縮形　　xxiii

単純語　　54

単数形　　57

男性　　57

談話助詞　　54, 99

談話テキスト　　xxiv

ち

地域的な特徴　　31

知覚　　241, 246, 290

知覚行為　　248

知覚の主体　　183

知識へのアクセス　　259

チベット・ビルマ語派　　1

チベット語　　1, 2

チベット語圏　　17

チベット諸語　　1, 2, 259

チベット人　　5

チベット文語　　17, 253

チベット文字　　11, 45

地名　　14, 139

チャプチャ　　1, 4

中央チベット語　　2, 17

中央チベット語ラサ方言　　31, 241, 252, 259

中称　　58

抽象的な概念　　119

抽象名詞　　139

中和　　260, 270, 284, 304, 309

聴覚　　246

重複　　70, 120

重複形　　70

重複語　　50, 52

長母音　　22

直後　　106, 303, 322

直示の中心　　259

直接目的語　　135, 184, 298, 299, 300

直前　　105, 303, 320

陳述副詞　　94

つ

対句 222, 232
角 350

て

定 58, 59, 62, 97
定形 8, 76
提題 100
定着知 227, 228, 233, 241, 243, 253
程度表現 69
程度副詞 94, 158
丁寧語 329
丁寧な命令 280
適時 221, 222, 227
テンス 229, 231
伝聞 250

と

度合い 115
等位従属節 293
等位節 293
等位複合語 119
同意要求 103, 270, 278, 279
同化 25, 37
到格 98, 156
到格助詞 156
道具 111, 139, 140
動作 77
動作が及ぶ対象 183
動作継続 238
動作者 183, 294, 295
動作性 310, 311
動作動詞 8, 75, 77, 184

動作の受け手 296

動作の終結 221, 231, 233, 237
動作の様態 74
動作連続 105, 302, 312
動詞 7, 53, 75, 184
同時 316
動詞句 166, 313, 314
動詞語幹 51
動詞語尾 8, 9
動詞修飾 8
同時調音 20
同質複数 111
動詞連続 169, 202, 284, 313
到着点 156
動物の鳴き声 94
動物名詞 139
時 162
時の違い 295, 297
時を表す名詞 138
読書音 10, 45
閉じた体系 52
トピック 305
取り立て 99, 185, 186
度量衡 64
度量衡の単位 67

な

内容補充修飾節 301
南方型 9

に

2項動詞 81, 82
2子音連続 24
二重間接目的語 219

二重使役　212, 219
二重他動詞　78
似ている対象　151
2人称　57
人間名詞　139
認識のモダリティ　10, 259
人称　8, 76
人称代名詞　56, 57

ね

念押し　103, 270, 278, 280

の

能格　98, 139
能格・絶対格型　8
能格助詞　139
能格の分裂　8
農区方言　3, 4, 5, 230, 252, 316
農耕　3, 10, 349
農民　3
ノダ　272

は

把握　262
排除　100
バイリンガリズム　6
破擦音　19
場所　161
場所格　98, 155
場所格助詞　155
派生語　50, 54
派生接辞　25, 109
働きかけ　82

発生　285
発話現場　59
発話時　302, 303
発話者　57, 59, 283
発話者の態度　259
発話速度　36
場面依存性　96
破裂音　18
反語　190, 205
半農半牧方言　3
半農半牧民　3
反復　115, 120, 314, 318
半母音　21

ひ

非言い切り形　76
非意図的　248
鼻音　21
比較級　69
比較の差異　143
比較の対象　266, 300, 306
非過去　308
非継続アスペクト　221, 222
非使役　211
被使役者　138, 150, 211, 212
非使役文　212
被修飾名詞　60
必要　270, 271
必要としている主体　151
否定　94
否定疑問　77
否定形　76
非定形　76
否定接頭辞　75, 116, 206
否定動詞　206

否定の状態　105, 302, 316, 317
否定文　205
否定命令　206
否定命令文　280
被動作者　295, 296
鼻母音　22
ヒマラヤ語支　1
品詞分類　47, 52
品詞を超えた語類　56
頻度　152

ふ

フィラー　307
複合　118
複合語　25, 50, 51, 54
複合色　350
複合助動詞句　xxii, 8, 9, 114, 174, 175, 224
複合名詞　118
副詞　53, 93
副詞句　149, 158
副詞節　54, 105, 302
副詞的な用法　56
複数　111
複数形　57
複数接辞　57, 111
複文　293
付随名詞修飾節　301
付属形式　47
付属語　47, 48, 52
付帯状況　302, 312, 318
不注意　247
普通語　329
普通語形　57
普通語名詞　54

普通名詞　54
不定　58, 62, 97, 195
不定形　8
不定助詞　54, 69, 97
不変化詞　52
文語　13
文語的　139, 308
分数　68
分節音素　17
文法範疇　101, 211
文末助詞　8, 54, 103, 278
文末表現　10
文脈　60
文脈指示用法　60
分離可能所有　144
分離不可能所有　144

へ

平叙文　186
平板調　203
並列　100, 119
変化詞　52
変化の結果　142, 150

ほ

母音　22, 23
母音記号　12
母音交替　50, 98, 106
包括形　57, 282
方向　160, 283
ポーズ　40, 157
牧畜　3, 10, 349
牧畜民　3
補語　73, 137, 183, 184, 299

補充法　90
ホスト　48, 54, 62, 93, 105
牧区方言　3, 4, 5, 98, 230, 252, 316
北方型　9
ポライトネス　188, 194, 195
翻訳借用　14

ま

摩擦音　20
摩擦性　22
末子音　23

み

未完了・非継続　268
未完了アスペクト　221, 222
未完了形　xxii, 75, 87, 294, 295
未実現　315
南アジア諸語　9
ミニマルペア　273
未来　224, 229, 231, 280
民族学校　6
民族教育　6
民俗語彙　349
民話　iii

む

無意志的な動作　226
無意志動詞　77, 79
無情物　240
ムスリム軍閥　4
無生物　110, 144, 340
無生物名詞　139
無声無気音　18, 19, 20

無声有気音　18, 19, 20
無対自動詞　214
無標　134, 243, 252, 253

め

名詞　53, 54
名詞化　114
名詞化接辞　114, 127, 294, 299
名詞句　98, 123
名詞項　183, 184, 314
名詞語幹　51
名詞修飾　8, 66
名詞修飾節　129, 146, 299
名詞節　115, 294, 299
名詞類　53
命令形　xxii, 75, 87
命令文　187
メタファー　10, 283, 286
メディア　7

も

目的　105, 164, 211, 302, 316, 317
目的語　55, 82, 135, 183, 184, 299
モダリティ　10, 75, 233, 241, 270
モンゴル　4
モンゴル系諸民族　5
モンゴル語　14

や

ヤク　10, 349
野生ヤク　350

ゆ

唯一　100
有生名詞　139
有声音　18, 19, 20
有生物　110, 144
有対自動詞　214

よ

様態　142, 153, 159
与格　98, 146
与格助詞　146
予測　200, 201, 263
予定　224, 226
呼びかけ　31, 138, 183

ら

ライフ・ヒストリー　iii

り

理解度　201
理由　103, 106, 141, 163, 270, 278, 281
流音　21
理由説明　272
リンカー　98, 153
臨場感　249, 251

る

累加　100

れ

連続する事態　303

ろ

ロゴフォリック　57
論理的関係　54

わ

話者人口　5
わたり音　23

【著者紹介】

海老原志穂（えびはら しほ）

東京大学大学院人文社会系研究科修了。博士（文学）。
日本学術振興会特別研究員（DC1, PD）を経て、2018 年より東京外国語大学アジア・アフリカ言語文化研究所フェロー。
2003 年より、アムド・チベット語を中心とし、チベット諸語の現地調査を続けている。
主な著書・論文として、『アムド・チベット語の発音と会話』（東京外国語大学アジア・アフリカ言語文化研究所、2010 年）、"Amdo Tibetan"（De Gruyter Mouton, *Five Levels of Clause Linkage: an Outline of the Theory and Methodology* 所収、2018 年）等。翻訳書に『黒狐の谷』（共訳、勉誠出版、2017 年）、『ハバ犬を育てる話』（共訳、東京外国語大学出版会、2015 年）、『チベット仏教王伝　ソンツェン・ガンポ物語』（共訳、岩波文庫、2015 年）等。

アムド・チベット語文法

A Grammar of Amdo Tibetan
Ebihara Shiho

発行	2019 年 2 月 20 日　初版 1 刷
定価	8800 円＋税
著者	© 海老原志穂
発行者	松本功
イラスト	蔵西
印刷・製本所	亜細亜印刷株式会社
発行所	株式会社 ひつじ書房

〒112-0011 東京都文京区千石 2-1-2 大和ビル 2 階
Tel.03-5319-4916　Fax.03-5319-4917
郵便振替 00120-8-142852
toiawase@hituzi.co.jp　http://www.hituzi.co.jp/

ISBN978-4-89476-951-9

造本には充分注意しておりますが、落丁・乱丁などがございましたら、小社かお買上げ書店にておとりかえいたします。ご意見、ご感想など、小社までお寄せ下されば幸いです。

刊行書籍のご案内

ロシア語文法　　音韻論と形態論
ポール・ギャルド著　柳沢民雄訳　定価 24,000 円＋税

現代標準ロシア語の文法を、共時的な視点から首尾一貫した原理によって分析する。音韻論を土台に形態論を体系的に記述。ロシア語の音韻構造を理解するための入門として最適。

A Grammar of Abkhaz
柳沢民雄著　定価 28,000 円＋税

音韻論、形態論、統語論に亘って網羅的に記述した北西コーカサス諸語に属するアブハズ語の記述文法。さらに北部方言であるブジブ方言の概略と民話テキストも加えた。

Tagalog Grammar　　A Typological Perspective
平野尊識著　定価 15,000 円＋税

フィリピン諸語の１つであるタガログ語は、類型論を論じる際によくとりあげられる。例文に基づいて類型論におけるその問題点を整理しつつ、タガログ語の文法を詳述する。